全国重点旅游院校精品教材

领队业务

（第二版）

主　编 ◎ 赵　明
副主编 ◎ 焦云宏　刀　丽　雷　蕾
　　　　　李　倩　王　笛

全国重点旅游院校精品教材编审委员会

顾 问

教育部高校旅游管理类专业教学指导委员会主任	田里教授
海南大学	谢彦君教授

主 任

云南旅游职业学院原院长	范德华
中国旅游出版社副社长	张文广

副主任

曙光酒店集团	程浩常务副总裁
华侨城旅游事业部	王刚高级副总经理
太原旅游职业学院	张立芳副院长
江西旅游商贸职业学院	胡建华副院长
河北旅游职业学院	汤云航院长
三峡旅游职业技术学院	张耀武副院长
山西旅游职业学院	何乔锁院长
黑龙江旅游职业技术学院酒店管理烹饪系	刘训龙主任
陕西旅游烹饪职业学院	王新艳院长
青岛酒店管理职业技术学院文旅学院	石媚山院长

秘书长

中国旅游出版社教材与学术编辑室主任	段向民

委员（各教材主编，略）

序

我国旅游教育经历了 30 多年的发展，1733 所旅游类院校积累了 1.2 万余种各类旅游教材，涉及的课程达到 280 多门。通过对多所院校及学生的调研，我们发现现行旅游教材主要存在以下问题：同质化现象严重，教材不能很好地体现企业及相关行业的岗位需求，理论化突出而实践性不足，版式设计不够活泼，配套教学资源不完善。

为贯彻落实教育部最新教改精神，促进旅游等行业的教育事业发展，为进一步推动旅游高等职业教育国家级规划教材建设工作，发挥旅游类教材建设在提高旅游人才培养质量中的基础性作用，全面提升高等职业教育旅游类教材质量，教材编审委员会特组织编写团队，联合开发立体化教材。全国重点旅游院校"十三五"规划教材计划分批出版，第一批拟出版 35 种，涵盖了旅游管理大类的大部分专业核心课程。此次所选院校，均为以"旅游""酒店"等字样命名的院校，保证了队伍的纯粹性。此次教材编审队伍的搭建真正实现了专家指导、企业参与、编者共享的格局。专家有以田卫民教授、谢彦君教授为代表的业界翘楚，曙光酒店集团常务副总裁程浩、华侨城旅游事业部高级副总经理王刚等企业高管参与了教材的审稿工作，专家、院校、企业三方共同努力，努力打造出一套实用性强的教材。

令人欣慰的是，在新常态下，旅游业迎来了全新的发展机遇，业已进入又快又好发展的黄金期。伴随旅游业发展黄金期的到来，对于旅游相关人才的需求与日俱增，势必为旅游教育的发展开辟广阔前景。2015 年 10 月 26 日，教育部会同国家旅游局联合发文，颁布了《加快发展现代旅游职业教育的指导意见》，特别强调要"加快构建现代旅游职业教育体系，深化产教融合、校企合作，培养适应旅游产业发展需求的高素质技术技能和管理服务人才"。文件指出，"鼓励校企联合开发专业课程，增加任务驱动型、项目开发型、行动研究型、案例教学型课程数量。组织开展优质课程资源建设，搭建旅游职业教育国家级数字化课程资源共享平台，支持开发一批数字化课程资源包"。本套教材的立体化开发，就是课程资源包的一部分。

教材是体现教学内容和教学要求的知识载体，是进行教学的基本工具，是提高教学质量的重要保证。本套教材改变了过去单一的课本教材模式，配合现代教育教学方式的改革，把课本、教学参考书、学生练习册、电子课件和多媒体教学手段以及网上教学辅导相结合，形成了教材的立体化开发格局。

全国重点旅游院校"十三五"规划教材编审委员会
2016年9月

再版前言

习近平总书记指出，读万卷书、行万里路，自古以来就是中华民族的优良传统。中国式现代化是物质文明和精神文明协调发展的现代化，全面建成小康社会以后，发展理念更加关注包括旅游在内的高品质生活的需要。这是我们对中国出境旅游市场始终保持乐观预期和发展信心最根本的原因。随着经济社会发展步入常态化发展新阶段，出境旅游市场得以快速复苏。2024年前三季度，中国出境旅游人数近9500万人次，同比增长52%，恢复到2019年的82%。2024年国庆假期，出境旅游人数达到267.7万人次。从出境旅游流向与流量来看，个性需求、自助旅行开始带动小众目的地国家和城市的成长。基于宏观经济、市场政策和出游意愿等先行指标，预计2025年，中国公民出境旅游市场将持续复苏，有望继续保持增长趋势。

自《领队业务》出版以来，已历经数载春秋。在此期间，旅游业蓬勃发展，领队这一职业也面临着前所未有的机遇与挑战。为紧跟时代步伐，满足行业需求，编者对《领队业务》进行了修订。

本次修订，编者秉持"与时俱进、实用至上"的原则，在保留第一版精华的基础上，对教材进行了全方位的更新与升级。精选近年来的典型旅游案例进行深入剖析，帮助领队积累经验，提升应变能力。设计模拟场景、任务驱动和课堂实训角色扮演环节，让读者在实践中掌握领队业务技能，提升解决实际问题的能力。同时，及时更新与旅游行业相关的法律法规，确保领队业务操作合法合规。

《领队业务（第二版）》的修订凝聚了编者的心血和智慧，也承载着编者对旅游业未来的美好期许。希望本书成为广大领队从业者的良师益友，助力大家在职业道路上不断精进，为旅游者提供更加优质的服务，为旅游业的发展贡献力量。

最后,衷心感谢广大读者对本书的厚爱和支持!编者将继续努力,为旅游教育事业添砖加瓦!

编者

2025 年 1 月 10 日

前言

中国旅游研究院、携程旅游集团联合发布《中国旅游者中国名片，消费升级品质旅游——2017年中国出境旅游大数据报告》。报告数据显示，2017年中国公民出境旅游突破1.3亿人次，花费达1152.9亿美元，保持世界第一大出境旅旅游者源国地位。出境旅游呈现"消费升级、品质旅游"的特征与趋势，选择升级型、个性化的旅游产品，深度体验目的地的旅游者数量不断增多。出境旅游在我国旅游中所占的比例不断增加，越来越多的人开始关注出境旅游。在出境旅游快速发展的同时，需要培养大量的出境旅游领队人才。出境领队是组团社的代表，协同境外地接社完成旅游计划安排，协调处理旅游过程中的相关事务。出境领队是团队的灵魂，在整个旅游产品服务环节中占据决定性一环。

领队业务课程是高职高专导游专业、旅游管理专业的一门专业课程，是学生从事出境领队工作所需掌握的技能必修课程。学习本门课程，能使学生掌握出境领队工作任务中相关项目的操作流程和操作要求，具备从事出境领队工作相关的职业能力，以及从事旅行社相应的管理的职业能力。

本书的总体设计思路是以出境领队的工作任务和职业能力分析为依据确定教学目标并设计内容，以工作任务为线索构建任务引领型教材，以职业能力为核心组织教学内容，让学生通过完成具体项目发展职业能力。

本书的结构以行业专家对出境领队的工作任务与职业能力分析结果为依据，以出境领队工作操作流程为线索，结合领队岗位工作所需的相关职业能力要求，共包括准备工作、行前说明会、出境时的工作、入境时的工作、境外工作、回国后的后续工作六大工作项目，每个项目中设计了不同的工作任务。任务内容的选取紧紧围绕完成工作任务的需要循序渐进，以满足学生职业能力的培养要求，同时又充分考虑学生对理论知识的掌握和应用，融合出境领队的职业标准对知识、技能和态度的要求。

每个项目的学习都以出境领队的业务流程和职业能力要求作为活动的载体，以工作任务为中心整合相关理论和实践，实现做学一体化。强化出境领队服务规范和操作技巧的训练，注重出境领队服务艺术和应变能力的培养。

本书充分体现任务引领、就业导向的课程设计思想，通过设计一些结合岗位任务、有吸引力的课堂教学活动，寓教于乐，充分体现"做学一体"的理念。内容突出实用性，重视将一线出境领队人员最新的服务理念与方法纳入教材，使教材更贴近本行业的发展和实际需要，符合现代社会和出境领队的发展趋势。

本书的分工为云南旅游职业学院赵明老师负责全书框架、项目五及全书统稿，焦云宏老师负责项目一，李倩老师负责项目二，刀丽老师负责项目三，雷蕾老师负责项目四，昆明理工大学津桥学院王笛老师负责项目六。云南玛拿国际旅行社总经理方泽华先生提供了来自行业和一线工作经验的指导。

本书在编写过程中得到了很多老师及同行的大力支持，编写内容中如有不当之处，请给予批评指正，谢谢！

编者
2018 年 11 月

目 录

绪 论 ··· 1
　第一节　深入学习贯彻党的二十大精神 ··· 1
　第二节　深入学习领会习近平文化思想 ·· 15
　第三节　习近平对旅游工作作出的重要指示 ···································· 23

项目一　准备工作 ·· 27
　任务一　接受带团任务 ·· 28
　任务二　掌握行程计划 ·· 33
　任务三　熟悉团队情况 ·· 52
　任务四　查验旅行文件 ·· 55
　任务五　准备出行物资 ·· 57

项目二　行前说明会 ·· 60
　任务一　会前准备 ·· 60
　任务二　会议组织 ·· 70

项目三　出境时的工作 ·· 77
　任务一　团队的集合 ·· 78
　任务二　中国出境工作 ·· 88
　任务三　他国离境工作 ·· 98

项目四　入境时的工作 ·· 104
　任务一　他国入境工作 ·· 104

任务二 入境工作的流程…………………………………………………108
   任务三 中国入境工作……………………………………………………114

项目五 境外工作……………………………………………………………123
   任务一 住宿服务及相关问题的处理……………………………………123
   任务二 游览过程中相关问题的处理……………………………………130
   任务三 餐饮及相关问题的处理…………………………………………135
   任务四 购物及相关问题的处理…………………………………………140
   任务五 自然灾害等相关问题的处理……………………………………145
   任务六 旅游者患病等相关问题的处理…………………………………150
   任务七 特殊事故的处理…………………………………………………153

项目六 回国后的后续工作…………………………………………………160
   任务一 与旅行社进行报账、汇报等交接工作…………………………161
   任务二 处理投诉、与客人保持联系……………………………………166
   任务三 领队职业生涯的升级和拓展……………………………………170

附 录…………………………………………………………………………175
   附录1 《出境旅游领队人员管理办法》…………………………………175
   附录2 《中国公民出国旅游管理办法》…………………………………178
   附录3 《旅行社出境旅游服务规范》（GB/T 31386–2015）……………182
   附录4 《导游领队引导文明旅游规范》（LB/T 039–2015）……………190
   附录5 《中华人民共和国旅游法》………………………………………197
   附录6 《出境旅游领队服务规范》（LB/T 084–2022）…………………211
   附录7 《导游服务规范》（GB/T 15971–2023）…………………………223

绪 论

第一节 深入学习贯彻党的二十大精神

　　党的二十大是在全党全国各族人民迈上全面建设社会主义现代化国家新征程、向第二个百年奋斗目标进军的关键时刻召开的一次十分重要的大会，是一次高举旗帜、凝聚力量、团结奋进的大会。党的二十大在政治上、理论上、实践上取得了一系列重大成果，就新时代新征程党和国家事业发展制定了大政方针和战略部署，是我们党团结带领人民全面建设社会主义现代化国家、全面推进中华民族伟大复兴的政治宣言和行动纲领，对于全党全国各族人民更加紧密地团结在以习近平同志为核心的党中央周围，万众一心、接续奋斗，在新时代新征程夺取中国特色社会主义新的伟大胜利，具有极其重大而深远的意义。学习贯彻党的二十大精神，习近平总书记强调的"五个牢牢把握"是最精准的解读、最权威的辅导。要从战略和全局高度完整、准确、全面理解把握党的二十大精神，增强学习贯彻的政治自觉、思想自觉、行动自觉，为实现党的二十大确定的目标任务不懈奋斗。

一、深刻认识党的二十大胜利召开的伟大意义，提升新时代大学生政治站位

　　党的二十大担负起全党的重托和人民的期待，从战略全局深刻阐述了新时代坚持和发展中国特色社会主义的一系列重大理论和实践问题，科学谋划了未来一个时期党和国家事业发展的目标任务和大政方针，在党和国家历史上具有重大而深远的意义。

（一）这是中国共产党在百年辉煌成就和十年伟大变革的高起点上创造新时代更大荣光的大会

　　中国共产党在百年历程中共召开了十九次全国代表大会。党的二十大是我们党在建党百年后召开的首次全国代表大会，也是在新时代十年伟大变革的时间坐标上召开的全国代表大会，具有特别的里程碑意义。

（二）这是推进实践基础上的理论创新、开辟马克思主义中国化时代化新境界的大会

马克思主义中国化时代化既是马克思主义的自身要求，又是中国共产党坚持和发展马克思主义的必然路径。中国共产党为什么能，中国特色社会主义为什么好，归根到底是马克思主义行，是中国化时代化的马克思主义行。党的二十大深刻阐述了习近平新时代中国特色社会主义思想的科学内涵和精神实质，深入阐释了开辟马克思主义中国化时代化新境界的重大命题并提出了明确要求，具有重大理论意义。

（三）这是谋划全面建设社会主义现代化国家、以中国式现代化全面推进中华民族伟大复兴的大会

现代化是各国人民的共同期待和目标。百年来，我们党团结带领人民进行的一切奋斗、一切牺牲、一切创造，就是为了把我国建设成为现代化强国，实现中华民族伟大复兴。在新中国成立特别是改革开放以来的长期探索和实践基础上，经过党的十八大以来在理论和实践上的创新突破，我们党成功推进和拓展了中国式现代化，创造了人类文明新形态。党的二十大明确提出以中国式现代化全面推进中华民族伟大复兴的使命任务，精辟论述了中国式现代化的中国特色、本质要求和重大原则，深刻阐释了中国式现代化的历史渊源、理论逻辑、实践特征和战略部署，大大深化了我们党关于中国式现代化的理论和实践。

（四）这是致力于推动构建人类命运共同体、携手开创人类更加美好未来的大会

当前，世界之变、时代之变、历史之变正以前所未有的方式展开，人类社会面临前所未有的挑战。世界又一次站在历史的十字路口，何去何从取决于各国人民的抉择。党的二十大深刻把握世界大势和时代潮流，宣示中国在变局、乱局中促进世界和平与发展、推动构建人类命运共同体的政策主张和坚定决心，为共创人类更加美好的未来注入强大的信心和力量。

（五）这是推动解决大党独有难题、以党的自我革命引领社会革命的大会

全面建设社会主义现代化国家、全面推进中华民族伟大复兴，关键在党。党的二十大明确提出：我们党作为世界上最大的马克思主义执政党，要始终赢得人民拥护、巩固长期执政地位，必须时刻保持解决大党独有难题的清醒和坚定。

二、深刻把握党的二十大主题，激发新时代大学生爱国热情

党的二十大的主题，正是我们党对这些事关党和国家事业继往开来、事关中国特

色社会主义前途命运、事关中华民族伟大复兴战略性问题的明确宣示，是大会的灵魂。习近平总书记在党的二十大报告中，开宗明义指出大会的主题："高举中国特色社会主义伟大旗帜，全面贯彻新时代中国特色社会主义思想，弘扬伟大建党精神，自信自强、守正创新，踔厉奋发、勇毅前行，为全面建设社会主义现代化国家、全面推进中华民族伟大复兴而团结奋斗。"这一主题明确宣示了我们党在新征程上带领人民举什么旗、走什么路、以什么样的精神状态、朝着什么样的目标继续前进等重大问题。《中国共产党第二十次全国代表大会关于十九届中央委员会报告的决议》指出："报告阐明的大会主题是大会的灵魂，是党和国家事业发展的总纲。"学习领会党的二十大精神，必须把握这一"灵魂"，抓住这一"总纲"。大会主题中的六个关键词语值得我们高度重视。

（一）旗帜

新时代、新征程上，党始终高举中国特色社会主义伟大旗帜，引领各项事业蓬勃发展。大会主题写入这一根本要求，既体现了中国特色社会主义历史演进的连续性、继承性，又体现了新时代党坚持和发展中国特色社会主义的坚定性、恒久性。

（二）思想

大会主题所指示的"全面贯彻新时代中国特色社会主义思想"，就是要求在新时代新征程必须全面贯彻习近平新时代中国特色社会主义思想。党的二十大报告对此作出全面部署。

（三）精神

继在庆祝中国共产党成立100周年大会上习近平总书记提出并号召继承发扬伟大建党精神后，党的二十大主题写入了"弘扬伟大建党精神"的要求，新修改的党章载入了伟大建党精神"坚持真理、坚守理想，践行初心、担当使命，不怕牺牲、英勇斗争，对党忠诚、不负人民"的内涵，这是党在自己的最高权力机关及最高章程上的庄严宣示，明确回答了党以什么样的精神状态走好新的赶考之路的重大问题，不仅是贯穿大会报告的重要红线，也是今后党的全部理论和实践的重要遵循。

（四）现代化

"现代化"即"全面建设社会主义现代化国家"。这一重要主题彰显了当前和今后一个时期党的中心任务。党的二十大庄严宣告："从现在起，中国共产党的中心任务就是团结带领全国各族人民全面建成社会主义现代化强国、实现第二个百年奋斗目标，以中国式现代化全面推进中华民族伟大复兴。""中国式现代化"成为这次大会的重要标志。

（五）复兴

在党的二十大主题中，前后用了三个"全面"，即"全面贯彻新时代中国特色社会主义思想""全面建设社会主义现代化国家""全面推进中华民族伟大复兴"。第一个"全面"规定了新时代党的创新科学理论的指导地位，第二个"全面"规定了新时代新征程的中心任务，第三个"全面"规定了党在新时代新征程的奋斗目标。大会主题中的前两个"全面"，以及报告全文使用的其他一百多个"全面"，都是为了实现"全面推进中华民族伟大复兴"这一根本目标。

（六）团结奋斗

"团结奋斗"是党的二十大主题的鲜明特色。除了在主题中要求"为全面建设社会主义现代化国家、全面推进中华民族伟大复兴而团结奋斗"外，"团结奋斗"一词还体现在党的二十大报告的标题、导语、正文、结束语各个部分。报告全文共使用7次"团结奋斗"、27次"团结"，突出表达了这次大会的主基调。

三、深入学习领悟过去五年工作和新时代十年伟大变革的重大意义，增强新时代大学生民族自豪感

过去五年和新时代以来的十年，在党和国家发展进程中极不寻常、极不平凡。习近平总书记在党的二十大报告中全面回顾总结了过去五年的工作和新时代十年的伟大变革，深刻指出新时代十年的伟大变革，在党史、新中国史、改革开放史、社会主义发展史、中华民族发展史上具有里程碑意义。学习宣传、贯彻落实党的二十大精神，必须深入学习领悟过去五年工作和新时代十年伟大变革的重大意义，坚定历史自信、增强历史主动，自觉在思想上政治上行动上同以习近平同志为核心的党中央保持高度一致。

党的二十大报告在总结党的十九大以来五年工作基础上，用"三件大事"、三个"历史性胜利"高度概括新时代十年走过的极不寻常、极不平凡的奋斗历程，从16个方面全面回顾党和国家事业发展取得的举世瞩目的重大成就，从4个方面总结提炼新时代十年伟大变革的里程碑意义。新时代十年的伟大变革，充分证明中国特色社会主义道路不仅走得对、走得通，而且走得稳、走得好。

四、深刻领会"两个结合"是推进马克思主义中国化时代化的根本途径，加强新时代大学生弘扬中华优秀传统文化教育

党的二十大报告提出，中国共产党为什么能，中国特色社会主义为什么好，归根到底是马克思主义行，是中国化时代化的马克思主义行。100多年来，我们党洞察时代大势，把握历史主动，进行艰辛探索，坚持解放思想和实事求是相统一、培元固本和守正创新相统一，把马克思主义基本原理同中国具体实际相结合、同中华优秀传统文化相结

合，不断推进理论创新、进行理论创造，不断推进马克思主义中国化时代化，带领中国人民不懈奋斗，中华民族迎来了从站起来、富起来到强起来的伟大飞跃，实现中华民族伟大复兴进入了不可逆转的历史进程。

马克思主义理论不是教条，而是行动指南。习近平总书记在党的二十大报告中指出："我们坚持以马克思主义为指导，是要运用其科学的世界观和方法论解决中国的问题，而不是要背诵和重复其具体结论和词句，更不能把马克思主义当成一成不变的教条。"坚持和发展马克思主义，必须同中国具体实际相结合。100多年来，我们党把坚持马克思主义和发展马克思主义统一起来，既始终坚持马克思主义基本原理不动摇，又根据中国革命、建设、改革实际，创造性地解决自己的问题，不断开辟马克思主义中国化时代化新境界。坚持和发展马克思主义，必须同中华优秀传统文化相结合。只有植根本国、本民族历史文化沃土，马克思主义真理之树才能根深叶茂。中华优秀传统文化源远流长、博大精深，是中华文明的智慧结晶，其中蕴含的天下为公、民为邦本、为政以德、革故鼎新、任人唯贤、天人合一、自强不息、厚德载物、讲信修睦、亲仁善邻等，是中国人民在长期生产生活中积累的宇宙观、天下观、社会观、道德观的重要体现，同科学社会主义核心价值观主张具有高度契合性。中国共产党之所以能够领导人民成功走出中国式现代化道路、创造人类文明新形态，很重要的一个原因就在于植根中华文化沃土，不断推进马克思主义中国化时代化，推动中华优秀传统文化创造性转化、创新性发展。

五、牢牢把握全面建设社会主义现代化国家开局起步的战略部署，指引新时代大学生守正创新促发展

党的二十大站在党和国家事业发展的制高点，科学谋划了未来五年乃至更长时期党和国家事业发展的目标任务和大政方针，发出了全面建设社会主义现代化国家、全面推进中华民族伟大复兴的动员令。

"全面建成社会主义现代化强国，总的战略安排是分两步走：从二〇二〇年到二〇三五年基本实现社会主义现代化；从二〇三五年到本世纪中叶把我国建成富强民主文明和谐美丽的社会主义现代化强国。"党的二十大对全面建成社会主义现代化强国两步走战略安排进行了宏观展望，又围绕统筹推进"五位一体"总体布局、协调推进"四个全面"战略布局，从11个方面对未来五年工作作出全面部署，全面构建了推进社会主义现代化建设的实践体系。特别是把教育科技人才、全面依法治国、维护国家安全和社会稳定单列部分进行具体安排，充分体现了抓关键、补短板、防风险的战略考量，是党中央基于新的战略机遇、新的战略任务、新的战略阶段、新的战略要求、新的战略环境做出的科学判断和战略安排，必将引领全党全国各族人民有效应对世界之变、时代之变、历史之变，推动全面建设社会主义现代化国家开好局、起好步。

六、深入把握党的二十大关于文化和旅游工作的部署要求，推动文旅融合高质量发展

党的二十大作出推进文化自信自强、铸就社会主义文化新辉煌的重大战略部署，要准确把握社会主义文化建设的指导思想和原则目标、战略重点和主要任务以及中国立场和时代要求。

（一）要准确把握社会主义文化建设的指导思想和原则目标

报告指出："全面建设社会主义现代化国家，必须坚持中国特色社会主义文化发展道路，增强文化自信，围绕举旗帜、聚民心、育新人、兴文化、展形象建设社会主义文化强国，发展面向现代化、面向世界、面向未来的，民族的科学的大众的社会主义文化，激发全民族文化创新创造活力，增强实现中华民族伟大复兴的精神力量。"报告明确提出了社会主义文化建设的根本指导思想、基本原则和奋斗目标，坚持为人民服务、为社会主义服务，以社会主义核心价值观为引领，发展社会主义先进文化，弘扬革命文化，传承中华优秀传统文化，满足人民日益增长的精神文化需求，巩固全党全国各族人民团结奋斗的共同思想基础，不断提升国家文化软实力和中华文化影响力。

（二）要准确把握社会主义文化建设的战略重点和主要任务

党的二十大报告提出了建设具有强大凝聚力和引领力的社会主义意识形态、广泛践行社会主义核心价值观、提高全社会文明程度、繁荣发展文化事业和文化产业、增强中华文明传播力和影响力五个方面的战略任务，准确把握、全面落实好这些战略重点和主要任务，对推进文化自信自强、铸就社会主义文化新辉煌具有重要的基础支撑作用。

（三）要准确把握社会主义文化建设的中国立场和时代要求

党的二十大报告指出："中华优秀传统文化源远流长、博大精深，是中华文明的智慧结晶。"要把马克思主义基本原理与中华优秀传统文化相结合，不断推进马克思主义中国化，增强中华文明的传播力和影响力。

（四）以文塑旅、以旅彰文，推进文化和旅游深度融合发展

党的二十大报告明确提出："加大文物和文化遗产保护力度，加强城乡建设中历史文化保护传承，建好用好国家文化公园。坚持以文塑旅、以旅彰文，推进文化和旅游深度融合发展。"这些重要论述，为文旅行业把握新发展阶段，贯彻新发展理念，构建新发展格局，推动高质量发展点明了方向，指明了路径，是未来5年乃至更长一段时间内文旅行业融合发展实践的根本遵循和行动指南，对文旅行业实现理念重构和实践创新具有非常重要的现实指导意义。

七、深刻把握团结奋斗的新时代要求，为文旅行业培养高素质人才

在党的二十大上，习近平总书记宣示新时代新征程党的使命任务，发出了全面建设社会主义现代化国家、全面推进中华民族伟大复兴的动员令。从现在起，中国共产党的中心任务就是团结带领全国各族人民全面建成社会主义现代化强国、实现第二个百年奋斗目标，以中国式现代化全面推进中华民族伟大复兴。

美好的蓝图需要埋头苦干、团结奋斗才能变为现实。习近平总书记的铿锵宣示充满信心和力量——"党用伟大奋斗创造了百年伟业，也一定能用新的伟大奋斗创造新的伟业"。让我们更加紧密地团结在以习近平同志为核心的党中央周围，全面贯彻习近平新时代中国特色社会主义思想，坚定信心、同心同德、埋头苦干、奋勇前进，深入贯彻落实党的二十大精神和党中央决策部署，为全面建设社会主义现代化国家、全面推进中华民族伟大复兴而团结奋斗，在新的赶考之路上向历史和人民交出新的优异答卷！

相关链接1

关于党的二十大报告，必须知道的"关键词"

2022年10月16日，中国共产党第二十次全国代表大会开幕，习近平代表第十九届中央委员会向大会作报告。让我们一起学习报告里的这些"关键词"。

【大会的主题】

大会的主题是：高举中国特色社会主义伟大旗帜，全面贯彻新时代中国特色社会主义思想，弘扬伟大建党精神，自信自强、守正创新，踔厉奋发、勇毅前行，为全面建设社会主义现代化国家、全面推进中华民族伟大复兴而团结奋斗。

【三个"务必"】

中国共产党已走过百年奋斗历程。我们党立志于中华民族千秋伟业，致力于人类和平与发展崇高事业，责任无比重大，使命无上光荣。全党同志务必不忘初心、牢记使命，务必谦虚谨慎、艰苦奋斗，务必敢于斗争、善于斗争，坚定历史自信，增强历史主动，谱写新时代中国特色社会主义更加绚丽的华章。

【极不寻常、极不平凡的五年】

党的十九大以来的五年，是极不寻常、极不平凡的五年。党中央统筹中华民族伟大复兴战略全局和世界百年未有之大变局，就党和国家事业发展作出重大战略部署，团结带领全党全军全国各族人民有效应对严峻复杂的国际形势和接踵而至的巨大风险挑战，以奋发有为的精神把新时代中国特色社会主义不断推向前进。

【三件大事】

十年来，我们经历了对党和人民事业具有重大现实意义和深远历史意义的三件大事：一是迎来中国共产党成立一百周年；二是中国特色社会主义进入新时代；三是完成脱贫攻坚、全面建成小康社会的历史任务，实现第一个百年奋斗目标。

【新时代十年的伟大变革】

新时代十年的伟大变革，在党史、新中国史、改革开放史、社会主义发展史、中华民族发展史上具有里程碑意义。

【归根到底是两个"行"】

实践告诉我们，中国共产党为什么能，中国特色社会主义为什么好，归根到底是马克思主义行，是中国化时代化的马克思主义行。拥有马克思主义科学理论指导是我们党坚定信仰信念、把握历史主动的根本所在。

【中国共产党的中心任务】

从现在起，中国共产党的中心任务就是团结带领全国各族人民全面建成社会主义现代化强国、实现第二个百年奋斗目标，以中国式现代化全面推进中华民族伟大复兴。

【中国式现代化】

中国式现代化，是中国共产党领导的社会主义现代化，既有各国现代化的共同特征，更有基于自己国情的中国特色。

——中国式现代化是人口规模巨大的现代化。

——中国式现代化是全体人民共同富裕的现代化。

——中国式现代化是物质文明和精神文明相协调的现代化。

——中国式现代化是人与自然和谐共生的现代化。

——中国式现代化是走和平发展道路的现代化。

中国式现代化的本质要求是：坚持中国共产党领导，坚持中国特色社会主义，实现高质量发展，发展全过程人民民主，丰富人民精神世界，实现全体人民共同富裕，促进人与自然和谐共生，推动构建人类命运共同体，创造人类文明新形态。

【全面建设社会主义现代化国家开局起步的关键时期】

未来五年是全面建设社会主义现代化国家开局起步的关键时期。

【五个"坚持"】

我国发展进入战略机遇和风险挑战并存、不确定难预料因素增多的时期，各种"黑天鹅""灰犀牛"事件随时可能发生。我们必须增强忧患意识，坚持底线思维，做到居安思危、未雨绸缪，准备经受风高浪急甚至惊涛骇浪的重大考验。前进道路上，必须牢牢把握以下重大原则。

——坚持和加强党的全面领导。

——坚持中国特色社会主义道路。

——坚持以人民为中心的发展思想。

——坚持深化改革开放。
——坚持发扬斗争精神。

【加快构建新发展格局】

必须完整、准确、全面贯彻新发展理念,坚持社会主义市场经济改革方向,坚持高水平对外开放,加快构建以国内大循环为主体、国内国际双循环相互促进的新发展格局。

【发展经济着力点】

坚持把发展经济的着力点放在实体经济上,推进新型工业化,加快建设制造强国、质量强国、航天强国、交通强国、网络强国、数字中国。

【实施科教兴国战略】

必须坚持科技是第一生产力、人才是第一资源、创新是第一动力,深入实施科教兴国战略、人才强国战略、创新驱动发展战略,开辟发展新领域新赛道,不断塑造发展新动能新优势。

坚持创新在我国现代化建设全局中的核心地位。完善党中央对科技工作统一领导的体制,健全新型举国体制,强化国家战略科技力量,优化配置创新资源,提升国家创新体系整体效能。

【全过程人民民主】

全过程人民民主是社会主义民主政治的本质属性,是最广泛、最真实、最管用的民主。必须坚定不移走中国特色社会主义政治发展道路,坚持党的领导、人民当家作主、依法治国有机统一。

【全面依法治国】

全面依法治国是国家治理的一场深刻革命,关系党执政兴国,关系人民幸福安康,关系党和国家长治久安。必须更好发挥法治固根本、稳预期、利长远的保障作用,在法治轨道上全面建设社会主义现代化国家。

【文化自信自强】

全面建设社会主义现代化国家,必须坚持中国特色社会主义文化发展道路,增强文化自信,围绕举旗帜、聚民心、育新人、兴文化、展形象建设社会主义文化强国,发展面向现代化、面向世界、面向未来的,民族的科学的大众的社会主义文化,激发全民族文化创新创造活力,增强实现中华民族伟大复兴的精神力量。

【为民造福】

治国有常,利民为本。为民造福是立党为公、执政为民的本质要求。必须坚持在发展中保障和改善民生,鼓励共同奋斗创造美好生活,不断实现人民对美好生活的向往。

【完善分配制度】

坚持按劳分配为主体、多种分配方式并存,构建初次分配、再分配、第三次分配协调配套的制度体系。努力提高居民收入在国民收入分配中的比重,提高劳动报酬在初次分配中的比重。坚持多劳多得，鼓励勤劳致富，促进机会公平，增加低收入者收入，扩大中等收入群体。规范收入分配秩序，规范财富积累机制，保护合法收入，调节过高收入，取缔非法收入。

【推动绿色发展】

大自然是人类赖以生存发展的基本条件。尊重自然、顺应自然、保护自然，是全面建设社会主义现代化国家的内在要求。必须牢固树立和践行绿水青山就是金山银山的理念，站在人与自然和谐共生的高度谋划发展。

【总体国家安全观】

国家安全是民族复兴的根基，社会稳定是国家强盛的前提。必须坚定不移贯彻总体国家安全观，把维护国家安全贯穿党和国家工作各方面全过程，确保国家安全和社会稳定。

【新安全格局】

我们要坚持以人民安全为宗旨、以政治安全为根本、以经济安全为基础、以军事科技文化社会安全为保障、以促进国际安全为依托，统筹外部安全和内部安全、国土安全和国民安全、传统安全和非传统安全、自身安全和共同安全，统筹维护和塑造国家安全，夯实国家安全和社会稳定基层基础，完善参与全球安全治理机制，建设更高水平的平安中国，以新安全格局保障新发展格局。

【开创国防和军队现代化新局面】

实现建军一百年奋斗目标，开创国防和军队现代化新局面。

如期实现建军一百年奋斗目标，加快把人民军队建成世界一流军队，是全面建设社会主义现代化国家的战略要求。必须贯彻新时代党的强军思想，贯彻新时代军事战略方针，坚持党对人民军队的绝对领导，坚持政治建军、改革强军、科技强军、人才强军、依法治军，坚持边斗争、边备战、边建设，坚持机械化信息化智能化融合发展，加快军事理论现代化、军队组织形态现代化、军事人员现代化、武器装备现代化，提高捍卫国家主权、安全、发展利益战略能力，有效履行新时代人民军队使命任务。

【坚持和完善"一国两制"，推进祖国统一】

"一国两制"是中国特色社会主义的伟大创举，是香港、澳门回归后保持长期繁荣稳定的最佳制度安排，必须长期坚持。

坚持贯彻新时代党解决台湾问题的总体方略，牢牢把握两岸关系主导权和主动权，坚定不移推进祖国统一大业。

解决台湾问题是中国人自己的事，要由中国人来决定。我们坚持以最大诚意、尽最大努力争取和平统一的前景，但决不承诺放弃使用武力，保留采取一切必要措施的选项，这针对的是外部势力干涉和极少数"台独"分裂分子及其分裂活动，绝非针对广大台湾同胞。国家统一、民族复兴的历史车轮滚滚向前，祖国完全统一一定要实现，也一定能够实现！

【人类命运共同体】

中国提出了全球发展倡议、全球安全倡议，愿同国际社会一道努力落实。我们真诚呼吁，世界各国弘扬和平、发展、公平、正义、民主、自由的全人类共同价值，促进各国人民相知相亲，尊重世界文明多样性，以文明交流超越文明隔阂、文明互鉴超越文明冲突、文明共存超越文明优越，共同应对各种全球性挑战。中国人民愿同世界人民携手开创人类更加美好的未来。

【新时代党的建设新的伟大工程】

全面建设社会主义现代化国家、全面推进中华民族伟大复兴，关键在党。我们党作为世界上最大的马克思主义执政党，要始终赢得人民拥护、巩固长期执政地位，必须时刻保持解决大党独有难题的清醒和坚定。全党必须牢记，全面从严治党永远在路上，党的自我革命永远在路上，决不能有松劲歇脚、疲劳厌战的情绪，必须持之以恒推进全面从严治党，深入推进新时代党的建设新的伟大工程，以党的自我革命引领社会革命。

【五个"必由之路"】

全党必须牢记，坚持党的全面领导是坚持和发展中国特色社会主义的必由之路，中国特色社会主义是实现中华民族伟大复兴的必由之路，团结奋斗是中国人民创造历史伟业的必由之路，贯彻新发展理念是新时代我国发展壮大的必由之路，全面从严治党是党永葆生机活力、走好新的赶考之路的必由之路。

【战略性工作】

青年强，则国家强。当代中国青年生逢其时，施展才干的舞台无比广阔，实现梦想的前景无比光明。全党要把青年工作作为战略性工作来抓，用党的科学理论武装青年，用党的初心使命感召青年，做青年朋友的知心人、青年工作的热心人、青年群众的引路人。

（资料来源：人民网·中国共产党新闻网.）

相关链接2

9个重要表述，带你理解高质量发展

习近平在党的二十大报告中提出，必须完整、准确、全面贯彻新发展理念，坚持社会主义市场经济改革方向，坚持高水平对外开放，加快构建以国内大循环为主体、国内国际双循环相互促进的新发展格局。

中国式现代化

报告原文

在新中国成立特别是改革开放以来长期探索和实践基础上,经过十八大以来在理论和实践上的创新突破,我们党成功推进和拓展了中国式现代化。

中国式现代化,是中国共产党领导的社会主义现代化,既有各国现代化的共同特征,更有基于自己国情的中国特色。

高水平社会主义市场经济体制

报告原文

构建高水平社会主义市场经济体制。坚持和完善社会主义基本经济制度,毫不动摇巩固和发展公有制经济,毫不动摇鼓励、支持、引导非公有制经济发展,充分发挥市场在资源配置中的决定性作用,更好发挥政府作用。

现代化产业体系

报告原文

建设现代化产业体系。坚持把发展经济的着力点放在实体经济上,推进新型工业化,加快建设制造强国、质量强国、航天强国、交通强国、网络强国、数字中国。

乡村振兴

报告原文

全面推进乡村振兴。坚持农业农村优先发展,坚持城乡融合发展,畅通城乡要素流动。扎实推动乡村产业、人才、文化、生态、组织振兴。全方位夯实粮食安全根基,牢牢守住十八亿亩耕地红线。深化农村土地制度改革,赋予农民更加充分的财产权益。保障进城落户农民合法土地权益,鼓励依法自愿有偿转让。

区域协调发展

报告原文

促进区域协调发展。深入实施区域协调发展战略、区域重大战略、主体功能区战略、新型城镇化战略,优化重大生产力布局,构建优势互补、高质量发展的区域经济布局和国土空间体系。

高水平对外开放

报告原文

推进高水平对外开放。稳步扩大规则、规制、管理、标准等制度型开放。加快建设贸易强国。营造市场化、法治化、国际化一流营商环境。推动共建"一带一路"高质量发展。有序推进人民币国际化。深度参与全球产业分工和合作,维护多元稳定的国际经济格局和经贸关系。

新领域新赛道

报告原文

必须坚持科技是第一生产力、人才是第一资源、创新是第一动力,深入实施科教兴国战略、人才强国战略、创新驱动发展战略,开辟发展新领域新赛道,不断塑造发展新动能新优势。

共同富裕

报告原文

我们要实现好、维护好、发展好最广大人民根本利益,紧紧抓住人民最关心最直接最现实的利益问题,坚持尽力而为、量力而行,深入群众、深入基层,采取更多惠民生、暖民心举措,着力解决好人民群众急难愁盼问题,健全基本公共服务体系,提高公共服务水平,增强均衡性和可及性,扎实推进共同富裕。

和谐共生

报告原文

大自然是人类赖以生存发展的基本条件。尊重自然、顺应自然、保护自然,是全面建设社会主义现代化国家的内在要求。必须牢固树立和践行绿水青山就是金山银山的理念,站在人与自然和谐共生的高度谋划发展。

(资料来源:人民网. http://finance.people.com.cn/n1/2022/1018/c1004-32547280.html.)

相关链接3

高举中国特色社会主义伟大旗帜
为全面建设社会主义现代化国家而团结奋斗
——在中国共产党第二十次全国代表大会上的报告(节选)

八、推进文化自信自强,铸就社会主义文化新辉煌

全面建设社会主义现代化国家,必须坚持中国特色社会主义文化发展道路,增强文化自信,围绕举旗帜、聚民心、育新人、兴文化、展形象建设社会主义文化强国,发展面向现代化、面向世界、面向未来的,民族的科学的大众的社会主义文化,激发全民族文化创新创造活力,增强实现中华民族伟大复兴的精神力量。

我们要坚持马克思主义在意识形态领域指导地位的根本制度,坚持为人民服务、为社会主义服务，坚持百花齐放、百家争鸣，坚持创造性转化、创新性发展，以社会主义核心价值观为引领，发展社会主义先进文化，弘扬革命文化，传承中华优秀传统文化，满足人民日益增长的精神文化需求，巩固全党全国各族人民团结奋斗的共同思想基础，不断提升国家文化软实力和中华文化影响力。

（一）建设具有强大凝聚力和引领力的社会主义意识形态

意识形态工作是为国家立心、为民族立魂的工作。牢牢掌握党对意识形态工作领导权，全面落实意识形态工作责任制，巩固壮大奋进新时代的主流思想舆论。健全用党的创新理论武装全党、教育人民、指导实践工作体系。加强全媒体传播体系建设，塑造主流舆论新格局。健全网络综合治理体系，推动形成良好网络生态。

（二）广泛践行社会主义核心价值观

社会主义核心价值观是凝聚人心、汇聚民力的强大力量。弘扬以伟大建党精神为源头的中国共产党人精神谱系，用好红色资源，深入开展社会主义核心价值观宣传教育，深化爱国主义、集体主义、社会主义教育，着力培养担当民族复兴大任的时代新人。推动理想信念教育常态化制度化，持续抓好党史、新中国史、改革开放史、社会主义发展史宣传教育，引导人民知史爱党、知史爱国，不断坚定中国特色社会主义共同理想。用社会主义核心价值观铸魂育人，完善思想政治工作体系，推进大中小学思想政治教育一体化建设。坚持依法治国和以德治国相结合，把社会主义核心价值观融入法治建设、融入社会发展、融入日常生活。

（三）提高全社会文明程度

实施公民道德建设工程，弘扬中华传统美德，加强家庭家教家风建设，加强和改进未成年人思想道德建设，推动明大德、守公德、严私德，提高人民道德水准和文明素养。统筹推动文明培育、文明实践、文明创建，推进城乡精神文明建设融合发展，在全社会弘扬劳动精神、奋斗精神、奉献精神、创造精神、勤俭节约精神，培育时代新风新貌。加强国家科普能力建设，深化全民阅读活动。完善志愿服务制度和工作体系。弘扬诚信文化，健全诚信建设长效机制。发挥党和国家功勋荣誉表彰的精神引领、典型示范作用，推动全社会见贤思齐、崇尚英雄、争做先锋。

（四）繁荣发展文化事业和文化产业

坚持以人民为中心的创作导向，推出更多增强人民精神力量的优秀作品，培育造就大批德艺双馨的文学艺术家和规模宏大的文化文艺人才队伍。坚持把社会效益放在首位、社会效益和经济效益相统一，深化文化体制改革，完善文化经济政策。实施国家文化数字化战略，健全现代公共文化服务体系，创新实施文化惠民工程。健全现代文化产业体系和市场体系，实施重大文化产业项目带动战略。加大文物和文化遗产保护力度，加强城乡建设中历史文化保护传承，建好用好国家文化公园。坚持以文塑旅、以旅彰文，推进文化和旅游深度融合发展。广泛开展全民健身活动，加强青少年体育工作，促进群众体育和竞技体育全面发展，加快建设体育强国。

(五）增强中华文明传播力影响力

坚守中华文化立场，提炼展示中华文明的精神标识和文化精髓，加快构建中国话语和中国叙事体系，讲好中国故事、传播好中国声音，展现可信、可爱、可敬的中国形象。加强国际传播能力建设，全面提升国际传播效能，形成同我国综合国力和国际地位相匹配的国际话语权。深化文明交流互鉴，推动中华文化更好走向世界。

（资料来源：中国政府网. http://www.gov.cn/xinwen/2022-10/25/content_5721685.htm.）

第二节　深入学习领会习近平文化思想

在全国宣传思想文化工作会议上，党中央正式提出并系统阐述了习近平文化思想。这是一个重大决策，在党的理论创新进程中具有重大意义，在党的宣传思想文化事业发展史上具有里程碑意义。

习近平文化思想，是新时代党领导文化建设实践经验的理论总结，是对马克思主义文化理论的丰富和发展，是习近平新时代中国特色社会主义思想的文化篇章。

习近平文化思想的形成，标志着我们党对中国特色社会主义文化建设规律的认识达到了新高度，表明我们党的历史自信、文化自信达到了新高度。

习近平文化思想内涵丰富、思想深邃、博大精深，为我们在新时代新征程继续推动文化繁荣、建设文化强国、建设中华民族现代文明提供了强大思想武器和科学行动指南。

深入学习领会习近平文化思想，是全党尤其是全国宣传思想文化战线的一项重要政治任务。

一、深入学习领会关于坚持党的文化领导权的重要论述

坚持党的文化领导权是事关党和国家前途命运的大事。坚持党的文化领导权，是习近平总书记深刻总结党的历史经验、洞察时代发展大势提出来的，充分体现了对新时代文化地位作用的深刻认识，体现了对党的意识形态工作的科学把握。习近平总书记指出，意识形态关乎旗帜、关乎道路、关乎国家政治安全。"经济建设是党的中心工作，意识形态工作是党的一项极端重要的工作。面对改革发展稳定复杂局面和社会思想意识多元多样、媒体格局深刻变化，在集中精力进行经济建设的同时，一刻也不能放松和削弱意识形态工作，必须把意识形态工作的领导权、管理权、话语权牢牢掌握在手中，任何时候都不能旁落，否则就要犯无可挽回的历史性错误。"党管宣传、党管意识形态、党管媒体是坚持党的领导的重要方面，要"坚持政治家办报、办刊、办台、办新闻网站"。他强调："所有宣传思想部门和单位，所有宣传思想战线上的党员、干部，都要旗帜鲜明坚持党性原则。""坚持党性，核心

就是坚持正确政治方向，站稳政治立场，坚定宣传党的理论和路线方针政策，坚定宣传中央重大工作部署，坚定宣传中央关于形势的重大分析判断，坚决同党中央保持高度一致，坚决维护党中央权威。""做到爱党、护党、为党。"他要求，要全面落实意识形态工作责任制，"各级党委要负起政治责任和领导责任，把宣传思想工作摆在全局工作的重要位置，加强对宣传思想领域重大问题的分析研判和重大战略性任务的统筹指导""宣传思想战线的同志要履行好自己的神圣职责和光荣使命，以战斗的姿态、战士的担当，积极投身宣传思想领域斗争一线""要牢牢掌握意识形态工作领导权""建设具有强大凝聚力和引领力的社会主义意识形态"。习近平总书记的这些重要论述，深刻阐明了加强党对宣传思想文化工作领导的极端重要性，明确了做好宣传思想文化工作必须坚持的政治保证。

二、深入学习领会关于推动物质文明和精神文明协调发展的重要论述

推动物质文明和精神文明协调发展是坚持和发展中国特色社会主义的本质特征。立足中国特色社会主义事业发展全局，正确把握物质文明和精神文明的辩证关系，体现了对社会主义精神文明建设的重要性和中国国情的深刻认识和全面把握。习近平总书记指出，实现中华民族伟大复兴的中国梦，物质财富要极大丰富，精神财富也要极大丰富。中国式现代化是物质文明和精神文明相协调的现代化。物质富足、精神富有是社会主义现代化的根本要求。物质贫困不是社会主义，精神贫乏也不是社会主义。他强调："人无精神则不立，国无精神则不强。精神是一个民族赖以长久生存的灵魂，唯有精神上达到一定的高度，这个民族才能在历史的洪流中屹立不倒、奋勇向前。""我们要继续锲而不舍、一以贯之抓好社会主义精神文明建设，为全国各族人民不断前进提供坚强的思想保证、强大的精神力量、丰润的道德滋养。"他指出，我们不断厚植现代化的物质基础，不断夯实人民幸福生活的物质条件，同时大力发展社会主义先进文化，加强理想信念教育，传承中华文明，促进物的全面丰富和人的全面发展。他要求，"加强思想道德建设，深入实施公民道德建设工程，加强和改进思想政治工作，推进新时代文明实践中心建设，不断提升人民思想觉悟、道德水准、文明素养和全社会文明程度""深入开展群众性精神文明创建活动""深化文明城市、文明村镇、文明单位、文明家庭、文明校园创建工作，推进诚信建设和志愿服务制度化，提高全社会道德水平""深入挖掘、继承、创新优秀传统乡土文化，弘扬新风正气，推进移风易俗，培育文明乡风、良好家风、淳朴民风，焕发乡村文明新气象"。习近平总书记的这些重要论述，站在经济建设和上层建筑关系的哲学高度，深刻阐释了社会运动规律，深刻阐明了精神文明的重要作用，具有极为重要的本体论和认识论意义，为新时代坚持和发展中国特色社会主义、推进中国式现代化提供了科学指引。

三、深入学习领会关于"两个结合"的根本要求的重要论述

"两个结合"的根本要求拓展了中国特色社会主义文化发展道路。创造性提出并阐述"两个结合",揭示了开辟和发展中国特色社会主义的必由之路,也揭示了党推动理论创新和文化繁荣的必由之路。习近平总书记指出,新的征程上,我们必须"坚持把马克思主义基本原理同中国具体实际相结合、同中华优秀传统文化相结合""中国共产党人深刻认识到,只有把马克思主义基本原理同中国具体实际相结合、同中华优秀传统文化相结合,坚持运用辩证唯物主义和历史唯物主义,才能正确回答时代和实践提出的重大问题,才能始终保持马克思主义的蓬勃生机和旺盛活力"。他指出,在五千多年中华文明深厚基础上开辟和发展中国特色社会主义,把马克思主义基本原理同中国具体实际、同中华优秀传统文化相结合是必由之路。"如果没有中华五千年文明,哪里有什么中国特色?如果不是中国特色,哪有我们今天这么成功的中国特色社会主义道路?"只有立足波澜壮阔的中华五千多年文明史,才能真正理解中国道路的历史必然、文化内涵与独特优势。他强调,历史正反两方面的经验表明,"两个结合"是我们取得成功的最大法宝。第一,"结合"的前提是彼此契合。马克思主义和中华优秀传统文化来源不同,但彼此存在高度的契合性。相互契合才能有机结合。正是在这个意义上,我们才说中国共产党既是马克思主义的坚定信仰者和践行者,又是中华优秀传统文化的忠实继承者和弘扬者。第二,"结合"的结果是互相成就。"结合"不是"拼盘",不是简单的"物理反应",而是深刻的"化学反应",造就了一个有机统一的新的文化生命体。"第二个结合"让马克思主义成为中国的,中华优秀传统文化成为现代的,让经由"结合"而形成的新文化成为中国式现代化的文化形态。第三,"结合"筑牢了道路根基。我们的社会主义为什么不一样?为什么能够生机勃勃、充满活力?关键就在于中国特色。中国特色的关键就在于"两个结合"。中国式现代化赋予中华文明以现代力量,中华文明赋予中国式现代化以深厚底蕴。第四,"结合"打开了创新空间。"结合"本身就是创新,同时又开启了广阔的理论和实践创新空间。"第二个结合"让我们掌握了思想和文化主动,并有力地作用于道路、理论和制度。"第二个结合"是又一次的思想解放,让我们能够在更广阔的文化空间中,充分运用中华优秀传统文化的宝贵资源,探索面向未来的理论和制度创新。第五,"结合"巩固了文化主体性。任何文化要立得住、行得远,要有引领力、凝聚力、塑造力、辐射力,就必须有自己的主体性。文化自信就来自我们的文化主体性。这一主体性是中国共产党带领中国人民在中国大地上建立起来的;是在创造性转化、创新性发展中华优秀传统文化,继承革命文化,发展社会主义先进文化的基础上,借鉴吸收人类一切优秀文明成果的基础上建立起来的;是通过把马克思主义基本原理同中国具体实际、同中华优秀传统文化相结合建立起来的。创立习近平新时代中国特色社会主义思想就是这一文化主体性的最有力体现。习近平总书记的这些重要论述,充分表明我们党对中国道路、中国理论、中国制度的认识进一步升华,拓展了中国特色社会主义道路的文化根基。

四、深入学习领会关于新的文化使命的重要论述

新的文化使命彰显了我们党促进中华文化繁荣、创造人类文明新形态的历史担当。在强国建设、民族复兴伟业深入推进的关键时刻，高瞻远瞩提出新的文化使命，具有强大的感召力和引领力。习近平总书记指出，"做好新形势下宣传思想工作，必须自觉承担起举旗帜、聚民心、育新人、兴文化、展形象的使命任务""巩固马克思主义在意识形态领域的指导地位、巩固全党全国各族人民团结奋斗的共同思想基础""在新的起点上继续推动文化繁荣、建设文化强国、建设中华民族现代文明，是我们在新时代新的文化使命"。他强调，要坚持中国特色社会主义文化发展道路，发展社会主义先进文化，弘扬革命文化，传承中华优秀传统文化，激发全民族文化创新创造活力，增强实现中华民族伟大复兴的精神力量。他指出："中国特色社会主义文化，源自中华民族五千多年文明历史所孕育的中华优秀传统文化，熔铸于党领导人民在革命、建设、改革中创造的革命文化和社会主义先进文化，植根于中国特色社会主义伟大实践。发展中国特色社会主义文化，就是以马克思主义为指导，坚守中华文化立场，立足当代中国现实，结合当今时代条件，发展面向现代化、面向世界、面向未来的，民族的科学的大众的社会主义文化，推动社会主义精神文明和物质文明协调发展。要坚持为人民服务、为社会主义服务，坚持百花齐放、百家争鸣，坚持创造性转化、创新性发展，不断铸就中华文化新辉煌。"他强调："对历史最好的继承就是创造新的历史，对人类文明最大的礼敬就是创造人类文明新形态。"他要求，新时代的文化工作者必须以守正创新的正气和锐气，赓续历史文脉、谱写当代华章。习近平总书记的这些重要论述，强调了新的文化使命是新时代新征程党的使命任务对文化发展的必然要求，落脚点是铸就社会主义文化新辉煌、建设中华民族现代文明。

五、深入学习领会关于坚定文化自信的重要论述

坚定文化自信，是事关国运兴衰、事关文化安全、事关民族精神独立性的大问题。习近平总书记指出："一个国家、一个民族的强盛，总是以文化兴盛为支撑的，中华民族伟大复兴需要以中华文化发展繁荣为条件。""我们说要坚定中国特色社会主义道路自信、理论自信、制度自信，说到底是要坚定文化自信。""文化自信，是更基础、更广泛、更深厚的自信，是更基本、更深沉、更持久的力量。"他强调："中华文明历经数千年而绵延不绝、迭遭忧患而经久不衰，这是人类文明的奇迹，也是我们自信的底气。坚定文化自信，就是坚持走自己的路。坚定文化自信的首要任务，就是立足中华民族伟大历史实践和当代实践，用中国道理总结好中国经验，把中国经验提升为中国理论，既不盲从各种教条，也不照搬外国理论，实现精神上的独立自主。要把文化自信融入全民族的精神气质与文化品格中，养成昂扬向上的风貌和理性平和的心态。"习近平总书记的这些重要论述，深刻阐明了文化自信的特殊重要性，彰显了我们党高度的文化自觉和文

化担当，把我们党对文化地位和作用的认识提升到一个新高度。

六、深入学习领会关于培育和践行社会主义核心价值观的重要论述

　　培育和践行社会主义核心价值观是凝魂聚气、强基固本的基础工程。坚持以德树人、以文化人，是习近平总书记始终念兹在兹、谆谆教诲的一件大事。习近平总书记指出："人类社会发展的历史表明，对一个民族、一个国家来说，最持久、最深层的力量是全社会共同认可的核心价值观。核心价值观，承载着一个民族、一个国家的精神追求，体现着一个社会评判是非曲直的价值标准。""核心价值观是一个国家的重要稳定器，能否构建具有强大感召力的核心价值观，关系社会和谐稳定，关系国家长治久安。""如果没有共同的核心价值观，一个民族、一个国家就会魂无定所、行无依归。"他指出："我们提出要倡导富强、民主、文明、和谐，倡导自由、平等、公正、法治，倡导爱国、敬业、诚信、友善，积极培育和践行社会主义核心价值观。富强、民主、文明、和谐是国家层面的价值要求，自由、平等、公正、法治是社会层面的价值要求，爱国、敬业、诚信、友善是公民层面的价值要求。这个概括，实际上回答了我们要建设什么样的国家、建设什么样的社会、培育什么样的公民的重大问题。"他强调："核心价值观的养成绝非一日之功，要坚持由易到难、由近及远，努力把核心价值观的要求变成日常的行为准则，进而形成自觉奉行的信念理念。""要注意把社会主义核心价值观日常化、具体化、形象化、生活化，使每个人都能感知它、领悟它，内化为精神追求，外化为实际行动，做到明大德、守公德、严私德。"他要求，弘扬以伟大建党精神为源头的中国共产党人精神谱系，用好红色资源。"要以培养担当民族复兴大任的时代新人为着眼点，强化教育引导、实践养成、制度保障，发挥社会主义核心价值观对国民教育、精神文明创建、精神文化产品创作生产传播的引领作用，把社会主义核心价值观融入社会发展各方面，转化为人们的情感认同和行为习惯。坚持全民行动、干部带头，从家庭做起，从娃娃抓起。深入挖掘中华优秀传统文化蕴含的思想观念、人文精神、道德规范，结合时代要求继承创新，让中华文化展现出永久魅力和时代风采。"习近平总书记的这些重要论述，深刻阐明了中国特色社会主义文化建设的一项根本任务，明确了推进社会主义核心价值观建设的重点和着力点。

七、深入学习领会关于掌握信息化条件下舆论主导权、广泛凝聚社会共识的重要论述

　　掌握信息化条件下舆论主导权、广泛凝聚社会共识是巩固壮大主流思想文化的必然要求。习近平总书记站在时代和科技前沿，对如何做好信息化条件下宣传思想文化工作进行了深邃思考。习近平总书记指出，当今世界，一场新的全方位综合国力竞争正在全球展开。能不能适应和引领互联网发展，成为决定大国兴衰的一个关键。世界各大国均

把信息化作为国家战略重点和优先发展方向，围绕网络空间发展主导权、制网权的争夺日趋激烈，世界权力图谱因信息化而被重新绘制，互联网成为影响世界的重要力量。当今世界，谁掌握了互联网，谁就把握住了时代主动权；谁轻视互联网，谁就会被时代所抛弃。一定程度上可以说，得网络者得天下。他深刻指出："没有网络安全就没有国家安全，没有信息化就没有现代化，网络安全和信息化事关党的长期执政，事关国家长治久安，事关经济社会发展和人民群众福祉，过不了互联网这一关，就过不了长期执政这一关，要把网信工作摆在党和国家事业全局中来谋划，切实加强党的集中统一领导。"网络空间是亿万民众共同的精神家园。网络空间天朗气清、生态良好，符合人民利益。网络空间乌烟瘴气、生态恶化，不符合人民利益。互联网已经成为舆论斗争的主战场。在互联网这个战场上，我们能否顶得住、打得赢，直接关系我国意识形态安全和政权安全。他特别提出："管好用好互联网，是新形势下掌控新闻舆论阵地的关键，重点要解决好谁来管、怎么管的问题。"我们必须科学认识网络传播规律，准确把握网上舆情生成演化机理，不断推进工作理念、方法手段、载体渠道、制度机制创新，提高用网治网水平，使互联网这个最大变量变成事业发展的最大增量。"我们要本着对社会负责、对人民负责的态度，依法加强网络空间治理，加强网络内容建设，做强网上正面宣传，培育积极健康、向上向善的网络文化，用社会主义核心价值观和人类优秀文明成果滋养人心、滋养社会，做到正能量充沛、主旋律高昂，为广大网民特别是青少年营造一个风清气正的网络空间。""随着5G、大数据、云计算、物联网、人工智能等技术不断发展，移动媒体将进入加速发展新阶段。要坚持移动优先策略，建设好自己的移动传播平台，管好用好商业化、社会化的互联网平台，让主流媒体借助移动传播，牢牢占据舆论引导、思想引领、文化传承、服务人民的传播制高点。"习近平总书记的这些重要论述，是我们党对信息化时代新闻传播规律的深刻总结，明确了做好党的新闻舆论工作的原则要求和方法路径。

八、深入学习领会关于以人民为中心的工作导向的重要论述

以人民为中心的工作导向体现了我们党领导和推动文化建设的鲜明立场。新时代以来宣传思想文化改革发展历程，贯穿着以人民为中心的鲜明主线，充分展现了习近平总书记深厚的人民情怀。习近平总书记指出，"人民性是马克思主义的本质属性""人民立场是中国共产党的根本政治立场""中国共产党的根本宗旨是全心全意为人民服务"。宣传思想文化工作必须坚持以人民为中心的工作导向。他强调："文艺要反映好人民心声，就要坚持为人民服务、为社会主义服务这个根本方向。""以人民为中心，就是要把满足人民精神文化需求作为文艺和文艺工作的出发点和落脚点，把人民作为文艺表现的主体，把人民作为文艺审美的鉴赏家和评判者，把为人民服务作为文艺工作者的天职。"他强调，哲学社会科学研究要"坚持以马克思主义为指导，核心要解决好为什么人的问题。为什么人的问题是哲学社会科学研究的根本性、原则性问题。我国哲学社会科学为

谁著书、为谁立说,是为少数人服务还是为绝大多数人服务,是必须搞清楚的问题"。他指出:"我们的党是全心全意为人民服务的党,我们的国家是人民当家作主的国家,党和国家一切工作的出发点和落脚点是实现好、维护好、发展好最广大人民根本利益。我国哲学社会科学要有所作为,就必须坚持以人民为中心的研究导向。脱离了人民,哲学社会科学就不会有吸引力、感染力、影响力、生命力。我国广大哲学社会科学工作者要坚持人民是历史创造者的观点,树立为人民做学问的理想,尊重人民主体地位,聚焦人民实践创造,自觉把个人学术追求同国家和民族发展紧紧联系在一起,努力多出经得起实践、人民、历史检验的研究成果。"习近平总书记的这些重要论述,深刻回答了文化为什么人的问题,彰显了党的性质宗旨和初心使命。

九、深入学习领会关于保护历史文化遗产的重要论述

保护历史文化遗产是推动文化传承发展的重要基础。历史文化遗产承载着中华民族的基因和血脉。习近平总书记对文化遗产保护高度重视,展现了强烈的文明担当、深沉的文化情怀。习近平总书记指出,中华文明探源工程等重大工程的研究成果,实证了我国百万年的人类史、一万年的文化史、五千多年的文明史。历史文化遗产"不仅属于我们这一代人,也属于子孙万代"。"革命文物承载党和人民英勇奋斗的光荣历史,记载中国革命的伟大历程和感人事迹,是党和国家的宝贵财富,是弘扬革命传统和革命文化、加强社会主义精神文明建设、激发爱国热情、振奋民族精神的生动教材。"中华文化是我们提高国家文化软实力最深厚的源泉,是我们提高国家文化软实力的重要途径。要使中华民族最基本的文化基因与当代文化相适应、与现代社会相协调,以人们喜闻乐见、具有广泛参与性的方式推广开来,把跨越时空、超越国度、富有永恒魅力、具有当代价值的文化精神弘扬起来,把继承优秀传统文化又弘扬时代精神、立足本国又面向世界的当代中国文化创新成果传播出去。要系统梳理传统文化资源,让收藏在禁宫里的文物、陈列在广阔大地上的遗产、书写在古籍里的文字都活起来。"要敬畏历史、敬畏文化、敬畏生态,全面保护好历史文化遗产,统筹好旅游发展、特色经营、古城保护,筑牢文物安全底线,守护好前人留给我们的宝贵财富。"他指出:"不忘历史才能开辟未来,善于继承才能善于创新。优秀传统文化是一个国家、一个民族传承和发展的根本,如果丢掉了,就割断了精神命脉。我们要善于把弘扬优秀传统文化和发展现实文化有机统一起来,紧密结合起来,在继承中发展,在发展中继承。传统文化在其形成和发展过程中,不可避免会受到当时人们的认识水平、时代条件、社会制度的局限性的制约和影响,因而也不可避免会存在陈旧过时或已成为糟粕性的东西。这就要求人们在学习、研究、应用传统文化时坚持古为今用、推陈出新,结合新的实践和时代要求进行正确取舍,而不能一股脑儿都拿到今天来照套照用。"他强调,要坚持古为今用、以古鉴今,坚持有鉴别的对待、有扬弃的继承,而不能搞厚古薄今、以古非今,努力实现传统文化的创造性转化、创新性发展,使之与现实文化相融相通,共同服务以文化人的时代

任务,"为更好建设中华民族现代文明提供借鉴"。他要求:"各级党委和政府要增强对历史文物的敬畏之心,树立保护文物也是政绩的科学理念,统筹好文物保护与经济社会发展,全面贯彻'保护为主、抢救第一、合理利用、加强管理'的工作方针,切实加大文物保护力度,推进文物合理适度利用,使文物保护成果更多惠及人民群众。各级文物部门要不辱使命,守土尽责,提高素质能力和依法管理水平,广泛动员社会力量参与,努力走出一条符合国情的文物保护利用之路,为实现'两个一百年'奋斗目标、实现中华民族伟大复兴的中国梦作出更大贡献。"习近平总书记的这些重要论述,体现了马克思主义历史观,宣示了我们党对待民族历史文化的基本态度。

十、深入学习领会关于构建中国话语和中国叙事体系的重要论述

构建中国话语和中国叙事体系体现了我们党提高国家文化软实力、占据国际道义制高点的战略谋划。习近平总书记提出增强我国国际话语权的重要任务并摆上突出位置,体现了宽广的世界眼光和高超的战略思维。习近平总书记指出,要"增强中华文明传播力影响力。坚守中华文化立场,提炼展示中华文明的精神标识和文化精髓,加快构建中国话语和中国叙事体系,讲好中国故事、传播好中国声音,展现可信、可爱、可敬的中国形象""要讲清楚中国是什么样的文明和什么样的国家,讲清楚中国人的宇宙观、天下观、社会观、道德观,展现中华文明的悠久历史和人文底蕴,促使世界读懂中国、读懂中国人民、读懂中国共产党、读懂中华民族"。他认为,讲故事是国际传播的最佳方式。要讲好中国特色社会主义的故事,讲好中国梦的故事,讲好中国人的故事,讲好中华优秀文化的故事,讲好中国和平发展的故事。讲故事就是讲事实、讲形象、讲情感、讲道理,讲事实才能说服人,讲形象才能打动人,讲情感才能感染人,讲道理才能影响人。他要求,要组织各种精彩、精炼的故事载体,把中国道路、中国理论、中国制度、中国精神、中国力量寓于其中,使人想听爱听,听有所思,听有所得。要创新对外话语表达方式,研究国外不同受众的习惯和特点,采用融通中外的概念、范畴、表述,把我们想讲的和国外受众想听的结合起来,把"陈情"和"说理"结合起来,把"自己讲"和"别人讲"结合起来,使故事更多为国际社会和海外受众所认同。要加强国际传播能力建设,全面提升国际传播效能,形成同我国综合国力和国际地位相匹配的国际话语权。深化文明交流互鉴,推动中华文化更好走向世界。要完善人文交流机制,创新人文交流方式,发挥各地区各部门各方面作用,综合运用大众传播、群体传播、人际传播等多种方式展示中华文化魅力。习近平总书记的这些重要论述,既是思想理念又是工作方法,指明了提升国家文化软实力的关键点和着力点。

十一、深入学习领会关于促进文明交流互鉴的重要论述

促进文明交流互鉴彰显了中国共产党人开放包容的胸襟格局。习近平总书记提出弘

扬全人类共同价值、落实全球文明倡议等重要理念、重大主张，着眼的就是开放包容，为推动人类文明进步、应对全球共同挑战提供了战略指引。习近平总书记指出："文明没有高下、优劣之分，只有特色、地域之别。""每一种文明都扎根于自己的生存土壤，凝聚着一个国家、一个民族的非凡智慧和精神追求，都有自己存在的价值。""历史告诉我们，只有交流互鉴，一种文明才能充满生命力。""文明因交流而多彩，文明因互鉴而丰富。文明交流互鉴，是推动人类文明进步和世界和平发展的重要动力。"推动文明交流互鉴，可以丰富人类文明的色彩，让各国人民享受更富内涵的精神生活、开创更有选择的未来。他强调："我们应该推动不同文明相互尊重、和谐共处，让文明交流互鉴成为增进各国人民友谊的桥梁、推动人类社会进步的动力、维护世界和平的纽带。我们应该从不同文明中寻求智慧、汲取营养，为人们提供精神支撑和心灵慰藉，携手解决人类共同面临的各种挑战。"坚持美人之美、美美与共。担负起凝聚共识的责任，坚守和弘扬全人类共同价值。本着对人类前途命运高度负责的态度，做全人类共同价值的倡导者，以宽广胸怀理解不同文明对价值内涵的认识，尊重不同国家人民对价值实现路径的探索，把全人类共同价值具体地、现实地体现到实现本国人民利益的实践中去。他特别指出："在各国前途命运紧密相连的今天，不同文明包容共存、交流互鉴，在推动人类社会现代化进程、繁荣世界文明百花园中具有不可替代的作用。"为此，习近平总书记提出了全球文明倡议："共同倡导尊重世界文明多样性""共同倡导弘扬全人类共同价值""共同倡导重视文明传承和创新""共同倡导加强国际人文交流合作"。习近平总书记的这些重要论述，深刻揭示了人类文明发展的基本规律，体现了我们大党大国的天下情怀和责任担当。

习近平文化思想是一个不断展开的、开放式的思想体系，必将随着实践深入不断丰富发展。我们必须及时跟进，不断深入学习领会和贯彻落实[①]。

第三节 习近平对旅游工作作出的重要指示

一、着力完善现代旅游业体系加快建设旅游强国 推动旅游业高质量发展行稳致远

中共中央总书记、国家主席、中央军委主席习近平近日对旅游工作作出重要指示指出，改革开放特别是党的十八大以来，我国旅游发展步入快车道，形成全球最大国内旅游市场，成为国际旅游最大客源国和主要目的地，旅游业从小到大、由弱渐强，日益成为新兴的战略性支柱产业和具有显著时代特征的民生产业、幸福产业，成功走出了一条

---

① 资料来源：曲青山.深入学习领会习近平文化思想[N].学习时报，2023-10-23（1）.

独具特色的中国旅游发展之路。

习近平强调，新时代新征程，旅游发展面临新机遇新挑战。要以新时代中国特色社会主义思想为指导，完整准确全面贯彻新发展理念，坚持守正创新、提质增效、融合发展，统筹政府与市场、供给与需求、保护与开发、国内与国际、发展与安全，着力完善现代旅游业体系，加快建设旅游强国，让旅游业更好地服务美好生活、促进经济发展、构筑精神家园、展示中国形象、增进文明互鉴。各地区各部门要切实增强工作责任感使命感，分工协作、狠抓落实，推动旅游业高质量发展行稳致远。

全国旅游发展大会于2024年5月17日在京召开。中共中央政治局委员、中宣部部长李书磊在会上传达习近平重要指示并讲话，表示要深入学习贯彻习近平总书记重要指示和关于旅游发展的一系列重要论述，坚持以文塑旅、以旅彰文，走独具特色的中国旅游发展之路。要推动旅游业高质量发展、加快建设旅游强国，强化系统谋划和科学布局，保护文化遗产和生态资源，提升供给水平和服务质量，深化国际旅游交流合作，不断开创旅游发展新局面①。

二、加快建设旅游强国，总书记提出新要求

全国旅游发展大会是党中央首次以旅游发展为主题召开的重要会议，会上传达了习近平总书记对旅游工作作出的重要指示。

"新时代新征程，旅游发展面临新机遇新挑战。"在重要指示中，总书记既充分肯定改革开放特别是党的十八大以来旅游工作取得的显著成绩，又对加快建设旅游强国、推动旅游业高质量发展作出全面部署、提出明确要求。

（一）肯定一条道路

习近平总书记指出，改革开放特别是党的十八大以来，我国旅游发展步入快车道。

快车道，意味着发展速度快：2012年到2021年，国内旅游收入年均增长约10.6%；2012年到2019年，国内出游人数实现翻番。我国已形成全球最大国内旅游市场，也是国际旅游最大客源国和主要目的地。

快车道，也意味着发展方式别具一格：在中国，旅游是人民群众提升获得感、幸福感的重要方式，是传承弘扬中华文化的重要载体，是践行"绿水青山就是金山银山"理念的重要领域，还是乡村振兴的重要抓手……

对此，习近平总书记曾作出深刻阐释：

在黑龙江漠河北极村，指出"坚持林下经济和旅游业两业并举，让北国边塞风光、冰雪资源为乡亲们带来源源不断的收入"；

在山西云冈石窟，强调"让旅游成为人们感悟中华文化、增强文化自信的过程"；

---

① 资料来源：《人民日报》2024年5月18日，第01版。

在河南新县的民宿店，赞许"依托丰富的红色文化资源和绿色生态资源发展乡村旅游，搞活了农村经济，是振兴乡村的好做法"……

从小到大、由弱渐强，特色突出、前景广阔。在重要指示中，总书记指出旅游业"日益成为新兴的战略性支柱产业和具有显著时代特征的民生产业、幸福产业""成功走出了一条独具特色的中国旅游发展之路"。

（二）坚持三个原则

习近平总书记对旅游发展有着深刻认识和丰富实践。在《之江新语》中，他就写过一篇《重视打造旅游精品》的文章，指出：随着经济发展和人民群众生活水平不断提高，以观光为主的旅游已不能满足人们的需求。"求新、求奇、求知、求乐"的旅游愿望，要求我们不断推出更多更好的旅游产品。

如何把握新机遇、迎接新挑战？此次，习近平总书记鲜明提出了旅游发展要坚持的三个原则：

（1）守正创新。守正，守的是"基本盘"。绿水青山、历史文化、优质服务……这些都是旅游发展的基础，必须始终守护。创新，则是旅游发展的驱动力。只有开动脑筋，大胆求变，才能实现传统旅游业态、产品和服务的全面升级。

（2）提质增效。鼓励创新，也要防止"一哄而上"。旅游创新的目的应始终围绕提高质量、提高效率。如何将有限的旅游资源合理开发，创造更多旅游精品、名品？如何进一步发挥旅游的带动作用，让更多人受益？关心旅游"发展了什么"，更要注重"有什么效果"。

（3）融合发展。2020年9月，习近平总书记在教育文化卫生体育领域专家代表座谈会上强调，要坚持以文塑旅、以旅彰文，推动文化和旅游融合发展。更多领域正与旅游相加相融、协同发展。科技、教育、交通、体育、工业……越多融合，越有助于延伸产业链、创造新价值、催生新业态。

（三）统筹五对关系

三个原则之外，总书记还强调统筹五对关系，体现了对旅游发展过程中若干重大关系的深刻把握。

统筹政府与市场。在旅游发展过程中，既充分发挥市场在旅游资源配置中的决定性作用，又发挥好政府在优化旅游规划布局、公共服务、营商环境等方面的重要作用。

统筹供给与需求。从"有没有"到"好不好"，人民的旅游需求呈现多样化、个性化、品质化趋势，这就要求旅游业继续推进供给侧结构性改革。

统筹保护与开发。开发是发展的客观要求，保护是开发的重要前提。只有科学合理的开发，才能促进旅游的快速发展。只有积极有效的保护，才能保证旅游的健康发展。

统筹国内与国际。做强做优做大国内旅游市场之外，提升中国旅游竞争力和影响力要求坚定不移扩大开放，发展好入出境旅游。

统筹发展与安全。安全是发展的前提，发展是安全的保障。要将安全作为检验行业可持续发展的重要标尺，守住安全生产底线、生态安全底线、意识形态安全底线。

（四）明确五项任务

有党中央高度重视，有人民群众积极支持，有老祖宗和大自然留给我们的丰厚资源，我们完全有条件、有能力建设旅游强国。

在重要指示中，总书记还提出旅游业的五项使命任务：服务美好生活、促进经济发展、构筑精神家园、展示中国形象、增进文明互鉴。

从个体层面看，旅游是人民生活水平提高的一个重要指标。发展旅游，就是要让人们在领略自然之美中感悟文化之美、陶冶心灵之美，让生活更加美好。

从社会层面看，发展旅游业是推动高质量发展的重要着力点，旅游也是文化的重要载体。这就要求我们既关注旅游的经济作用，也关注其增强人民精神力量的作用。

从国家层面看，旅游是不同国家、不同文化交流互鉴的重要渠道。只有进一步发展旅游，才能更好展示新时代的中国形象，在"双向奔赴"中交流文化、增进友谊。

这五项使命任务，是总书记对于旅游业作用的深刻总结，也是总书记对旅游业未来的殷切期许[①]。

---

① 资料来源：央广网. https://news.cnr.cn/native/gd/sz/20240518/t20240518_526709689.shtml.

准备工作

中国出境旅游发端于1983年,当年首先启动了港澳出境游。1988年,泰国成为首个中国开放的出境旅游目的地国家。经过30多年的不断发展,截至2016年,中国公民出境旅游目的地达到151个国家和地区。

2023年作为新型冠状病毒感染结束后的第一年,出境旅游市场的恢复面临着复杂的国际环境,同时行业也肩负着上下游产业生态重建和修复的重担。在中国政府的积极引导和推动之下,一系列利好政策和措施陆续出台。2023年8月10日,文化和旅游部办公厅发布的《关于恢复旅行社经营中国公民赴有关国家和地区(第三批)出境团队旅游业务的通知》指出,恢复全国旅行社及在线旅游企业经营中国公民赴有关国家和地区(第三批)出境团队旅游和"机票+酒店"业务。出境跟团游国家扩展至138个。在签证方面,截至2024年1月底,中国已经与157个国家签署了不同护照持有者的互免签证协议,并与44个国家达成了简化签证手续的协议或安排。在航空运力上,中国民航局公布数据显示,2024年春节以来国际客运航班恢复至疫情前七成。

中国旅游研究院《中国出境旅游发展年度报告2015》提出,2014年,中国出境旅游人数首次突破1亿人次,达到1.07亿人次,成为世界第一大旅旅游者源国。《中国出境旅游发展报告2020》显示,2019年,我国的出境旅游市场仍然保持了增长态势,规模达到1.55亿人次,相比2018年同比增长了3.3%。2019年,我国出境旅游者境外消费超过1338亿美元,增速超过2%。

2023年,中国出境游市场信心经历了"高开低走"的一年,从上半年出境游市场重启的"满怀憧憬",到下半年恢复不及预期后的"回归理性"。2023年整体出境游行业仍处于逐步复苏的态势中,全年中国出境游人数超8700万人次,基本恢复至2019年的50%。2024年伊始,众多政策利好刺激出境旅游市场的恢复,以及春节出境游迎来"开门红",均为2024年市场持续复苏奠定良好开端。

【学习目标】

- 掌握出境旅游领队的基本职能和素质要求；
- 学会出境旅游领队带团出境前的准备工作；
- 学会出境旅游领队的工作流程。

任务一　接受带团任务

任务描述

小张在大学学习期间通过大学公共英语6级考试，并顺利考取导游资格证。毕业后与×××国际旅游有限公司签订劳动合同，从事普通话地陪导游和全陪的导游工作已经两年。由于导游业务逐渐娴熟、工作能力不断提高，小张经常受到旅游者和同事的夸赞。这天，导游管理部经理派团时告诉小张，两周后将派他作为领队带领一个出境旅游团前往老挝旅游。听到这个消息，小张既兴奋又忐忑。小张可以接受这次带团任务吗？

任务分析

《中华人民共和国旅游法》（以下简称《旅游法》）第三十六条规定，旅行社组织团队出境旅游或者组织、接待团队入境旅游，应当按照规定安排领队或者导游全程陪同。《旅游法》第四十条规定，导游和领队为旅游者提供服务必须接受旅行社委派，不得私自承揽导游和领队业务。

出境旅游服务中，领队服务是其中的重要内容。领队是旅游合同履行的监督者。在旅游行程中，无论是接待社，还是酒店、餐饮等履行辅助人，都是组团社履行包价旅游合同的核心主体。组团社为保证这些主体能够按照包价旅游合同和彼此之间合同的约定为旅游者提供相应服务，就需要委派代表其利益的人员随团督促和监督。同时，领队是旅游主体间关系的协调者。旅游合同履行过程中，涉及的主体众多，旅游关系复杂，如果没有组团社代表全程进行协调，旅游行程很难顺利推进，旅游服务质量也会大打折扣。此外，领队服务对于保障旅游者的人身、财产安全和旅游的舒适性、便利性，以及维护国家利益和国家形象具有重要作用。

×××国际旅游有限公司组织旅游团赴老挝旅游，应当为该团队安排具有领队资质的人员全程陪同。

《旅游法》第三十九条规定，从事领队业务，应当取得导游证，具有相应的学历、语言能力和旅游从业经历，并与委派其从事领队业务的取得出境旅游业务经营许可的旅行社订立劳动合同。

领队作为组团旅行社的代表，需要为出境旅游团提供旅途全程陪同和语言、联络等相关服务，并协同、监督完成境外旅游接待安排，协调处理旅游突发事件，监督旅游者遵守法律法规和文明旅游的行为，防止旅游者滞留，对旅游行程安全、顺畅的完成具有至关重要的作用。基于领队工作的特点，具备出境旅游业务经营许可的旅行社在委派出境领队时，应对领队的学历状况、语言能力、人际沟通、组织协调、安全保障和应急处理等相关业务能力进行认定。

《旅行社条例实施细则》第三十一条规定，旅行社为组织旅游者出境旅游委派的领队，应当具备下列条件：①取得导游证；②具有大专以上学历；③取得相关语言水平测试等级证书或通过外语语种导游资格考试，但为赴港澳台地区旅游委派的领队除外；④具有两年以上旅行社业务经营、管理或者导游等相关从业经历；⑤与委派其从事领队业务的取得出境旅游业务经营许可的旅行社订立劳动合同。赴台旅游领队还应当符合《大陆居民赴台湾地区旅游管理办法》规定的要求。第三十六条规定，旅行社委派的领队，应当掌握相关旅游目的地国家（地区）语言或者英语。

取得导游证是从事领队业务活动的前提条件。领队的执业特点与全陪导游相类似，但要比导游有更高的学历、专业和语言能力等要求。如果领队没有取得导游证，没有从事过导游职业，对导游业务不了解，则可能导致对境外地陪导游的监督、对旅行社和旅游者权益的维护能力和经验不足。

《旅游法》未对"相应的学历、语言能力和旅游从业经历"进行细化，参照《旅行社条例实施细则》，具有大专以上学历，英语或者目的地国家（或地区）语言能力、两年以上旅游从业经历以及与委派其从事领队业务的取得出境旅游业务经营许可的旅行社订立劳动合同等内容是领队从业资格的法律要求。

小张属于与×××国际旅游有限公司订立劳动合同的持证专职导游，具有大学学历、良好的英语水平和两年的导游从业经历，基本符合相关法律的规定和要求。小张可以接受本次领队任务，但是如果仅仅依靠做地陪导游和全陪导游的基本知识和工作经历，是不可能完成领队工作的。

完成任务

（1）学生分组讨论领队与导游的岗位差别，初拟领队岗位描述。
（2）分组汇报领队岗位描述并进行讨论互评，厘清领队岗位职责。
（3）教师通过学生完成任务的情况进行综合考评。

方法与步骤

（1）学习领队业务相关知识。
（2）学习领队英语相关词汇与表达技巧，提高口语能力。
（3）掌握出境旅游目的地国家（地区）概况。

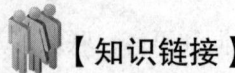

【知识链接】

《旅行社出境旅游服务规范》（GB/T 31386—2015）相关条款

3.1 组团社

依法取得出境旅游经营资格的旅行社。

3.2 出境旅游

组团社组织的以团队旅游的方式，前往中国公布的旅游目的地国家/地区的旅行游览活动。

3.3 出境旅游领队

依法取得从业资格，受组团社委派，全权代表组团社带领旅游团出境旅游，监督境外接待旅行社和导游人员等执行旅游计划，并为旅游者提供出入境等相关服务的工作人员。

3.4 出境旅游产品（outbound tour product）

组团社为出境旅游者提供的旅游路线及其相应服务。

……

5.4 领队接待服务

5.4.1 总要求

出境旅游团队应配备符合法定资质的领队。

5.4.2 领队素质要求

领队人员应：

a）符合《导游服务规范》GB/T 15971—2010 要求的基本素质；

b）切实履行领队职责、严格遵守外事纪律；

c）已考取领队证并具备：

- 英语或目的地国家/地区语言表达能力；
- 导游工作经验和实操能力；
- 应急处理能力。

5.4.3 领队职责

领队应：

a）维护旅游者的合法权益；

b）与接待社共同实施旅游行程计划，协助处理旅游行程中的突发事件、纠纷及其他问题；

c）为旅游者提供旅游行程的相关服务；

d）代表组团社监督接待社和当地导游的服务质量；

e）自觉维护国家利益和民族尊严，并提醒旅游者抵制任何有损国家利益和民族尊严的言行；

f）向旅游者说明旅游目的地的法律法规、风土人情及风俗习惯等。

【技能拓展】

《中国出境旅游发展报告（2023—2024）》在线发布

2024年2月1日，中国旅游研究院在"中国旅游研究院年度标志性成果发布会"上发布了《中国出境旅游发展年度报告（2023—2024）》。

报告指出，自从2023年年初我国开始对新型冠状病毒感染实施"乙类乙管"的举措之后，我国出境游市场开始重启，在经历了寒冷凛冽的冬日后走向万物复苏的春天。随着我国旅游市场动能和居民出境游意愿的增强，亚太地区的国际旅游复苏节奏有望明显加快。2023年，出境旅游人数超过8700万人次。预测2024年出境旅游人数为1.30亿人次。

一、2022—2023年出境旅游：确定性和不确定性交织

从出境目的地结构上看，我国出境旅游者分布继续保持稳定态势，以近程目的地为主。港澳作为出境主要旅游目的地的优势持续扩大。

长期的确定性因素。国民经济保持长期稳定发展态势，从经济面上保障了出境旅游市场的持续复苏和未来发展。人口是旅游需求的基础，也是出境旅游需求的基础。我国自1995年以来一直处于人口年龄结构红利期，有利于保障出境旅游市场的稳定发展。城市化进程的加快会激发人民的旅游需求，有利于出境旅游的发展。交通基础设施在持续改善，持续消解曾经的空间障碍，为出境游提供便利条件。为了吸引更多的中国旅游者，众多目的地国家进一步放宽对中国居民的签证，简化签证手续，启用电子签证，缩短办理时间，使入境更便利。

短期的不确定因素。出境旅游容易受短期不确定因素的影响，如经济恢复压力、未来收入的预期、旅游安全问题、疫情带来的旅游从业人员流失问题和猴痘等传染病的突发、一些国家和地区收紧的签证政策和签证办理进程缓慢，以及近期国际政策形势不确定性都给出境旅游的恢复带来了现实阻碍。不仅如此，境外目的地国内旅游市场和其他客源地市场的快速恢复，导致对中国出境旅游市场的资源挤出效应明显。

二、现实与期待

高学历、年轻化的旅游者成为主流。中青年出境旅游者居多，22~41岁年龄段人数所占比例高达82.8%；大学本科和大学专科学历的出境旅游者人数比例最高，合计约74.36%。出境旅游者的职业中，自由职业者所占比例最高；城镇居民是出境旅游的主要群体。

职业分布广泛，中等收入，一、二线城市的旅游者出游态度更加积极。2022年受访

的出境旅游者以自由职业者、企事业单位人员、专业技术人员和学生居多。年收入主要集中在 10 万~20 万元。一、二线城市的城镇居民出游积极，其中一线城市占比 35.30%，二线城市占比 34.40%。

网络成为出境旅游者主要的信息来源渠道，更加注重体验感。网络是出境旅游者主要的信息主要来源渠道。旅游者在出境旅游前搜索的信息以交通信息为主；其次为住宿信息、旅游价格信息和旅游地民俗风情等。受访出境旅游者更关注交通便利性与当地物价，更期待新奇体验，迫切需要更好地保障身体健康、人身安全和财产安全。

住宿和特色饮食是选择旅游地的重要因素。受访出境旅游者更关注交通便利性与当地物价，更期待新奇体验。在住宿方面，旅游者从以选择中等价位酒店为主转向以经济型酒店为主，接近一半的受访者选择入住经济型酒店；三分之一的出境旅游者选择中等价位酒店，选择入住豪华酒店的旅游者比例有所下降。

旅游者出游意愿更加多元，新兴旅游目的地逐渐进入旅游者视野。受访者中，有超过四分之一的旅游者有意愿前往欧美进行旅游，其次为东南亚和港澳台地区。具体到国家或地区，靠前目的地依次是中国香港、日本、中国澳门、韩国、中国台湾、英国、法国和德国。2023 年以来，中国旅游者的出境选择更为多元化，欧洲、北美洲、非洲等占比提升，亚洲国家和地区仍然位列榜首。

三、修复、行动与未来

2023 年，出境旅游的恢复和发展面临着复杂的环境和生态系统修复的重任，政策的衔接、产业链的重构和完善，以及市场主体重整旗鼓，都需要经历艰难的磨合进程。

未来我国出境旅游的恢复和发展，依然取决于多重因素的综合作用。

积极的因素是明显的。比如，日益深入人心的世界旅游共同体理念为出境旅游发展明确了发展的方向和关注的重点，宏观经济长期向好的基本面、收入水平的不断增长保障了出境旅游的进一步发展。已经形成的出游习惯也为出境旅游的发展提供了稳固的支撑，国际客运航班有序恢复运营和签证服务的持续恢复并不断优化也为出境旅游发展提供了更好的环境。整体上看，出境旅游供应链的恢复进程也将越来越快。

形成阻碍的因素也同样明显。世界经济形势的不确定性依然突出，有损便利化的单边主义和保护主义抬头。国内经济发展进程同样存在不确定性，这也在相当程度上影响了旅游者的出境旅游意愿。市场主体所面临的供应链问题还需要时间才能得到根本的缓解。中国旅游者越来越多选择出境游的同时，其面临的安全风险敞口也越来越大。

综合考虑这些变量，积极因素仍然是主流，积极乐观应该是未来出境旅游发展的主基调。

（资料来源：中国旅游研究院官网。）

【思考与练习】

1. 阅读"技能拓展"材料,试分析中国出境旅游趋势。
2. 基于相关法规和市场环境的变化,思考领队的职业路径。

任务二　掌握行程计划

任务描述

小张从旅行社团队操作人员那里拿到两周后即将出团的老挝旅游团行程单,发现基本格式和国内旅游行程单相似,但是内容十分烦琐,很多细节并不是特别明白,具体行程示例如下。国内旅游团的全陪导游和出境旅游团的领队在工作职能方面有些什么区别?小张应该做好哪些准备?

"奇遇老挝·三城巡游 | 慢节奏小众 6 日游"团队行程

合同编号:××××	×××国际旅游有限公司
日期:××月××日	地址:××××
奇遇老挝·三城巡游	慢节奏小众 6 日游	网址:××××
文件号:××××—老挝签证	电话:××××

活动亮点:

- 便捷交通:飞机去高铁回,便捷搭配,随心说走就走。
- 品质团队:组团社独立团,4人即可成行,拒绝大团。
- 尊享住宿:精选高端酒店,升级4晚五钻泳池酒店。
- 精致餐食:高规用餐标准,精选餐厅用心对待每一餐。
- 自然野趣:可持续共生态,挖掘自然本真的趣味玩法。
- 人文奇遇:深度文化感知,沉浸式体验在地风土人情。
- 纯玩保障:深度游无购物,保障景点的充分游玩时间。
- 原创设计:专业产品团队,实地踩线确保线路合理性。

行程安排：

日期	行程	用餐	交通	住宿
第一天	昆明—万象 昆明长水国际机场集合，乘坐东方航空班机直飞老挝首都万象 参考航班：MU9603（8:30—9:10，飞行时间约1小时40分钟） 老挝首都万象与泰国仅一河之隔，是世界上极少数紧邻他国边境的首都。万象虽然为首都，但是并不那么繁华现代，没有摩天高楼、地铁轻轨，而是拥有大片的绿色和美丽的自然环境。抵达后前往【西蒙寺】游览。西蒙寺被当地人称为"母亲寺庙"，寺庙虽然不大，但寺庙内珍藏文物繁多。我们将会邀请高僧进行拴线祈福仪式，拴线是老挝宗教文化的核心，代表了美好的祝福，也是老挝人民的传统礼仪。中午我们特地安排享用当地特色欢迎午宴，用餐结束后我们稍作午休。下午我们将前往老挝人民心中极为重要的佛塔【塔銮寺】，这里是老挝国徽元素，佛教和老挝主权国家共有的标志。建于1556年的塔銮寺是老挝寺塔中较为宏伟的一座，佛塔全身用真金覆盖，即使是阴天，也可以远远地看见这座金塔。相传，此地于公元前3世纪埋藏了佛祖的头发和胸骨舍利，从此，奠定了塔銮寺的神圣地位。整座佛塔共3层，高45米，宽54米，金色的塔銮在蓝天白云的映照下，格外美丽。接着，我们前往见证中老友谊的【凯旋门】，这是老挝人民追求自由的象征，外形与法国巴黎凯旋门相似，却又有典型的老挝寺庙雕刻和装饰，充满佛教色彩的精美雕刻，展示了老挝传统的民族文化艺术，站在凯旋门楼顶还可以一览万象城市全景。参观结束后，我们可以自由漫步在湄公河畔，或去湄公河夜市感受当地氛围。当天行程结束后，我们前往万象酒店入住休息	早餐： 飞机餐 午餐： 老挝特色欢迎午宴 晚餐： 敬请自理	飞机 汽车	万象孟青华丽酒店（Muong Thanh Luxury Vientiane Hotel）或同级
第二天	万象—万荣 早餐过后我们将前往【香昆寺】。这是一个雕塑公园，汇集了近百座各式各样的佛像雕塑，形状各异、千奇百怪，融合了佛教和印度教风格。形似南瓜、象征着生命轮回的"天堂地狱塔"，和身长40多米的大卧佛雕像，是公园内的两大看点。午餐后乘车前往位于万象和琅勃拉邦两个主要城市之间的小镇万荣（车程约2小时）。它背靠悬崖，坐拥南松河，集喀斯特峰林地貌、溪流、稻田、溶洞于一身。万荣于老挝来说就像中国的阳朔，同样是风景优美的喀斯特山水，来到这里的中国人都把它称为"小桂林"。不过，这里的山比阳朔翠，水比阳朔清，一切都是原始的模样。抵达万荣后安排【南松河游船】。我们将乘坐老挝特色长尾船游行在静谧的南松河上、欣赏万荣的秀丽山水。随后，我们可以自由活动，万荣是户外运动的天堂，这里可以探洞、漂流、滑索等。在这儿特别适租一辆单车慢慢游览。此外，轮胎漂流也是不错的选择。一定要记得在南松河畔的酒吧点一瓶老挝啤酒，静候日落。当天行程结束后，我们前往万荣酒店入住休息	早餐： 酒店自助餐； 午餐： 特色风味餐； 晚餐： 敬请自理	汽车	万荣阿玛里酒店（Amari Vang Vieng）或同级

续表

日期	行程	用餐	交通	住宿
第三天	万荣—琅勃拉邦 酒店享用早餐后，我们前往【坦江溶洞】。这是万荣非常著名的溶洞，里面结构复杂，走在里面似乎有一种冒险的感觉，溶洞外面泉水清澈，非常值得推荐的一个地方。探洞后，我们将前往体验【老挝特色按摩】（不参与不退费），放松休息后，我们去享用午餐。午餐后稍作休整，我们将驱车前往【坦普坎溶洞】。这里沿途有非常原始的乡野风景，让人心旷神怡。坦普坎溶洞是一个未经开发的天然溶洞，沿着简陋的阶梯爬到半山腰，溶洞入口需要弯腰才能进入。巨大的溶洞是老挝人心目中神圣的地方，主洞室供奉着泰国风格的金色卧佛。在这里极受欢迎的当属溶洞旁的【蓝色潟湖】，这是万荣的地标景点，曾经上过国家地理杂志。清澈的地下泉水汇聚成一个游泳池，天然的树干枝杈则化身跳台，勇敢的背包客喜欢爬上顶端然后一跃而下，如不能尝试这种极限活动，还可选择在潟湖里游泳，或在湖面上荡秋千，在这里，你可以真正享受到与大自然的亲近之感。游览完后，我们驱车前往中老高铁万荣站，乘坐动车启程前往澜沧王国故都琅勃拉邦，参考车次：C84（17:08—18:16，车程约1小时8分钟）。《孤独星球》杂志形容琅勃拉邦"是一个在东南亚鲜有能与其匹敌的地方，这里古老的文化与优雅的西式浪漫并存"。琅勃拉邦古城于1995年被联合国教科文组织列入世界文化遗产，如今，已经成为老挝历史与文化的象征。城内既有传统的金碧辉煌的佛教寺庙，也有法国殖民时期留下的西式建筑，其是19世纪至20世纪欧洲殖民者建造的传统建筑与老挝城市结构相融合的突出典范。它独特的镇区保存十分完整，表现了两种截然不同的文化传统相互融合的关键阶段。我们将在这里停留三晚，全方位深度感受这座混血小城的魅力。抵达后，我们前往酒店办理入住。其后，可自行前往琅勃拉邦夜市，上百家摊位都在售卖民族手工艺品。在这里，可以大大满足你的购物欲望，就让我们沉浸其中	早餐： 酒店自助餐； 午餐： 特色风味餐； 晚餐： 敬请自理	汽车动车	琅勃拉邦大酒店（The Grand Luang Prabang）或同级

续表

日期	行程	用餐	交通	住宿
第四天	琅勃拉邦 在琅勃拉邦有一个神圣的传统：每日清晨，僧人们会排成一行，带着钵走上街头，当第一缕阳光照射在寺庙的金顶，一条条黄色的僧袍从远处出现，僧人一个个赤脚，缓步走近，而当地的百姓则会准备好食物、果蔬，采用跪立姿势，双手恭敬合十，在路边静静等候，当僧人走到旁边，布施者会虔诚地将米饭放进钵中，随后，僧人们行礼、诵经、远去。这是每天都会上演的仪式，当地称为【清晨布施】（不参与不退费）。今天一早，我们将成为布施者中的一分子，在这个过程里感受这种纯粹的喜悦。早餐后，我们前往西萨旺冯国王的皇宫【王宫博物馆】，如今，这里已是琅勃拉邦的博物馆之一，我们整理衣冠，脱下鞋子，踩着百年的木地板，感受老挝式建筑与法式建筑的融合。随后，我们前往【香通寺】，这是琅勃拉邦知名的寺院，大殿建于 1560 年，是上座部佛寺设计风格的典范。寺庙屋顶低垂，斜掠近地面，寺庙的后墙有一棵用各种彩色玻璃镶出来的生命之树，这是一棵灿烂盛开的大树，极尽繁华地展现着生命的奇迹和万物和谐，阳光下的生命之树色彩斑斓，夺人耳目，摄人心魄。游览完毕后享用午餐。午餐后稍作休整，我们将前往有着"老挝小九寨"之称的【光西瀑布】，这里是一座宽广的多层瀑布，瀑布总高 100 米，瀑布从石灰石山峰倾泻而下，注入下面一系列清凉、翠绿色的水潭中。穿越一小段原始雨林，这里植被茂盛，曲径通幽。三层瀑布倾泻而下，形成多个泛着蓝绿色光泽的水潭，在水潭内嬉戏不要着急上岸，可以安静地在水里享受一下天然免费小鱼 SPA，与大自然亲密接触。游览完毕后返回酒店	早餐： 酒店自助餐； 午餐： 特色风味餐； 晚餐： 敬请自理	汽车	琅勃拉邦大酒店（The Grand Luang Prabang）或同级
第五天	早餐后，我们会前往一个藏于湄公河岸雨林深处的【绿色大象营地】，不同于常规商业化的大象营，这里提倡"共同创造、相互受益"的可持续经营理念，在 100 多公顷的森林中为大象们提供着美丽的自然栖息地。在生态象夫体验中，我们可以学习如何通过观察大象的眼睛、耳朵来检查它们的健康情况，以及体验和象夫一样骑在象背上到河边洗澡，还可以给它们喂食有机蔬菜及水果，通过这些互动和骑行给大象们提供锻炼机会，消除压力，沉浸式体验象夫的日常生活。午餐后，返回酒店自由活动，可以在酒店睡一觉恢复元气再去游个泳，也可以静静地坐在湄公河边来一杯咖啡，或与朋友畅聊人生、发呆……傍晚时分，我们将集合去乘坐【湄公河日落游船】，在落日熔金里，与橘色的云霞、黛色的远山、金光粼粼的波光为伴，漫游在湄公河的自然之画里。随后，享用特色告别晚宴，为这趟奇遇老挝之旅画上圆满的句号	早餐： 酒店自助餐； 午餐： 特色风味餐； 晚餐： 特色风味餐	汽车	琅勃拉邦大酒店（The Grand Luang Prabang）或同级

续表

日期	行程	用餐	交通	住宿
第六天	琅勃拉邦—景洪 我们将从琅勃拉邦搭乘动车返回西双版纳景洪市，结束此次的旅程。动车抵达老挝磨丁口岸后，旅游者需步行通过海关，进入中国磨憨口岸。再乘坐动车前往景洪。参考车次：琅勃拉邦—磨丁 K12（12:16—14:40）磨憨—西双版纳 C386（17:00—18:09）	早餐：酒店自助餐；午餐：敬请自理；晚餐：敬请自理	动车	无

老挝接待社信息：

地接社名称为××××；联系地址为××××；联系人为×××；联系电话为×××

中国驻外使领馆：

中国驻老挝大使馆

地址：WAT NAK ROAD，SISATTANAK，VIENTIANE，LAO P.D.R

电话：00856-21-315100

领事保护与协助紧急求助电话：+856-21-315105（工作日上午 8:30 至 11:30，下午 15:00 至 17:00）

24 小时领事保护电话：+856-20-55561680

服务所含：

（1）老挝团队签证服务费（护照有效期 6 个月以上）。

（2）去程国际机票及回程火车票（飞机经济舱含机场税，动车二等座）。

（3）全程提供空调旅游车，专业司机。

（4）行程中所标明的万象 1 晚网评五钻酒店、万荣 1 晚网评四钻酒店和琅勃拉邦 3 晚网评五钻酒店双人标间酒店住宿及早餐。

（5）行程中所标明的早、午、晚餐。

（6）行程中所列景点首道门票，所有门票在出团前全部确认，出团后若因自身原因没有参加的，不退费用，敬请谅解。

（7）体验项目：西蒙寺拴线仪式，南松河长尾游船，绿色大象营地生态象夫体验，湄公河日落游船。

（8）组团社专业领队，当地中文导游。

服务不含：

（1）个人办理护照费用、申请签证中准备相关材料所需的制作、手续费。

境外服务费（具体请参照善意提醒部分）。

（2）行程中敬请自理的一切餐食。

（3）因出现单男单女或者客人要求一人一间，需补齐单房差。

（4）因第三方原因或因不可抗力因素而需要更改行程所产生的一切费用（包括但不仅限于自然灾害、航班延误或取消、火车或轮船故障、因交通事故造成的道路堵塞等）。

（5）行李物品搬运费、保管费及超重费，及旅途中一切个人消费（如酒店洗衣、电话、电视收费频道、酒水等）。

（6）其他一切个人消费及费用包含说明中所不含的所有项目。

预订限制：

1. 本产品不接受以下病患者报名：传染性疾病、心血管疾病、脑血管疾病、呼吸系统疾病、精神病、严重贫血病、大中型手术的恢复期病患者、孕妇及行动不便者以及其他不适宜出行者。出于旅游安全考虑，建议旅游者在出行前做一次必要的身体检查，预订人请务必准确、及时转达并核实旅游者的身体状况后再报名，否则由此引发的不良后果和所有费用由预订人和旅游者自行承担。

2. 未成年人须授权其监护人或监护人指定的第三人报名方可出行。且为确保未成年人出行安全，建议未成年人由监护人陪同，如同行人员中有未成年人无监护人陪同的，同行的成年人则视为监护人委托的临时监护人。

3. 年满60周岁的老年人参加旅游，应当确保身体健康状况符合本次出行条件，如实填写个人通信方式和紧急联络人等信息，有特殊病史或有不宜参加的旅程（项目）请在报名时备注栏内书面告知。本产品在平台披露的报名限制年龄以上的老年人出行，必须有至少1位18周岁至不满限制年龄的亲友陪同。

4. 特殊主题线路，如户外游、亲子游等对参团人员有报名限制条件的（参见产品活动说明），请合理评估后谨慎报名。摄影线路由于拍摄需要早出晚归，参加者须对自身身体状况有合理的判断，有高血压、心脏病、冠心病等心血管疾病的，不宜参加。

5. 户外线路和涉及高海拔地区线路，户外医疗急救条件有限，请在出行前确认身体健康状况。

报名须知：

1. 如发生旅行社已尽合理注意义务但仍不可避免的事件或者不可抗力因素导致取消或变更合同的，旅行社或旅游者均无责任。双方同意变更合同的，增加的费用由旅游者承担，减少的费用退还旅游者。若旅游者滞留当地，旅行社将采取相应安置措施，增加的食宿费用由旅游者承担，返程增加的交通费用由旅行社和旅游者分担。以上规定请审慎阅读并知悉。

2. 订单通过审核后，您未在订单规定时间内付清应付费用，如之后产品的价格、内容发生变化，您仍继续选择出行的，应以变更后的产品为准。

3. 如为多人出行，预订人/旅游者代表须确认已征得其余全体出行人同意作为本次旅游的签约代表，预订人/旅游者代表在旅游合同及其附件上的签字即表示全体出行人均予以认可。如您未取得授权，请不要代为预订下单/签订合同。

4. 请您在预订时务必提供准确、完整的出行人信息（姓名、性别、证件号码、联系方式等），以免产生预订错误，影响出行。如因您提供信息错误而造成损失，由您自行承担。同时，为了出行安全，建议您完善出行人的医疗急救信息。

5. 部分目的地当地经济条件有限，交通、酒店服务及设施、餐饮等方面与发达国家/城市相比会有一定的差距，希望参加者有合理的心理预期。

6. 请在约定的时间到达集合地点，切勿迟到，以免耽误您和其他旅游者行程。若因迟到导致无法随团出行，将按照当天解除合同处理，或您也可以与旅行社协商自行前往下一集合地点，但因此增加的费用由您自理，因行程耽误而没有参加的交通、景区、活动、住宿费用无法退还。

7. 团队行程中，未经服务人员或旅行社同意，不可以擅自离团或中途脱团；经服务人员同意后，应签署书面离团协议，未参加部分将被视为您自动放弃，无法退费，离团或脱团后可能发生的意外需您自行承担责任。

8. 如因意外事件或不可抗力，包括但不限于交通延阻、罢工、天气、景区临时关闭等不归责于旅行社的原因导致行程取消或变更的，旅行社将尽最大的努力协助您办理变更事宜，如产生差价，多退少补。

9. 出游过程中，如产生退费情况，按退费项目旅行社折扣价退还费用，不以门市价、销售价为准，敬请谅解。

10. 赠送项目，如因景区的原因或者不可抗力等客观因素取消该项目安排，旅行社不承担退费或者赔偿的责任，您也可以选择参加或者不参加。

11. 本产品行程实际出行中，在不减少景点且征得您同意的前提下，随团工作人员可能会根据天气、交通等情况，对您的行程进行适当调整（如调整景点游览顺序、变更集合时间等），以确保行程顺利进行。

12. 如遇恶劣天气等不可抗力因素，景区/场馆可能会临时关闭，服务人员与您协商一致后可根据实际情况取消或变更该景点/体验项目，或旅行社按该景区/体验项目的票价退还费用（退费不以景区挂牌价为准），敬请谅解。

13. 在旅游旺季或其他一些特殊情况下，为保证行程游览不受影响，行程出发时间可能会提早，请您关注出行短信或服务人员通知，敬请谅解。

14. 行程内住宿一般安排标间，无法承诺楼层、位置等特殊要求，以现场酒店安排分配为准。

15. 行程中所列酒店星级标准为当地酒店评定标准，且多数不提供一次性洗漱用品。

16. 本产品在实际游览过程中可能会有不同车辆和服务人员为您服务，敬请谅解。

17. 植物类景观（枫叶、樱花、油菜花等），可能会因天气原因导致观花不佳等情况，敬请谅解。

18. 团队机票票号无法提前查询，同时不能提前办理值机，具体信息以《行程单》为准，敬请谅解。

19. 旅游团队用餐，旅行社按承诺标准确保餐饮卫生及餐食数量，但不同地区餐食口味和物价存在差异,不一定满足您的口味和心理预期,敬请谅解。

20. 根据中国海关总署颁布的2010年第54号、2016年第19号、2016年第25号令,进境公民旅客携带在境外获取5000元以内(含5000元)个人自用进境物品的基础上,允许其在口岸进境免税店增加一定数量的免税购物额,连同境外免税购物额总计不超过8000元人民币的,海关予以免税放行,但烟草制品、酒精制品等国家规定应当征税的商品不在免税范围内,敬请知晓。

注意事项:

1. 提前获取目的地信息。尽可能多地了解旅行目的国国情,包括风土人情、气候变化、治安状况、流行病疫情、海关规定(食品、动植物制品、外汇方面的入境限制)等信息,并针对突出问题,采取必要应对或预防措施。

2. 证件准备。出行旅行前应先确认所持身份证件真实有效。出境旅游的应先确认护照有效期(剩余有效期应在半年以上)、空白页(应有两页以上空白页),办妥目的国入境签证。

3. 少带现金。尽量避免携带大额现金出行,建议支付宝等第三方支付工具或携带和使用银行卡。如必须携带大额现金,记得做好安全防范。入出境时必须按规定向海关申报,还要注意目的地国家的外汇限制。

4. 治安安全。

4.1 对身边的可疑人员提高警惕,在繁华的街道上行走时,应特别留心那些似乎无意撞到旅游者身上或总是在旅游者身边挤来挤去的人。在他们中间很可能藏着伺机行窃的小偷。

4.2 离开游览车时,不要将证件或贵重物品遗留在车内。

4.3 在自由活动时间单独外出时,注意安全,不要到偏僻的地方,要遵守交通规则,注意路上的过往车辆。

5. 购买保险。旅行在外,出现意外情况的概率增加,且国外医药等费用普遍较高,建议出行前,结合自身状况及行程规划,买必要的人身意外和医疗等方面的保险。同时,个人买保险的相关情况也要及时告知家人。

6. 尊重目的地国家习俗。出境旅游,应尊重所在国家或地区的风俗习惯,特别是特殊的宗教习俗,避免因言行举止不当引发纠纷。

7. 尊重目的地国家法律。旅行者应特别注意遵守目的地国家法律,切勿从事与签证规定不符的行为,比如,工作、营利、参展等。注意所持签证的有效期限,切勿逾期停留。如不慎逾期,不要直接自行前往机场或港口离境,建议与中国使领馆联系,并按照官方建议方式妥善接受处理后离境。

8. 拍照。许多国家禁止拍摄军事设施、军人、政府机关、边境或交通设施,甚至路上行人(拍摄可能侵犯个人隐私权);并禁止未经申请使用飞行器进行拍摄。违者很可能会被控告或关押,在拍摄之前,最好查询是否可以自由拍摄。

9. 饮食安全。

9.1 在卫生条件较差的旅游目的地，要注意饮食健康，尽量避免吃不熟的食物或喝生水。

9.2 旅游活动中由于行程紧张，会导致旅游者抵抗力下降。加之水土不服，容易出现肠胃不适症状。在夏季或者在沿海地区旅游，更要引起注意。

9.3 旅游者应在正规餐厅用餐，不购买无证照小商贩或地摊提供的饮料、食品。用餐时，若发现食物、饮料不卫生，或有异味变质的情况，应立即向旅行社陪同人员报告。

10. 交通安全。

10.1 乘坐旅游车、商务车或其他机动车时，车上所有人员均要系好安全带，需将随身携带的行李放置在安全位置，防止掉落，且禁止在车内随意走动。乘坐缆车或者其他观光工具时，应服从景区工作人员安排，遇超载、超员或者其他异常情况，不要乘坐，以免发生危险。乘坐轮船、快艇等水上交通工具时，要穿好救生衣。乘坐飞机时要系好安全带，全程关闭手机，起降期间不使用电子设备。

10.2 在乘坐旅游车时，不坐第一排的工作人员专座。

11. 住宿安全。

11.1 进出酒店房间应关门、锁门，不要将房号告诉第三者，不要让陌生人进入房间，也不要让陌生人或自称饭店维修人员随便进入房间，不明电话立即挂断。

11.2 正确使用房间的电器等设施，不要在灯罩上烘烤衣物，在卫生间洗浴时应注意防滑。熟悉酒店的安全通道和紧急出口，遇到火灾时不要搭乘电梯。

11.3 离开房间或睡觉时要将房门锁好，离开酒店时应携带印有酒店位置和联系电话的卡片，以便迷路后可安全返回。如遇紧急情况可用房间里的电话拨打饭店总机或报警服务电话报警。

11.4 不要将贵重物品放在饭店的客房里，而把它们存放在饭店为住店客人专门设立的保险柜里。

12. 游览观光安全。

12.1 慎重参加刺激性、危险性的活动项目，如参加漂流、潜水等户外运动或跳伞、蹦极等极限运动时，一定要看清注意事项与禁忌情况，根据自己的情况量力而行，提高自我保护意识，服从安全人员的指挥。

12.2 常规景区注意事项。

①旅游者须自觉遵守《中国公民旅游文明行为公约》，爱护景区内的绿地、景观设施，不大声喧哗，不乱刻乱画，不乱丢垃圾；

②请勿在景区内吸烟或野炊用火，切勿将易燃易爆物品带入景区；

③若景区因恶劣天气、文物维修、设备检修、特殊活动、不可抗力等因素取消参观、放映、表演、展出等活动的，旅游者应给予理解并配合；

④景区狭窄路段请慢行，以防因拥挤而造成意外事故；

⑤请勿在未开放水域附近戏水；

⑥在景区内游览，拍照，摄影时请注意景区的安全提示标志和工作人员的提醒；

⑦带孩子的旅游者，请管好小孩，注意安全；

⑧当发生安全事故、伤病或其他需要寻求帮助的情况时，请速与景区工作人员联系；

⑨在景区参观游览时，严禁在树木或建筑物上涂画刻画，严禁捡取古建筑物残损脱落部件。

12.3 码头注意事项

①码头是重要的交通枢纽，除工作人员外其他人严禁在码头逗留、照相或游玩。

②在码头候船的旅游者应自觉站在黄色安全线外排队候船，服从工作人员的指挥，顺序上船、不得拥挤、抢座。

③儿童进入码头须有成人带领，并不得在码头区域玩耍、打闹。

④游船停稳并系缆后方可登船。旅游者登船时应服从工作人员指挥，严禁在码头与游船之间跳上跳下。

⑤乘客候船时如出现意外，应及时通知现场工作人员，现场工作人员应及时施救或处理。

⑥码头区域内禁止游泳、钓鱼、扔垃圾。禁止吸烟和使用明火。

⑦停航期间，码头停止使用，任何人严禁在码头停留及停船区域活动，否则发生意外后果自负。

⑧患有心脏病、高血压、冠心病、头晕等不适合乘坐游船的人员不能乘坐，以防发生危险。孕妇、残疾和高龄人士必须有家人陪同并保护下方可登船。

12.4 博物馆游览注意事项

①请务必保持衣容整洁。酗酒者、衣冠不整者以及无行为能力或限制行为能力者无监护人陪伴的，谢绝入馆。

②女士须注意着长裤或长裙（需过小腿肚）。着露腰、露背上衣、短裙、短裤者可能被限制入内。

③身高1.3米以下儿童需由家长带领参观，高龄老人、行动不便者需由亲友陪同参观。

④旅游者进入博物馆，必须服从安检工作人员的指示，按要求接受安检。

⑤通常博物馆每周都会在特定工作日安排全天或半天闭馆维护，且每天开馆时间时长相对较短，旅游者须事先了解相关安排，并给予理解和配合。

⑥为确保文物安全，保持良好的参观环境，博物馆对观众流量实施控制，每天限发特定数量的门票，发完为止，旅游者须事先了解相关安排，并给予理解和配合。

⑦为不妨碍、影响他人参观，按照国际惯例在博物馆展厅不得使用闪光灯和三脚架

拍照。

⑧在部分特殊展区，因有版权协议，不允许观众拍照，请注意警示标志，服从展厅工作人员的管理。

⑨请勿将食品、液体饮料等带入展厅，展厅内严禁吸烟。

⑩观众参观时，需听从馆内工作人员管理，请勿大声喧哗、乱扔垃圾；爱护文物展品、展览设施及其他公共设施。如有损坏照价赔偿或承担相应法律责任。

13. 领事保护。

13.1 出境旅游时，应谨记重要的联系人及联系方式。包括家人和朋友的联系方式、报警电话和驻外使领馆联系电话，建议记在小本上随身携带。

13.2 如果您的合法权益在所在国受到侵害或遭遇不测需要救助，可以就近联系中国驻外使领馆。使领馆将在职责范围内向您提供领事保护。请记住：遇到困难时，祖国永远是您最坚强的后盾。外交部全球领事保护与服务应急呼叫中心电话：+86-10-12308 或 +86-10-59913991。

14. 文明旅游。请自觉遵守《中国公民旅游文明行为公约》，爱护景区设施设备，不大声喧哗，不乱刻乱画，不乱丢垃圾，文明言行。

活动装备

老挝属于热带气候，一年分为旱季与雨季，目前属于旱季，温度在25~36℃，早晚温差大，所以着装的要求以夏季服装为主，舒适、轻便、休闲为宜，需要备一件稍微厚点的外套备用；男士备好长裤、有袖的上衣，女士可备裙装（过膝）。尤为需要注意的是在游览老挝的大皇宫、寺庙时男士必须有袖的上衣和长裤，女士必须有袖的裙装或有袖的上装和长裤。

任务分析

行程计划包含了旅游接待的全部过程，领队在接待工作中必须按照行程计划来开展工作。在接到出境带团任务后，领队应该根据行程计划中的相关信息，及时掌握行程安排和细节要求，掌握行程内主要游览项目的基本情况，熟悉目的地概况、通关规定、民族禁忌、治安、退税等注意事项。

完成任务

（1）学生根据出境旅游行程单，找出出境旅游与国内旅游的主要区别，并对出境旅游团队行程的重点和节点进行归纳。

（2）课堂分享领队工作的重点和难点，尝试提出领队带团可能发生的各种问题。

（3）教师通过学生完成任务的情况进行综合考评。

 **方法与步骤**

（1）熟悉旅游团行程。旅游团行程是基于旅游者需求与旅行社产品达成的共识，是组团社与旅游者签署旅游合同的核心内容，也是组团社与境外地接社履行旅游接待任务的指南和依据。出境旅游领队是在具有出境经营许可的组团社委派下，接受带团任务，全权代表组团社进行带团工作。领队在接到带团任务后，通常是与组团社计调或后台操作人员（Operator，OP）进行业务对接，听取OP对此团队的详细介绍及带团要求，掌握旅游团队和行程情况。

（2）初拟接待方案。领队在对团队行程进行阅读学习的基础上，模拟团队运作流程，初拟接待方案。对不熟悉或不清楚的环节，特别是重要的时间节点和核心活动，既可以通过书本和网络知识及时完善，也可向OP或者其他经验丰富的资深领队虚心讨教，做到出团前对所有行程环节都了然于胸。

 【知识链接】

×××国际旅游有限公司《老挝出团旅游须知》

尊敬的团员朋友：

您好！感谢您参加×××国际旅游有限公司组织的"奇遇老挝·三城巡游——慢节奏小众6日游"，为了方便您的顺利出行，我社特别印制了《老挝出团旅游须知》，请您务必仔细阅读以下内容。

一、出发前准备

◎旅行证件：为了您的出行方便，请务必随时携带半年以上有效期因私护照原件和有效签证，以便顺利出境通关。

◎行李：航空公司规定，每位旅客限定托运行李一件（挂行李牌，标姓名、地址），重量按航空公司规定，超重须付费。在托运行李前，请仔细检查行李是否封闭锁牢，贵重物品随身携带。收到托运行李后一定要将上面的旧条子撕去，防止下次托运行李时引起误会，导致您的行李运错地方。旅行社不负责行李及物品丢失的相关责任。

◎着装：准备衣物要根据季节的变化而定，老挝属于热带海洋性气候，气温常年为28~35℃，昼夜温差小，夏季雨水较多，旅游者的旅行着装应以轻便舒适为主，带T恤衫、短裤、长裤，要做好防晒措施，避免阳光晒伤；建议在飞机和旅行车上准备长衣。游泳时请一定要注意安全，国外酒店与国内酒店不同，一般无人值守，如遇身体不适、刚吃完饭后，不要游泳，游泳前一定要通知领队及导游，并注意游泳池旁边的相关提示。

◎应带物品：出团时请自备牙具、拖鞋，因按国际惯例，常规酒店不配备此类物品，主要是为环保及个人卫生。雨伞、太阳镜、护肤品、风油精等日用品也请自备，这些日用品在国外价格较贵。酒店内备有拖鞋的，请离开时不要带走。

◎自备药物：旅游者应准备少量自己惯用的药物，以备急需之用，如抗高血压、心脏病、胃病或糖尿病等方面的药品。

◎货币：老挝货币为基普，人民币与基普的汇率大约为1∶3000左右，建议携带一张国际信用卡出行。

◎时差：老挝和中国有时差，老挝比中国北京慢1小时（集合及乘坐交通工具时间均为当地时间）。

二、出入境须知

◎团队出境有领队随行，由领队协助您在机场办理登机手续，在托运行李的时候请把行李直接托运到老挝，您一定要保存好您的行李票，客人需带好自己的随身行李及贵重物品，按照登机牌上的登机口前往登机。

◎飞机降落在万象国际机场，从这里办理入境手续，进入老挝。

◎入境时要向移民局出示护照、签证以及在机上填妥的入／出境卡片（领队协助填好）；移民局在护照上加盖印章，并将入境卡剩余部分订在护照上，入境手续就办完。

◎移民局偶尔也会要求旅客出示机票，并询问入境目的、停留期间等有关问题。

◎入境后请您保存好入境卡的附联，以便出境时使用。

◎入境后前往相应行李传送带处提取行李，提取行李后，经过海关的正常行李检验即可正式进入老挝了。

◎出境检查：在离境检查口出示护照及入境卡附联，移民局收回入境卡附联并在护照原件盖上出境章就算完成。

三、交通须知

◎全程飞机飞行中不允许用手机、不允许吸烟，否则将受法律诉讼；飞机上用餐视为正餐。

◎按照国际惯例，司机开车时间不得超过8小时／天，每天必须有至少9小时休息。

◎旅游车上禁止吸烟、喝汽水及吃带果皮的食物、冰激凌等。果核请用纸包好放入垃圾桶，直接吐入被视为不雅和蔑视，可能会引起误会；在旅游车上，不要光脚或踩在前面座椅的背部。

◎旅游车在行驶途中，切勿随意走动，因此而造成的伤害，司机均不负责。

◎在行程中客人要特别注意保管好各自的财物。

◎请不要在托运的行李中放现金、首饰及其他贵重物品，因一旦行李丢失，上述物品均不在赔付范围之内；另外，根据航空公司惯例，名牌行李箱或价格昂贵的行李被损坏或丢失，按普通箱补偿，不另作赔偿（另上保险的除外）。

◎航空公司规定团队机票出票后不予退票，如遇非本社原因出票后退票，恕不退款。

四、酒店须知

◎各地酒店，均订当地标准星级的酒店（注：国外酒店与国内酒店标准会有差异），尽量按照预先提供的需求订房，以双人标准间为基本预订需求。

◎旅游者在酒店的额外费用（除房费、早餐外），如长途电话、洗理、饮品及行李搬运费等均自理。

◎酒店电视上凡有"Pay"或"P"标识的均为付费频道。

◎酒店房间内有保险柜，请读懂或请领队协助看懂保险柜的使用和密码设置方法，并牢记密码，不要忘记退房时将物品取出。

五、餐食须知

◎老挝与我们的生活习惯差别比较大，一般饮食水平不可与家里相比，主要是环境、物价、生活习惯的差异所致，因此，请您入乡随俗。

◎按照国际惯例，机场候机时用餐自理。

六、导游须知

◎导游司机工作之余并没有义务陪同旅游者外出，要求额外服务须征得当地导游司机的同意并支付额外费用。此外，非旅行社安排的外出，如出现事故，旅行社不承担相关责任，如要外出，请一定注意安全。

◎旅游者应尊重并配合导游司机的工作，以便行程的顺利进行。

七、公共卫生及礼仪须知

◎在公共场所不可随地吐痰，丢杂物和烟头。

◎任何场合不可旁若无人地高声说话和喧哗。

◎餐厅内是禁烟的，以免影响其他旅游者用餐。

八、购物须知

◎旅行社不指定具体购物场所，购物属于您个人行为，您购买商品之后请仔细地检查商品的质量。若回国后才发现质量问题，无论是更换还是退还商品都会面临烦琐的手续。具体情况不一，能否实现更换或退还也要视具体情况而定。

九、小费须知

付小费是国际礼仪之一，如您认为服务人员表现优秀，您可自愿给予小费，这是对服务人员工作的肯定与感谢。例如，搬运行李小费、酒店打扫小费等因地区及服务性质不同，可先参考导游意见，再判断支付小费的多少。

十、友情提示

◎参加水上活动项目和上下船时，儿童需有父母多加看护，老人要格外注意扶好安全扶手等设施，以防意外跌伤。

◎建议您携带防止晕车、晕船的药品。

◎出行行李自检（以下仅就一般需要列表，如果有特殊习惯的旅游者，请务必将您所需物品带上，以免境外若无法购买给您造成不便）。

证件及重要物品类

护照	请随身携带
现金	请准备大面值纸币用于兑换外币，少量小面值纸币用于小额支出
信用卡	国际信用卡或有银联标志的信用卡
备忘录	请记录好领队的姓名、电话，以及您的护照号码等重要信息

衣物类（请根据当地温度酌情准备）

薄外套	飞机和旅游车及室内外温差大
厚外套	以备突如其来的风寒之用，出发或返回的旅途中以备不时之需
换洗衣物	请根据个人需要准备

洗漱用品

牙膏、牙刷	酒店一般不提供，请您自备
洁肤用品	请您自备洁肤用品、防晒霜

其他生活用品

药品	请自带感冒药、肠胃药、退烧药等您所必需的药品
雨具	建议携带折叠伞等雨具
照片	若遇护照遗失时，可做补办证件使用
照相器材	小型、便携式为宜
电池、充电器	境外购买电池价格较高，且不易购买到合适的型号
拖鞋	酒店内无拖鞋提供，需自带
便鞋	以柔软、舒适为原则，切忌穿新鞋
太阳镜	防晒使用

十一、安全须知

◎现金、证件或贵重物品须随身携带，不应放进托运行李内，也不应在外出旅游时留在酒店或放在旅游车上。

◎酒店不负责旅游者在客房中贵重物品的安全，司机也不负责巴士上旅客贵重物品的安全，注意现金是不投保的。

◎外出注意扒手，博物馆、酒店、大堂、百货公司、餐厅等人多的地方，是小偷经常光顾之地，切勿在大庭广众之中暴露财物。

◎晚上外出应该结伴而行。

十二、保险须知

◎我公司为您推荐的保险是"旅游意外伤害保险"。

◎如果旅游者在旅途中遭受意外伤害或急性病而需要医疗、救护服务时,请您先行支付医疗费用并务必保管好所有相关医疗单据,以便回国后自行向保险公司索赔(保险金额参见保险条例中的规定)。

◎根据法律及旅游合同规定,本公司可以协助旅游者向保险公司索赔,但本公司并不能代替旅游者办理此事,更不承担赔偿的责任。

十三、责任

◎本次旅游是集体活动,集体出发、集体返回。请遵守时间,准时于约定时间集合,任何人不得逾期或滞留不归。

◎参加本次旅游的旅游者,所持护照均为自备因私护照,出入境如遇到问题而影响行程,由此引起的一切损失(包括团费),均由旅游者自负。

◎旅游期间遇到特殊情况,如交通,天气等原因,旅行社有权增减或更改某些行程和旅游项目。

◎由于不可抗拒的原因,如政变、罢工、水灾、地震、交通意外等所引起的旅游天数和费用的增加,本公司将按实际情况向旅游者收费。

◎旅游者需对其本人身体状况是否适合本次旅游负责,另外,应加强安全防范意识、服从安排、听从劝告。

◎旅行社对于旅游者参加活动时因个人因素和不可抗力因素以及第三方原因造成的事故和伤害不承担法律、经济和医疗责任,由旅游者自负;旅游者承诺如因个人因素和不可抗力因素以及第三方原因造成的事故和伤害,将不追究旅行社的任何民事、经济和医疗责任。

◎如已发生意外事故,请旅游者及时与领队联系,以方便组织救援或调整计划,并协调配合处理相关事件。如因不听从劝告擅自从事危险活动及自由活动期间发生意外事故,责任由旅游者自行负责。

◎建议旅游者不要到离岸较远的海里游泳;酒店的游泳池没有人看护,发生意外事故,责任由旅游者自行负责。

◎旅游者应详细阅读此《出团通知》,并且遵守其规定和要求,并承担因不遵守以上规定和要求而引起的相关民事经济责任。

如需了解更多出游信息,欢迎登录××旅游网查询,谢谢!

祝您一路平安!旅途愉快!

【技能拓展】

旅游意外伤害险

　　旅游意外伤害险，即旅游意外险，是指若被保险人在保险期限内，在出差或旅游的途中因意外事故导致死亡或伤残以及保障范围内其他的保障项目，保险人应承担的保险责任。旅游意外伤害险的保费一般是按天计算的，在每天10元到100元，基本保障范围涉及旅行过程中的意外人身伤害（身故或者残疾）或者意外医疗费用及其他相关的合同约定的保险责任等。

　　旅游意外伤害险实际上就是短期的意外伤害保险，只要符合保险合同约定的保险事故，无论是由于旅行社的责任、个人过失，还是由于其他各类突发事件，被保险人都可以获得保障。旅游者可以根据出行情况来选择购买适合境内或境外的旅游意外险。旅游意外险的优势在于保费低，保障高，承保期限可自由选择。

一、保险责任

　　在旅游意外伤害险合同保险责任有效期内，保险公司承担下列保险责任。

　　（1）意外身故保险责任：若被保险人因遭受意外伤害，且自意外伤害事故发生之日起180日内，因该意外事故导致身故，按合同约定的保险金额给付意外身故保险金，同时本合同对该被保险人的保险责任终止。在给付意外身故保险金前，如该被保险人已领取过意外残疾保险金，保险公司将从给付的意外身故保险金中扣除已给付的意外残疾保险金。

　　（2）意外残疾保险责任：若被保险人在保险合同的有效期内因遭受意外伤害事故，且自意外伤害事故发生之日起180日内，因该意外事故导致身体残疾，保险公司根据人身保险残疾程度与保险金给付比例表（以下简称"比例表"）的规定给付意外残疾保险金。被保险人仍需继续接受治疗的，保险公司根据被保险人在第180日时的身体状况，对其进行残疾鉴定，并据此给付意外残疾保险金。

　　被保险人因同一意外伤害事故而导致一项以上身体残疾的，保险公司给付比例表内所对应残疾项目的保险金之和。若不同残疾项目属于同一手或同一足，保险公司仅给付其中较高一项的意外残疾保险金。

　　若被保险人身体残疾的程度并未载明于比例表内，保险公司参照比例表内相类似的残疾项目给付"残疾保险金"。若被保险人身体残疾的程度低于比例表内的第七级残疾的，保险公司不承担保险金给付责任。

　　保险公司对同一被保险人所负的残疾保险金给付责任最高以保险合同约定的保险金额为限，若保险公司累计给付的意外残疾保险金达到保险金额时，保险合同对该被保险人的保险责任终止。

　　（3）意外医疗保险责任：被保险人在合同有效期内因遭受意外伤害事故在保险公司

指定或认可的医院治疗，或在就近医院抢救（被保险人病情稳定后须转入保险公司指定或认可的医院治疗），保险公司对被保险人自意外伤害事故发生之日起180日以内所支出的合理医疗费用，在扣除100元以后按90%给付意外医疗保险金。被保险人不论一次或多次发生意外伤害保险事故并接受治疗，保险公司给付的意外医疗保险金累计不超过保险合同约定的保险金额。被保险人因他人责任造成伤害而引起的医疗费用中依法应由他人承担的部分，保险公司不负给付医疗保险金的责任。

若因意外伤害所致医疗费用可从其他福利计划或医疗保险计划（包括社会医疗保险中从个人医疗账户中扣减部分）取得部分或全部补偿，保险公司仅负责补偿剩余部分，并以保险金额为限。

若被保险人于中国境外、台湾、香港、澳门地区发生意外伤害事故所致的各项医疗费用均参照国内当地医疗机构同等诊疗标准进行给付；但必须提供当地使领馆或法律上认可的机构出具的保险事故性质确认文件。

二、保险期间

（1）入境旅游的保险期间自被保险人入境后参加旅行社安排的旅游行程时开始，至该旅游行程结束时止。

（2）国内旅游保险的期间自被保险人在约定时间登上由旅行社安排的交通工具开始，至该次旅行结束离开旅行社安排的交通工具止。

（3）出境旅游的保险期间自被保险人通过中国海关出境始，至相邻下一次通过中国海关入境止，计为一次旅行。

（4）被保险人自行终止旅行社安排的旅游行程，其保险期间至其终止旅游行程的时间止。

三、投保事项

（1）投保范围：中华人民共和国境内的旅行社组织的旅游团队的全体成员，包括旅游者及旅行社派出的为旅游者提供服务的导游、领队人员，均可作为被保险人参加本保险。

（2）具有完全民事行为能力的被保险人本人或对被保险人具有保险利益的其他人可作为投保人。

四、投保方式

（1）消费者可到专业保险公司销售柜面购买：填写投保单，保险公司收取保险费后出具保险凭证，保险生效。

（2）消费者还可以通过网上在线投保。消费者在网上完成填写投保信息和付费，保险公司出具电子保险凭证通过电子邮箱或短信发送给客户，保险生效。

（3）消费者可以联系有资质的保险代理人购买。很多消费者都有为自己服务的保险代理人，消费者可以通过这个代理人购买。

（4）还可以通过有资质的代理机构购买：很多保险公司将系统终端装置在代理机

构，客户提供投保信息并向代理机构交付保险费后，代理机构通过保险公司系统打印保险凭证给消费者，保险生效。

五、注意事项

（1）如实填写投保单。网上填写投保单时，一定要正确填写，以免因为填写了错误信息而使保险公司在出险时拒赔，造成不必要的损失。

（2）看清保险条款。很多投保人只知道旅游团代理投保了旅游险而不知投保险种的责任范围，没弄清楚就糊涂地投了保。

（3）并非保得越多越好。选择一定数量的保险险种投保，自然有更多的保障；但是，旅游医疗险种是补偿性险种，保多了形成超额保险，多交保费就不明智了。

（4）出了事故应及时通知。《保险法》第二十一条规定：投保人、被保险人或者受益人知道保险事故发生后，应当及时通知保险人。因此，出现事故后应及时报案。

六、投保误区

（1）误区一：旅行社投保就行。其实，旅行社责任险只承保因旅行社疏忽或过失所需承担的经济责任，而旅游者本人发生的意外事故则不在承保范围内。

（2）误区二：出险后能全额赔偿。旅游出险后不一定都能得到保险公司的全额赔偿。人身意外保险所约定的保险金额只是保险公司承担给付的最高保险金限额，而非实际给付金额，除航空事故能得到最高赔付金额外，其他人身意外保险都是按比例赔付的。

（3）误区三：保额越高越好。其实，境外旅游保险的保额并非越高越好。到美国、新加坡、日本等医药费较高的国家旅游，医疗险的保额最好不要低于20万元；而到泰国、马来西亚等国家旅游，如果行程较短，医疗险的保额在10万元左右即可。

（4）误区四：保险期间可以少于出行时间。很多人认为，保险期间多一天浪费，少一天也没什么关系。其实，这种短期旅行保险本身保费很便宜，保险期间多固定为7天、10天或者15天不等，也有些产品的保险期间可以根据出行天数自行选择。保险期间如未完全覆盖到旅行期间，会出现某段出行时间是没有保障的。本着珍爱生命的原则，旅游保险的保险期间应大于等于出行时间，不能少于出行时间。

【思考与练习】

1. 阅读"知识链接"和"技能拓展"材料，列举领队工作的重要节点。
2. 以老挝旅游为例，整理出境旅游注意事项。

任务三 熟悉团队情况

任务描述

小张从 OP 那里拿到此次出境旅游团旅游者信息资料表，表格上有旅游者的基本信息。从这份名单表中，小张可以读到些什么内容？需要特别注意哪些细节？

旅游者信息资料表（样表）

序号	中文姓名	汉语拼音	性别	出生日期	护照号码	护照有效期	签证号码	联系方式	备注
1									
……									
20									

任务分析

旅游者信息资料表对领队工作来讲是十分重要的文件，因为它在第一时间让领队熟悉出境团队的基本情况，对团队接待工作中的细节有所把握。

完成任务

（1）学生分组模拟设计《旅游者信息资料表》，并分析团队构成情况，提出接待重点。

（2）根据分组设计的团队情况，学生分组交叉完成接待重点并进行课堂汇报和讨论互评，梳理团队构成与领队接待任务的关系。

（3）教师通过学生完成任务的情况进行综合考评。

方法与步骤

（1）根据《旅游者信息资料表》整理和统计团队构成情况，比如，从性别栏统计男女人数与比例，从出生日期统计年龄分布、高龄老人、低龄儿童、行程中是否有 VIP 旅游者和过生日的旅游者，从护照有效期大致判断旅游者是否有出国旅游经历，从备注栏信息分析旅游者关系、住房和餐饮要求等细节。

（2）听取旅行社 OP 对团队构成、特别安排和特殊行程的详细介绍，确认每个环节都清楚明白。

（3）拟定团队接待中领队和地陪导游必须重视的项目，对重要团员和特别要求提出接待预案，对在接待方式和接待标准方面不清楚的地方及时向 OP 反馈，经商讨后形成共识。

（4）根据团队构成和旅游者预订要求，初拟团队分房表。

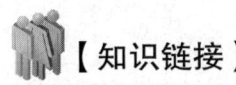
【知识链接】

《中国公民出国旅游管理办法》（2002）相关条款

第七条 国务院旅游行政部门统一印制《中国公民出国旅游团队名单表》（以下简称《名单表》），在下达本年度出国旅游人数安排时编号发放给省、自治区、直辖市旅游行政部门，由省、自治区、直辖市旅游行政部门核发给组团社。

组团社应当按照核定的出国旅游人数安排组织出国旅游团队，填写《名单表》。旅游者及领队首次出境或者再次出境，均应当填写在《名单表》中，经审核后的《名单表》不得增添人员。

第八条 《名单表》一式四联，分为：出境边防检查专用联、入境边防检查专用联、旅游行政部门审验专用联、旅行社自留专用联。

组团社应当按照有关规定，在旅游团队出境、入境时及旅游团队入境后，将《名单表》分别交有关部门查验、留存。

《中国公民出国旅游团队名单表》（样表）

组团社序号：　　团队编号：　　年份：【公民出国旅游团队专用　　条码区】
领队姓名：　　领队证号：　　编号：

序号	姓名		性别	出生日期	出生地	护照号码	发证机关及日期
	中文	汉语拼音					
领队							
1							
……							
20							

年　月　日由　　口岸出境		总人数：　　（男：　人；女　人）
年　月　日由　　口岸入境		
授权人签字： 组团社盖章	旅游行政管理部门 审验章	边检检查站 加注（实际出境　　人） 出境验讫章

旅游线路：
组团社名称：　　联络人员姓名及电话：
接待社名称：　　联络人员姓名及电话：

【技能拓展】

出境旅游领队的作用

一、领队是完成旅行社出境旅游团队运作的重要环节

领队是旅行社出境旅游业务能否顺利进行的关键,旅行社的路线产品生产和销售程序链包括策划创意、产品制作、广告销售、成团操作、反馈修正等,而领队是旅行社出境旅游业务中重要的螺丝钉,领队的言行影响着旅游者对旅行社和旅游产品的看法和态度,直接影响旅游产品的质量。

领队作为组团旅行社全权代表,肩负多项使命。领队身上寄托着组团旅行社的信任和期望,领队代表组团旅行社的利益,要督促境外旅行社和地陪导游执行旅游计划,领队代表组团社的利益,要保证组团社与旅游者签署的旅游合同有效实施,同时,领队对旅行社与旅游者签署的旅游合同,只有解释权、执行权和监督执行权,没有自行变更权。

二、领队是旅游者在整个旅程中的不可缺少的心理依赖

旅游者出国在外,领队是其最主要的依靠。领队可以为旅游者提供熟悉异域环境、语言沟通等方面的帮助,也能够维系旅游者之间的和睦团结,领队还是旅游者和地接方的联络员和润滑剂。

在特殊事件发生时,旅游者更是无法缺少领队的帮助。事故发生时领队可以以受过的专业训练给旅游者以帮助,偶遇灾难时,旅游者可以得到领队的心理庇护。

三、领队在旅行社业务拓展中还起着特殊的作用

领队的服务可以起到比广告更好的招徕作用。对企业而言,最珍贵的客源就是回头客。领队需认识到出境旅游者具有重复出游的可能性。领队的职业身份包括了广告宣传员、产品直销员和客户联络员,领队在营销旅游产品的时候,通过启发式、引导式、对比式和递进式等技巧,有着潜移默化的效果。更重要的是,领队的优质服务是旅行社最好的广告。

领队需要有强烈的旅行社企业整体意识,作为市场信息调查员,为旅行社的路线产品提供合理的改进建议,并且主动承担辅助旅行社路线产品的完善和研发的职能。

【思考与练习】

1. 结合旅游心理学知识,分析不同年龄旅游者出境旅游时,领队和导游需要特别关注的事项及应对策略。

2. 结合《中国出境旅游发展报告(2023—2024)》的相关研究,思考团队出境旅游者源构成变化趋势及领队在知识和技能等方面的提升要素。

任务四　查验旅行文件

任务描述

小张接受带团任务后，掌握了团队行程和团队情况，旅行社 OP 移交了一系列团队文件案卷给小张。面对这些繁杂的文件，小张应如何应对？

任务分析

出境旅游团队文件包括中国公民出国旅游团队名单表、团队行程单（出团通知书）、团队旅游者信息资料表、旅游者护照、签证、旅行机票、行程单等内容。这些文件在出境旅游活动中均十分重要，任何一个细节的差错都有可能导致整个行程受阻。领队在出团前应谨慎仔细地进行查验。

完成任务

（1）学生掌握出境文件中所有细节和文件之间的关联性，读懂行业术语。
（2）熟悉不同文件中信息差错的处理原则和流程。
（3）教师通过学生完成任务的情况进行综合考评。

方法与步骤

（1）核对旅游者护照内容与签证内容中相关资料是否一致，护照有效期和签证有效期是否与旅游行程相符。
（2）核对旅游者护照（含签证）与团队旅游者信息资料表中所有项目是否一致。
（3）核对团队旅游者信息资料表与中国公民出国旅游团队名单表中所有项目是否一致。
（4）核对旅行机票行程单的航班信息是否与团队行程单一致，乘机人姓名是否与团队旅游者信息资料表一致。
（5）如果出现信息差错，应及时与 OP 沟通，尽快更正。

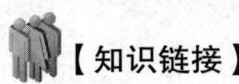

【知识链接】

护照及签证知识

一、护照

护照是一个国家的公民出入本国国境和到国外旅行或居留时，由本国发给的一种证明该公民国籍和身份的合法证件。护照是公民旅行通过各国国际口岸的一种通行证明，一些国家通常也颁发代替护照的通行证件。中国的护照分为外交护照、公务护照和普通护照，普通护照又分为因公普通护照和因私普通护照。

二、签证

签证是一个国家的主权机关在本国或外国公民所持的护照或其他旅行证件上的签注、盖印，以表示允许其出入本国国境或者经过国境的手续，也可以说是颁发给他们的一项签注式的证明。概括地说，签证是一个国家的出入境管理机构（如移民局或其驻外使领馆），对外国公民表示批准入境所签发的一种文件。

签证通常是附载于申请人所持的护照或其他国际旅行证件上（贴纸签证），也有另纸签证、电子签证和生物签证等形式。签证一般来说须与护照同时使用。

落地签证是指申请人不直接从所在国家取得前往其他国家的签证，而是持护照和该国有关机关发给的入境许可证明或相关支持文件等抵达该国口岸后，再签发签证。

过境签证指的是公民取得前往国家（地区）的入境签证后，搭乘交通工具时，途经第三国家（地区）的签证。部分国家对过境旅客实行一定时间范围内、一定口岸规定的过境免签政策。

免签证，即从一个国家或者地区到另外一个国家或者地区不需要申请签证。互免签证通常是双边的，双方持用有效的护照可自由出入对方国境。

【技能拓展】

《国际预防接种证书》

《国际预防接种证书》（通称黄皮书），是世界卫生组织为了保障入出国（边）境人员的人身健康，防止危害严重的传染病，通过入出国（边）境的人员、交通工具、货物和行李等传染和扩散而要求提供的一项预防接种证明，其作用是通过卫生检疫措施而避免传染。如果出入国（边）境者没有携带黄皮书，国（边）境卫生检疫人员则有权拒绝其入出境，甚至采取强制检疫措施。中国的黄皮书统一由国家卫生健康委员会印制。申请人出入国（边）境，需要办理黄皮书，一律由各省、自治区、直辖市的卫生检疫局签发和注射疫苗。

【思考与练习】

1. 查询相关资料，掌握 Open、Ok 等不同机票类型的规定。
2. 列举对中国公民普通护照实施落地签证和免签证政策的目的地国家。

任务五　准备出行物资

任务描述

小张做完出境旅游团队的前期工作准备后，即将踏上第一次出境领队的带团征程。他需要为团队和自己准备哪些出行需要的物品呢？

任务分析

领队带团属于工作出差，只有携带好工作文件才能顺利开展工作。领队在准备带团行装的时候，务必将带团所需全部资料理清整齐，不能有任何遗漏。同时，出境带团的整个过程中，领队也需照顾好自己的生活起居，适用、够用的生活旅行必需品也要整理清楚，避免带团期间因个人问题影响团队活动。

完成任务

（1）熟悉出团物资，特别是工作文件与使用场景和功能的关系。
（2）分组讨论物资准备和带团服务品质的关系，进行课堂汇报。
（3）教师通过学生完成任务的情况进行综合考评。

方法与步骤

（1）与OP对接，移交出团资料。移交资料主要包括：中国公民出国旅游团队名单表、团队行程单（出团通知书）、团队旅游者信息资料表、旅游者护照、签证、交通票据、联络通信录、旅游者行程评议表（意见单）、旅游行程变更确认书、旅游者脱团活动确认书、旅游者分房表、领队证（或导游证）等。另外，根据不同行程的要求，可能需要提前准备的团队文件还有：黄皮书、出入境登记卡、海关申报单、团款结算现金（或旅行支票）等。

（2）除了工作文件外，必需的工作辅助物品也是不可缺少的好帮手。导游旗、行李卡（或不干胶标签）、旅游参考书、目的地国家和城市地图、手机和手机卡、电源转换器、笔记本和笔以及中国特色小礼物都可以帮助领队在行程中更好地为旅游者提供服务。

（3）准备个人生活用品。在服装方面，领队应准备一套相对正式的职业服装，以备接见、宴会或其他正式场合穿着；其他服装则应根据不同的行程安排和气候变化进行选择，多准备些运动休闲类的服装总是必要的。提前准备好卫生洁具、常用药品和小面额外币等，也会为行程提供方便和保障。另外，诸如指南针、手电筒、太阳镜等实用小物件也可根据行程准备。

【知识链接】

《出境旅游领队服务规范》（LB/T 084—2022）相关条款

5.3 出团准备

5.3.1 与团队操作人员交接

5.3.1.1 领队应仔细阅读旅游行程单，确认旅游接待计划可执行，如有疑问应及时向团队操作人员反馈。

出发前已经确认行程发生变更的，应与团队操作人员确认处理预案，取得相应处置授权。

5.3.1.2 领队应详细了解全体旅游者的基础信息、特殊预订要求、需要特别处置事项，并与团队操作人员确认特殊事项的可执行性。

5.3.2 接收并查验团队资料

5.3.2.1 团队资料主要包括：

a）旅游行程单，必要时为地接社、地陪导游及其他履行辅助人员准备外文版旅游行程单；

b）团队旅游者信息表和分房名单表；

c）旅游者及领队的出入境证件（如有）；

d）旅游者及领队的旅游签证/签注（如有）；

e）地接社、地陪导游及其他履行辅助人员的联系信息；

f）遇特殊事件时需要旅游者签署的各类制式文书；

g）团队机/车/船票等交通票据；

h）保险资料（如有）；

i）景点门票、餐券（如有）；

j）《中国公民出境旅游团队名单表》（如有）；

k）旅游目的地公共卫生情况，按需配备防护用品。

5.3.2.2 领队接收团队操作人员移交的出境旅游团队证件资料时，应仔细查验并确认以下内容：

a）中、外文版旅游行程单内容一致；

b）出入境证件信息（姓名、性别等）与团队旅游者名单表一致；

c）出入境证件和签证/签注有效；

d）交通票据所载信息正确。

5.3.2.3 领队应复印全体旅游者的旅游证件、签证/签注的首页或保留其电子版本，以备需要时使用。

5.3.3 工作预案

领队应根据旅游者的基本情况、特殊要求、行程特点等因素预判行程中可能出现的问题,考虑解决方案并与团队操作人员充分讨论,达成一致。双方确认的内容应保留书面记录。

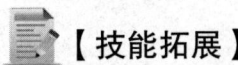【技能拓展】

登机箱

登机箱是专门为飞机旅行而设计的行李箱。航空行李分为托运行李、自理行李(又称手提行李)和随身携带物品,登机箱专指第二种。IATA(国际航空运输协会)推荐的登机箱尺寸,一般规定是三边尺寸之和不超过115厘米,其最大尺寸约为市场上20~22英寸的行李箱。但不同航空公司的规定略有不同,可提前询问承运航空公司。

【思考与练习】

1. 根据本项目所列案例行程,拟定领队带团前往老挝需准备的各种出行物资,并表述其使用场合及功能。

2. 领队需要复印全团旅游者的护照和身份证携带出境旅游吗?为什么?

项目二 行前说明会

良好的开端是成功的一半。在完成出境旅游团队前期准备工作之后召开的行前说明会，已经是领队真正意义上的带团业务活动。这个会议的成功与否，直接关系到团队行程能否顺利完成，也关乎着领队带团出境旅游的服务品质。

【学习目标】

- 掌握出境旅游行前说明会的准备事项；
- 学会行前说明会的操作流程与会议内容。

任务一 会前准备

任务描述

领队小王接到旅行社委派的"复古与浪漫 激情古巴 11 日游"领队带团任务后，与 OP 对接移交了团队文件，认真研究了旅游行程，基本掌握了旅游者情况，对出团的知识和物资等方面都做了细致准备。旅行社 OP 通知他，出团前三天将在旅行社多功能厅召开这个团队的行前说明会，请他在会上进行发言。小王应该就说明会做好哪些准备工作？

昆明××国际旅行社"复古与浪漫 激情古巴11日游"出团通知

团号	××××	总人数	15+1人
集合地点	北京首都国际机场	集合时间	××××年××月××号 7:30
接团旗号	欢迎×××一行贵宾	全程小费	—
线路名称	××月××日 复古与浪漫 激情古巴11日游		
国际航班号	××月××日 北京首都T3/哈瓦那T3 CA865/07:00-18:40 ××月××日 哈瓦那T3/北京首都T3 CA866/23:55-10:30+2		
抵达联系	北京首都国际机场：国航中转服务柜台/电话联系酒店 协调安排车辆前往酒店入住休息		
领队	××× 电话		
紧急联系人	××× 电话 ××××		
备注	1. 行程次序、景点、航班及住宿地点可能临时变动、修改或更换，最终行程以出发前我处确认的行程为准 2. 如因航空公司、签证、政府、天气等因素，我处有权利更改行程和追加差价，敬请理解 3. 行程中所列航班号及时间仅供参考，将根据实际情况做出合理的调整。航班的起飞时间和到达时间均分别为起飞和到达的当地时间 4. 古巴同北京时间时差：-12小时 5. 行程中所注明的城市间距离，仅供参考，视当地交通状况进行调整 6. 由于古巴气温变化大，出行时节或有阵雨，请各位准备相应的衣物和用具作为准备 7. 旅游者不得参观或者参与违反我国法律、法规、社会公德和有违旅游目的地相关法律、风俗习惯、宗教禁忌的项目或者活动		

昆明××国际旅行社"复古与浪漫 激情古巴11日游"行程单

日期	行 程 内 容
第1天	全国—北京Beijing 根据各城市航班时间飞往首都国际机场集合，抵达后前往酒店入住休息
第2天	北京Beijing — 哈瓦那Havana 参考航班：CA865 PEK/HAV 07:00—18:40（经停马德里） 首都国际机场T3航站楼集合，办理登机手续，乘坐中国国际航空公司航班飞往古巴首都——哈瓦那。当地时间傍晚抵达古巴首都——哈瓦那，这是古巴的主要城市以及商业中心，城市人口有240万人，是古巴和加勒比海国家里最大的城市。哈瓦那位于古巴岛西北哈瓦那湾阿尔门达雷斯河畔，扼守着墨西哥湾通往大西洋的大门，具有重要的战略地位 餐：-/-/晚餐 宿：Gran Muthu Habana Hotel 地址：4H76+76G, Havana, Cuba

续表

日期	行 程 内 容
第3天	哈瓦那 Havana—比那尔德里奥 Pinar del Río（165KM）—哈瓦那 Havana（165千米） 今日主题：古巴印象 酒店早餐后，乘车前往比那尔德里奥，这是古巴西部比那德里奥省的省会，位于哈瓦那东北160千米，海拔60米，始建于1774年。1830年后随烟草工业发展而兴起。附近烟草、牲畜产区的重要商业中心。工业以雪茄、卷烟、家具为主。午餐特别安排：品尝古巴特色农家宴——风味猪扒饭，南美的热情跃于舌尖。之后，乘车前往世界自然遗产比尼亚莱斯山谷（Vinales Valley），这是古巴最知名的旅游地之一，这里拥有大量名胜古迹，更是比那尔德里奥省的一颗明珠。山谷中最优美的建筑大多建于19世纪晚期到20世纪早期，这些建筑有着红色的屋顶、带有圆柱的拱廊以及窗子上饰有彩色斑点的玻璃。散落在平原的建筑物大多很简单，当地人使用当地材料和天然材料建造，用来作为家庭或家庭农场。登上 Los Jasmines 瞭望台，随后，乘坐游船漫游印第安洞穴（Cueva del Indio），欣赏山谷中的史前壁画，探索古老的土著文化。游览结束后返回哈瓦那。特别安排：返回哈瓦那后，在美国前总统奥巴马曾到访的餐厅 San Cristoball Paladar 进餐，这也是英国主流美食推荐的哈瓦那十大餐厅之一，在 TRIPADVISOR 旅游指南中历年来的评价和排名都居高位，之后，返回酒店休息 餐：早/中/晚餐 宿：Gran Muthu Habana Hotel 地址：4H76+76G，Havana，Cuba
第4天	哈瓦那 Havana—西恩富戈斯 Cienfuegos（250千米）—特立尼达 Trinidad（85千米） 今日主题：小镇迷情 酒店早餐后，乘车前往古巴海岸南部的城市西恩富戈斯。西恩富戈斯距离哈瓦那250千米，是古巴主要港口之一，是砂糖、咖啡和烟草的贸易中心。抵达后参观加勒比海边的西恩富戈斯俱乐部（Club of Cienfuegos）。午餐后参观瓦莱宫（Palacio de Valle），这是一座将哥特式、罗马式、巴洛克和穆德哈尔等多种风格相融合而闻名的建筑。该建筑于1917年由意大利建筑师阿尔弗雷多·科利（Alfredo Colli）设计建造，最初是私人住所。这座建筑以其复杂的石雕、彩色玻璃窗和精美的细节而闻名，其内外部都充满了艺术气息，它是当时财富和建筑创造力的象征。旅游者可以探索其独特的建筑风格，观赏其复杂的雕刻、多彩的瓷砖和华丽的穹顶。随后，我们将在世界文化遗产的西恩富戈斯古城中心（Urban Historic Centre of Cienfuegos）观光。西恩富戈斯被认为是19世纪早期，拉丁美洲殖民拓展的第一个，也是最杰出的典型城市，它体现了城市规划中现代化、卫生和秩序的新观念。西恩富戈斯是古巴较独特的城市，尽管古巴最开始是由西班牙人哥伦布发现的，属西班牙管辖的殖民地，但此城市却是由法国移民于1819年建立的，是该国最年轻的城市之一。这些法国移民主要来自波尔多和路易斯安那，法国人带来了法国的文化、建筑和城市规划技术。该市的街道布局和一些建筑风格反映了法国人的影响。城市建筑独特优雅，2005年被列入联合国教科文组织的世界文化遗产地。这个小城以其如画的海滨、优雅法国风情的建筑和充满活力的文化场景而闻名。它常被称为古巴"南部的珍珠"。也是古巴少有的受法国影响的地方。西恩富戈斯古城以何塞．马蒂公园（Parque José Martí）为中心，四周被拱廊和精美的建筑环绕，植被茂盛。西恩富戈斯大教堂（Catedral de la Purísima Concepción），也被称为普里希玛大教堂，位于何塞·马蒂公园对面。这是一座新古典主义风格的大教堂，建于1869年，墙壁粉刷成白色，屋顶铺着红色瓦片。它的法式彩色玻璃窗十分引人注目。据信，柱子上的一些中文文字可以追溯到1870年。 之后，乘车前往特立尼达。抵达后，特别安排：在特立尼达参与 salsa 露天音乐会，傍晚时和当地人一起跳萨尔萨舞，这种舞蹈起源于古巴，是当今欧美非常流行的社交舞蹈之一。乐手们敲打节拍，随着节奏强烈的古巴音乐摇摆身体，尽情地享受难忘的音乐之夜！结束后，入住酒店休息 餐：早/中/晚餐 宿：Iberostar Grand Trinidad 地址：Calle José Marti N° 216，Trinidad 62600 Cuba

续表

日期	行程内容
第5天	特立尼达 Trinidad—圣克拉拉 Santa Clara（95千米）—巴拉德罗 Varadero（230千米） 今日主题：史影婆婆 特立尼达老城（Historic Town of Trinidad）作为世界文化遗产，是古巴中部圣斯皮里图斯省的一个城镇，位于古巴中部埃斯坎布拉伊山脉南麓的海岸线上，始建于16世纪，其命名表示了对天主教三位一体的敬意。它是在欧洲人征服美洲大陆过程中的一个前方据点。这座城市本身就是一个博物馆，在500年历史的古城里可以找到西班牙殖民时期的建筑，浓郁的殖民氛围使这座小城市成为古巴最吸引人的旅游景点之一。面积只有几个街区，古老的特立尼达以其可爱的鹅卵石街道、彩色房子，以及雄伟的宫殿和广场而驰名。街道两旁的建筑物色彩明亮，在街上可以感受到18世纪古巴的风情。酒店早餐后，徒步游览世界遗产范围内的马约尔广场（Plaza Mayor），马约广场是该城的象征，广场上耸立着高大的国王棕榈和城市保护神特尔西科雷女神雕像。广场正面是圣三一大教堂（Iglesia Parroquial de la Santísima Trinidad），周围是17—18世纪的气派的大宅院，大部分的建筑物现在已经成为博物馆。之后，我们乘车赴古巴中部比亚克拉拉省的省会圣克拉拉。1958年12月28日—1959年1月1日，在此地发生圣克拉拉战役，切·格瓦拉率领340名游击队员击败3900名政府军士兵，取得古巴革命的关键性胜利。我们将参观位于切·格瓦拉广场的切·格瓦拉陵园（Mausoleo del Che Guevara），这里安放着革命家埃内斯托·切·格瓦拉和29名在1967年格瓦拉试图鼓动玻利维亚武装起义时遇害的战友的遗体。整个区域被称为埃内斯托·格瓦拉雕塑群，内有一座约6.7米高的格瓦拉青铜雕像。之后，我们前往加勒比最大的度假区之一——巴拉德罗，享用酒店自助晚餐，随后，返回酒店内休息。 餐：早 / 中 / 晚餐 宿：Meliá Varadero 地址：Autopista Sur Km 9，Varadero 42200 Cuba
第6天	巴拉德罗 Varadero 今日主题：碧海蓝天 巴拉德罗是古巴马坦萨斯省度假胜地，也是加勒比最大的度假区之一，坐落在伊卡克斯半岛，介于卡尔德纳斯湾和佛罗里达海峡之间，在哈瓦那以东140千米，古巴布兰卡公路的东端。半岛最宽处只有1.2千米宽。巴拉德罗是世界上美丽的海滩之一，是集大海、沙滩、阳光、蓝色为一体的最美的海滩，也是古巴热带风情著名的旅游度假区。巴拉德罗所在的伊卡克斯半岛就像是一个抛向大海的狭长的鱼钩，是古巴距离美国最近的地方，从此向北就是佛罗里达海峡。由于这里只对旅游者开放，这里是全古巴最不像古巴的地方，却又是古巴最像天堂的地方。长达20千米的白沙滩、淡蓝色的海水和斑斓的水下世界使它成为整个加勒比地区最大的海滨度假区。蓝天白云，碧蓝清澈的海水，平缓的细白的沙滩，紧紧攥在手心里也会从手指间溜走的洁白细沙和那拂去热带骄阳灼热的微风，让任何休闲度假者的睡梦更加甜美。到过古巴的人称："不到巴拉德罗就不知道古巴的秀美。" 特别安排：酒店早餐后，乘游艇出海（Boating in the Sea）。船员将亲手为您抓龙虾并现场进行烹饪。游览结束后返回酒店自由活动，傍晚可在海边欣赏日落美景 餐：早 / 中 / 晚餐 宿：Meliá Varadero 地址：Autopista Sur Km 9，Varadero 42200 Cuba
第7天	巴拉德罗 Varadero 今日主题：惬意休闲 全天自由活动，充分享受加勒比海度假酒店。（含全天三餐） 餐：早 / 中 / 晚餐 宿：Meliá Varadero 地址：Autopista Sur Km 9，Varadero 42200 Cuba

续表

日期	行　程　内　容
第8天	巴拉德罗 Varadero—哈瓦那 Havana（150千米） 今日主题：航海时代 酒店早餐后，乘车返回哈瓦那。参观古巴雪茄制作工厂（Cuban Cigar Factory），哈瓦那是优质雪茄的发源地，各种形状和尺寸的雪茄成为工厂和城市的风景，厂房里弥漫雪茄烟草的味道，我们将参观雪茄的制作过程。特别安排：在海明威生前最爱的五分钱酒馆（La Bodeguita Del Medio）享用午餐，一边欣赏热情奔放的古巴音乐，一边品尝一杯海明威最爱的 Mojito 鸡尾酒，追寻当年海明威在此处喝着酒写出《老人与海》的光辉岁月。哈瓦那分为新城和旧城两部分，新城濒临加勒比海，街道宽阔整齐，高楼鳞次栉比，充满现代化气息。而旧城位于哈瓦那湾西侧的一个半岛上，占地面积不大，是在西班牙殖民统治时期建设和发展起来的地区，也是当年西班牙殖民统治时期征服新大陆的重要基地，四周工事环绕，至今城内还保存着一些军事城堡。走在旧城狭窄曲折的街道上，可以感受到那些传统性的殖民时期旧宅所散发出的独特历史韵味。这些欧洲式古老建筑布局整齐和谐，外观古色古香，西班牙摩尔式的拱廊随处可见，且迄今保存完好，1982年被列入了《世界遗产名录》。下午参观世界文化遗产哈瓦那旧城（La Habana Vieja），徒步游览圣弗朗西斯科广场（Plaza de San Francisco de Asís）、皇家水渠（Zanja Real）、旧广场（Plaza Vieja）、建于1519年的哈瓦那最古老的武器广场（Plaza de Arms），建于1776年的三层巴洛克式建筑总督府（外观，Palacio de los Capitanes Generales）。建于1558—1576年的皇家军事城堡（Castillo de la Fuerza）是哈瓦那最古老的要塞。参观兴建于16世纪末的圣方济各教堂（Basilica Menor de San Francisco de Asis），该教堂在1730年改变为巴洛克风格。18世纪英国人占领哈瓦那期间占用该教堂。当它回到了西班牙的统治，就不再作为教堂使用。它现在用于演唱会。钟楼高42米，最初钟楼的顶部曾有圣方济各雕像，但在1846年被飓风所毁。教堂广场（Pla za de la Catedral）又名圣克里斯托尔广场，建于17世纪末。广场上最著名的当数1777年落成的巴洛克式建筑风格为主的哈瓦那大教堂（Havana Cathedral, Catedral de San Cristobal），教堂因曾经存放过哥伦布的遗体而闻名于世。它是罗马天主教哈瓦那总教区的主教座堂，供奉圣母以及圣基道霍。晚餐后，前往最富有传奇色彩的莫罗城堡（Castillo de los Tres Reyes del Morro），观赏沿袭了300多年的关城礼炮仪式。结束后，返回酒店休息 餐：早/中/晚餐 宿：Gran Muthu Habana Hotel 地址：4H76+76G, Havana, Cuba
第9天	哈瓦那 Havana—北京 Beijing 参考航班：CA866　HAV/PEK 23:55—10:30+2 今日主题：老人与海 酒店早餐后，乘车前往维西亚小庄园（La Villa Vigia），这是海明威在哈瓦那的旧居。这个庄园始建于1887年，海明威在这里从1940年一直居住到了1961年，很多重要的作品也都是在这里撰写的。其不朽名著《老人与海》就是在此写成的，现已成为著名的博物馆。庄园里有海明威的起居室、卧室、餐厅、厨房、卫生间，他的两间书房，以及他孩子的卧室。园中有一个附带更衣室的游泳池，海明威出海所用的游艇也完好地保存在这里，游泳池旁是海明威四只爱猫的墓。海明威的哈瓦那住所。随后乘车去科希马尔渔村（Cojimar），这里是海明威喜欢钓鱼的地方。它距离海明威故居约10千米，周围长满了棕榈树，具有加勒比地区悠闲逍遥的气氛。海明威曾把路标号小艇停靠在这里，并以此地为背景创作了《老人与海》。迷人的海滨漫步道从一座前西班牙要塞延伸出去。在海滨漫步道的另一头，有座露台餐馆（La Terraza）俯瞰大海。它曾出现在《老人与海》一书中，那里是海明威在科希马尔所喜爱的地方。在那里你能吃到古巴最美味的海鲜，这里的海景和习习微风远非别处可比。 特别安排：海明威最爱的渔村海鲜餐

续表

日期	行 程 内 容
第9天	下午参观坐落于一个18世纪殖民风格庭院内的朗姆酒博物馆（Museo del Ron），在那里您不仅可以参观到著名的朗姆酒的制作过程，还可以亲自品尝。游览哈瓦那新城区（Vedado，New City）：革命广场（Plaza de la Revolucion），位于新城的中心，道路放射状地从广场向周边延伸，也是古巴政府的所在，也是举办大规模政治集会的地方。广场中央是一座高达138.5米的何塞·马蒂纪念碑（Monumento a José Martí），是哈瓦那最高的建筑，其前方还有一尊高达17米的何塞·马蒂雕像，尽显这位古巴民族英雄的风采。参观尊严广场（Dignity Square）。瞻仰旅古华侨协助古巴独立纪功碑（Cuban-Chinese soldiers' monument），1868年和1895古巴两次独立战争中，许多华人参加起义，与古巴人民一起为争取民族独立而英勇斗争，他们的鲜血也洒在了那片土地上。1931年10月10日，这座纪念华人功绩的纪念碑落成。"没有一个古巴华人是逃兵。没有一个古巴华人是叛徒。"这两句话被刻在了纪功碑上，这座落成九十多年的华人纪念碑，见证了古巴华侨华人与古巴人民并肩战斗，在独立战争中用鲜血和生命建立的丰功伟绩，也见证着两国人民用鲜血凝成的友谊。百年榕树广场（Banyan Tree Square）上的数棵参天百年老榕树古树早已独木成林，这些古树至少也有三五百年的树龄。它们默默地在此见证着这个城市的兴衰变迁，物换星移。国会大厦（外观，El Capitolio），不仅是哈瓦那的地标建筑，也是国会的权力象征。为了兴建这座美丽的建筑，当时动员了5000多名工人并耗时3年多才完工。游览中央公园（Central Park），哈瓦那中央公园是哈瓦那市非常知名、中心的遗址之一。公园周围的建筑包括大剧院、英格兰酒店、中央公园酒店、Gómez街区、哈瓦那国家美术博物馆、环球艺术大厦等。普拉多景观大道（Paseo del Prado）承载了哈瓦那上百年的历史文化，吸引着全球旅游者前来"打卡"。它融合了过去和现在、传统和创新、历史和文化的空间，是哈瓦那城市的象征。特别安排：1.将前往古巴当地人的家中做客，感受古巴人的热情，体会他们的生活方式，真正走进他们的世界。2.乘坐古巴最具特色的老爷车畅游海滨大道（Malecón of Havana）结束后，前往机场，办理出境手续搭乘航班返回国内 餐：早/中/晚餐
第10天	航班上 航班返回北京 餐：-/-/- 宿：航班上
第11天	北京 Beijing—全国各地 北京时间10:30抵达首都机场，乘机返回出发地，结束此次激情古巴之旅 餐：-/-/- 宿：-/-/-

服务标准：

（1）机票：全国各地至北京往返国内联运机票经济舱含燃油税，北京至哈瓦那往返机票经济舱含燃油税。团队机票出票后不允许改名、退票、改票、改期。（不含航空公司临时新增的燃油附加费，如有产生，客人需要补付费用，请谅解）。

（2）住宿：行程中所列五星级酒店的双人间。标准为二人一房，如果需入住单间则需另付单间差费用。

（3）签证：古巴旅游卡。

（4）餐食：行程中所列餐食。全程7个早餐，15正餐。

如果不用餐或因个人原因超出用餐时间到达餐厅的，餐食费用不退且不另外安排餐食。用餐时间在机场候机或飞机上的餐食由客人自理。

（5）景点：行程中所列景点的首道门票（不含景区内的二道门票以及个人消费），行程表中标明的景点游览顺序和停留时间仅供参考，我司有权根据当地天气、交通等情况调整景点顺序，实际停留时间以具体行程游览时间为准。

（6）用车：空调旅游巴士，保证一人一正座。

（7）保险：旅行社组合险、旅游意外险。

不含项目：

（1）护照费用。

（2）全程单房差。

（3）自选项目及行程表以外行程费用。

（4）行李物品的搬运费、保管费及超重费，行李或物品丢失、被盗等意外损失费用。

（5）一切个人消费（如：电话、传真、电视付费频道、洗衣、饮料等）。

（6）旅游者因违约、自身过错或自身疾病引起的人身和财产损失。

（7）非我社所能控制因素下引起的额外费用，如自然灾害、罢工、境外当地政策或民俗禁忌、景点维修等。

未成年人参团提示：

（1）因服务能力所限，无法接待18周岁以下旅游者单独报名出游，敬请谅解。

（2）未成年人参团必须由家属陪同，到公证处办理亲属公证或委托公证书。

（3）因接待情况所限，12岁以下小孩不占床按成人的9折，12岁以上必须占床且按成人标准收费。

老年人参团提示：

（1）因服务能力所限，无法接待80周岁以上的旅游者报名出游，敬请谅解。

（2）70周岁以上老年人预订出游，须与我司签订《健康证明》并有家属或朋友陪同方可出游。

贵宾参团须知：

（1）行程中因个人原因临时自愿放弃游览，景点门票费用、酒店住宿费用、餐费、车费等均不退还。

（2）行程表中所列航班的起抵时间均为当地时间，"+2"表示航班第三天抵达；行程表中所列餐食，"/"表示该餐食不包含在行程中。

古巴旅游须知

时差	夏季古巴比中国晚12小时，冬季古巴比中国晚13小时

续表

公共场所着装提示	①古巴旅游，宜穿轻薄透气衣物，参观宗教场所和正式场合避免过于暴露，备好舒适鞋子，可准备有古巴特色元素的服饰 ②女性应在宗教场所穿着得体，日常可穿轻薄透气衣物，注意防晒 ③男士日常可穿短袖衬衫、T恤搭配短裤或长裤，材质以棉质等透气面料为佳，既舒适，又时尚。鞋子可选择休闲皮鞋或运动鞋，方便行走
通信情况	①如果想在旅游期间保持与国内联系，中国移动已与CUBACEL（原名C-COM）开通漫游服务；与中国大陆通话约为30元/分钟，短信约为2.89元/条。酒店可以上网 ②手机用户可在"无忧行"或者自己手机通信服务提供商处购买古巴漫游数据包
出入境注意事项	①旅游者须持有旅游归国后至少还有6个月有效期的护照才能进入古巴 ②古巴对持有中国护照的公民免签入境90天 ③和其他所有国家一样，在古巴出入境移民局大厅禁止拍照和摄像 ④请旅游者在托运的行李中不要夹带现金和贵重物品。充电宝、锂电池，请随身携带，不能托运 ⑤旅客手提行李中的液体、喷雾剂或发胶容器，容积必须小于100毫升。所有容器必须密封装入容量为1升或以下的自封透明塑料袋中袋 ⑥入境时，并无人人申报手续。除通常禁止携带的动植物，食品等外，古巴严格限制各种电器产品入境。为避免不必要的麻烦，请通过古巴海关网站对拟携带入境并无把握的物品进行查询 ⑦携带超过5000美金现金或价值相等物品入境时，需主动与古巴海关联系，并填写海关申报单 ⑧海关对农产品，肉类制品及药物，电器类管制严格。严禁携带不良出版物、可能危害国家安全和国家秩序的任何物品。如发电机、DVD机，PL2游戏机，GSP全球定位系统，卫星电话，以及空调机、微波炉、电热水器等大功率电器，若海关怀疑个人行李中携带上述物品，海关人员要求开箱检查并有权扣留，离境时返还（允许在扣留日起30天内补办有关手续，逾期不领者将被没收） ⑨离境时，若随身携带超过5000美元现金或价值相当物品出境，必须出示入境时所填的申报单或古巴银行证明其合法来源的相关文件
货币	①古巴货币：古巴比索（PESO CUBANO），货币代码CUP ②外国旅游者一律使用美元或欧元进行兑换，不接受旅行支票，部分机构可以接受信用卡
插座	①古巴电压：110伏特 ②插座：需备"美标"转换插头。转换插头为两相扁平插头，除有些地方明确说明是110伏或220伏外，大部分建筑中使用的是110伏电压。在巴拉德罗旅游区，多为220伏电压。请谨慎使用电器，以防烧毁
酒店	古巴的所有酒店均不提供牙膏、牙刷、拖鞋，请自己准备好。酒店里的自来水经过净化，是可以饮用的。饭店上网通常不需要付费，但网络连接及网速不理想
小费	古巴有付小费的习惯，在酒店等场合得到帮助后请打赏小费，一般每次给2~3美元即可
旅行途中注意事项	①旅行中安排空调旅游车；司机后面第一排预留为导游位，请依次就座，不可抢位 ②护照、机票及其他贵重物品请随身携带，切不可放在交通工具上 ③上下车时注意台阶，以免摔伤，请随手关好窗户 ④爱护车上卫生，尽量不要在车里吃有味的食物
景点游览	①请务必遵守时间，配合领队导游工作 ②导游可在不减少游览景点的情况下，可以根据实际情况调整游览顺序 ③如遇天气、塞车、罢工等情况，造成未能完成游览的景点，旅行社将更改别的旅游景点代替

续表

出境旅游 文明公约	①维护环境卫生。不随地吐痰和口香糖，不乱扔废弃物，不在禁烟场所吸烟 ②遵守公共秩序。不喧哗吵闹，排队遵守秩序，不并行挡道，不在公众场所高声交谈 ③保护生态环境。不踩踏绿地，不摘折花木和果实，不追捉、投打、乱喂动物 ④保护文物古迹。不在文物古迹上涂刻，不攀爬触摸文物，拍照摄像遵守规定 ⑤爱惜公共设施。不污损客房用品，不损坏公共设施，不贪占小便宜，节约用水用电，用餐不浪费 ⑥尊重别人权利。不强行和外宾合影，不对着别人打喷嚏，不长期占用公共设施，尊重服务人员的劳动，尊重各民族宗教习俗 ⑦讲究以礼待人。衣着整洁得体，不在公共场所袒胸赤膊；礼让老幼病残，礼让女士；不讲错话 ⑧提倡健康娱乐。抵制封建迷信活动，拒绝黄、赌、毒
出境旅游 文明行为 指南	注重礼仪，保持尊严；讲究卫生，爱护环境，衣着得体；请勿喧哗，尊老爱幼，助人为乐；女士优先，礼貌谦让；排队有序，不越黄线；文明住宿，不损用品；安静用餐，请勿浪费；健康娱乐，有益身心；赌博色情，坚决拒绝；参观游览，遵守规定；习俗禁忌，切勿冒犯；遇有疑难，咨询领馆；文明出行，一路平安

任务分析

组团社组织旅游者召开行前说明会，是组团社事先告知旅游者在出发前与境外的注意事项，也是一种国际惯例。出境旅游团队必须召开行前说明会，这是由出境旅游的特殊性所决定的。

完成任务

（1）学生分组讨论出境旅游的旅游者行前说明会的会议流程和主要内容，设计会议方案。

（2）课堂分组汇报会议方案，并进行讨论互评完善。

（3）教师通过学生完成任务的情况进行综合考评。

方法与步骤

（1）出境旅游行前说明会通常在出团前三天至一周的时间内组织召开。会议地点一般选择在旅行社的会议室进行。如果有可能，应提供多媒体设备展示相关信息，以便提升会议效果，提升企业品牌形象。

（2）会议通知通常由旅行社销售人员或 OP 人员电话告知旅游者，希望旅游者尽可能悉数参加会议。如果确有困难，至少每个参团的小团体能够派代表参加。

（3）行前说明会一般由旅行社 OP 主持会议并致欢迎词，同时根据需要进行补充讲解和回答部分提问。

（4）由于领队对旅游目的地和出团旅游行程均比较熟悉，行前说明会通常由领队进行主讲，这也是领队在全团旅游者面前初次亮相、展示领队专业风貌、建立领队权威的机会。

（5）领队应在行前说明会前对会议内容和旅游者感兴趣的话题进行充分准备，同时就旅游者可能会提出的问题进行预判和准备，保证会议陈述和问答环节从容应对。

（6）领队也应对参会服装和语言表达进行准备，突显出领队的礼仪、专业和权威。

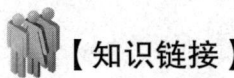
【知识链接】

《旅行社出境旅游服务规范》（2015）相关条款

5.3.5　行前说明会

出团前，组团社应召开出团行前说明会。在会上，组团社应向旅游者：

a）重申出境旅游的有关注意事项及外汇兑换事项与手续等；

b）发放并重点解读根据《旅游产品计划说明书》细化的《行程须知》；

c）发放团队标识和《旅游者旅游服务评价表》；

d）翔实说明各种由于不可抗力／不可控制因素导致组团社不能（完全）履行约定的情况，以取得旅游者的谅解。

《行程须知》除细化并如实补充告知《说明书》中交通工具的营运编号（如飞机航班号等）和集合出发的时间地点以及住宿的饭店名称外，还应列明：

a）前往的旅游目的地国家或地区的相关法律法规知识和有关重要规定、风俗习惯以及安全避险措施；

b）境外收取小费的惯例及支付标准；

c）组团社和接团社的联系人和联络方式；

d）遇到紧急情况的应急联络方式（包括我驻外使领馆的应急联络方式）。

《旅行社出境旅游服务质量》（LB/T 005—2002）相关条款

5.3.5　行前说明会

出团前，组团社应召开出团行前说明会。在会上，组团社应：

a）向旅游者说明出境旅游的有关注意事项及外汇兑换事项与手续等；

b）向旅游者发放《出境旅游行程表》、团队标识和《旅游服务质量评价表》；

c）相关的法律法规知识以及旅游目的地国家的风俗习惯；

d）向旅游者翔实说明各种由于不可抗力／不可控制因素导致组团社不能（完全）履行约定的情况，以取得旅游者的谅解。

《出境旅游行程表》应列明如下内容：

a）旅游路线、时间、景点；

b）交通工具的安排；
c）食宿标准／档次；
d）购物、娱乐安排以及自费项目；
e）组团社和接团社的联系人和联络方式；
f）遇到紧急情况的应急联络方式。

【技能拓展】

旅游 App

- 位置导航：Google 地图、百度地图
- 天气预报：墨迹天气、Yahoo 天气
- 航班动态：航旅纵横、飞常准
- 指南攻略：LonelyPlanet、马蜂窝、百度旅游、穷游锦囊
- 语言翻译：旅行翻译官、Google Translate
- 换钱工具：iMoney
- 免费上网工具：Wi-Fi Finder

【思考与练习】

1. 根据先前说明会的相关要求和"复古与浪漫 激情古巴 11 日游"行程，撰写领队欢迎词和古巴概况及旅游注意事项。

2. 参考"复古与浪漫 激情古巴 11 日游"行程，预测旅游者在行前说明会上可能会提出的问题并尝试进行回答。

任务二 会议组织

任务描述

为了开好行前说明会，小王充分熟悉了整个旅游行程，精心准备了发言稿。面对 15 位旅游者各种奇思妙想的提问，小王是否能够驾驭得了吗？

任务分析

领队参加行前说明会，应该以整洁的着装、优雅的举止、饱满的精神状态出场，表

现出专业性、自信心和亲和力，给旅游者留下良好的第一印象，为后续进入实质性的带团工作做好铺垫。同时，对说明会涉及的繁杂内容应该语言清晰、条理清楚地进行陈述，以便旅游者掌握相关信息，做好出行准备。

完成任务

（1）学生分组模拟召开先前说明会，演练主持、主讲和回答旅游者提问等环节，并讨论存在问题和整改方案。

（2）课堂模拟行前说明会，随机抽取学生做会议主持和主讲，其他同学作为旅游者提问。现场进行讨论互评。

（3）教师通过学生完成任务的情况进行综合考评。

方法与步骤

（1）会议开始前，旅行社OP和领队应准备好《出团通知单》《旅游行程单》《出境旅游注意事项》《会议签到表》和团队标识等文件和物品，提前抵达会议室调试好会议设备，恭候旅游者到来。

（2）旅游者抵达后，领队配合OP为旅游者发放相关资料，进行会议签到。

（3）行前说明会的主要内容包括：

①主持人和主讲人自我介绍，欢迎和感谢旅游者参加本次旅游团队；

②集合时间与地点，提示前往路径、出行方式和路途时间；

③强调团队旅游活动的时间观念；

④目的地国家（地区）概况；

⑤目的地天气情况与着装要求提示；

⑥串讲出境旅游行程单，包括饮食、住宿、交通、景点等内容，提示购物和娱乐的安排，穿插旅游行程中的注意事项和禁忌；

⑦目的地相关注意事项，包括法律法规、风俗习惯、官方语言、货币兑换、通信联络、电压插头、洗漱物品、小费惯例等；

⑧随身行李和托运行李限制；

⑨中国和目的地出入境海关相关规定；

⑩安全提醒，危机应对，提醒购买旅游意外保险；

⑪宣讲目的地文化差异与出境旅游文明公约，倡导文明旅游、生态旅游；

⑫强调境内、境外与领队、接待社、组团社、使领馆等相关环节的联络方式；

⑬核对相关信息，包括证件、住房、联络方式等；

⑭接受旅游者的提问和解答疑问；

⑮会议总结，预祝出境旅游活动圆满成功。

（4）会议结束后，领队应逐一给因故未能前来参会的旅游者打电话、发信息进行沟通，确保会议主旨能够传达到每一位旅游者，以免耽误全团行程。

（5）领队应将行前说明会发放的资料特别带到出团集合地点发放给未参会旅游者并进行现场答疑和会议签到。

（6）如因故未能组织行前说明会或全团旅游者均未到会，领队应按照《旅行社行前说明服务规范》的要求尽早补开说明会。

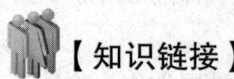
【知识链接】

《旅行社行前说明服务规范》（LB/T 040—2015）相关条款

3.2 行前说明服务 pre-tour explication service

旅行社与旅游者签订包价旅游合同、约定的旅游活动成行前，就约定的服务内容，向旅游者告知重要信息、有助于顺利完成旅游的活动，是旅行社提供的包价旅游产品中不可缺少的服务环节之一。

3.3 行前说明服务提供方 pre-tour explication service supplier

与旅游者签订包价旅游合同的旅行社，包括：招徕、组织、接待旅游者并提供全程旅游服务的旅行社；销售批发商的包价旅游产品且自行与旅游者签订包价旅游合同的旅游代理商、旅游零售商。

4 基本要求

4.1 主动服务

行前说明服务区别于售前服务中的产品说明服务、旅游行程中对旅游者的提示和告知活动，旅行社应主动为旅游者提供该项服务。

提供全程旅游服务的旅行社应主动为其代理商、零售商提供行前说明服务方面的有效支持。

4.2 注重实效

旅行社应根据经营状况、产品特征、旅游者群体差异等因素，选取方便旅游者参与、服务质量易于控制的行前说明服务形式。

4.3 资源保障

旅行社应为行前说明服务提供必要的资源保障，包括：

a）建立符合旅行社实际情况的行前说明服务管理制度，明确服务流程及服务标准；

b）设置专门岗位，对行前说明服务所要达到的目标负责；

c）对行前服务人员进行培训，确保其具有为旅游者提供相关服务的专业知识及技能；

d）为行前说明服务提供场地、设备、设施等方面的支持。

5 服务形式

5.1 一般服务形式

为保证行前说明服务的质量及效果，旅行社应优先采取以下服务形式：

a）出行前且非出发当天，旅行社、旅游者双方见面的行前说明服务形式。

b）出行前且非出发当天，不见面形式的行前说明服务：旅行社利用互联网等技术或服务手段，向旅游者送达行前说明内容的电子版本、音、视频资料并取得旅游者接收确认，且有专门渠道、专门人员解答旅游者疑问。

c）上述两种形式的结合。

5.2 应急措施、补救手段

当旅游者因故未能接受行前服务时，旅行社可采取以下服务形式作为应急措施或补救手段：

a）行程开始当天，在机场、车站、码头等公共区域临时举行；

b）前往旅游目的地的交通工具上临时举行；

c）在旅游过程中，通过播放音频、视频资料或由履行辅助人宣讲等进行。

6 服务内容

6.1 交付资料、物品

6.1.1 基本资料、物品

旅行社在行前说明服务环节向旅游者交付的资料、物品应符合 GB/T 31385、GB/T 31386 中的相关要求。（编者注：即《旅行社服务通则》和《旅行社出境旅游服务规范》）

6.1.2 与旅游安全、文明旅游相关的资料

对与旅游安全、文明旅游相关的重要事项，应当向旅游者交付书面文件等形式的资料。重要信息在资料中应以加大字号、醒目色标注等处理方式以引起旅游者重视。如：可能严重危及旅游者人身、财产安全的旅游风险提示、多发旅游风险的提示、安全避险措施等重要安全提示内容。

6.1.3 旅行社认为应当交付的其他内容

旅行社认为应当交付的其他内容取决于旅行社自身管理需求和产品特点。

6.2 告知内容

6.2.1 出发信息

旅行社应向旅游者重点解读旅游行程，特别注意说明双方在签订包价旅游合同时尚未明确的要素，包括：交通工具的营运编号（如飞机航班号等）、集合出发的时间地点、必要的履行辅助人信息、团队标志（如导游旗、旅游者标志物）等。

6.2.2 重要联络信息

旅行社应告知旅游者，并提醒其在旅游过程中全程携带的重要联络信息：

a）旅行社操作部门、销售部门相关工作人员、团队领队或全陪导游姓名及联络方式等信息。

b）地接社及其工作人员（如地陪导游）联络方式等信息。

c）为旅游者提供保险产品的保险公司联络信息。

d）遇到紧急情况时的应急联络方式。出境旅游产品还应向旅游者告知我国驻外使、领馆应急联络方式。

e）应该或能够在行程中为旅游者提供安全保障的其他机构或人员信息。

6.2.3 行前准备事项

告知旅游者国内、外运输管理相关法律、法规、行李托运须知、出入境物品管理相关法律、法规等对旅游者乘坐交通工具、托运行李、出、入国境有影响的事项，提示旅游者提前做好相应准备。

6.2.4 旅游目的地相关信息

提示旅游者旅游目的地（国家或地区）历史、地理、气候、人文风俗等信息及相关注意事项。

6.2.5 文明旅游提示

对旅游者进行的文明旅游提示应包括：

a）旅游者应当注意的旅游目的地相关法律、法规和风俗习惯、宗教禁忌等；

b）易因不了解而引起误会、冒犯、争端或遭受非议的其他事项；

c）除上述提示外，出境旅游团队还应提示国家出入境管理相关法律、法规，以及依照中国法律不宜参加的活动。

6.2.6 旅游者不适合参加旅游活动的情形

除一般旅行安全注意事项外，旅行社应根据产品行程设计内容，有针对性地提示行程中存在一定风险的旅游项目，再次询问旅游者健康状况，提示旅游者不适合参加旅游活动的情形。

6.2.7 重大安全警示

旅行社应根据旅游目的地、行程安排的差异性，就以下事项对旅游者进行说明：

a）行程中旅游者可能接触到的、操作不当有可能造成旅游者人身伤害的相关设施、设备的正确使用方法；

b）必要的安全防范和应急措施；

c）行程中未向旅游者开放的经营、服务场所和设施、设备；

d）为保障安全，部分旅游者不适宜参加的活动。

6.2.8 突发事件应急处理预案

旅行社应：

a）告知旅游者，旅行社对突发事件的处理流程；

b）告知旅游者，有危及人身或财产安全的意外发生时，旅游者应联络的人员的顺序；

c）如旅游者为旅游活动投保了保险，应告知旅游者保障内容及出险时可采取的措施；

d）突发事件发生时，有利于旅游者保护自身安全的其他信息。

6.2.9 争议和投诉受理渠道

告知旅游者，当有争议发生时旅游者可通过何种渠道与方式维护自身利益，包括：

a）旅行社受理投诉的渠道及流程；

b）政府相关部门受理投诉的渠道及流程。

7 服务流程

7.1 告知并获得旅游者确认

旅行社应在合同签署时告知旅游者行前说明服务提供的方式、时间等信息，并申明服务的重要性，促使旅游者参与。

7.2 获取旅游者参与记录

行前说明服务过程中，旅行社应获取旅游者参与活动的签字证明或其他形式的到场记录。

7.3 宣讲及交付相关资料

交付资料、物品和宣讲告知内容见本标准的6.1，6.2。

对所有交付给旅游者的书面告知内容，旅行社宜向旅游者收取接收确认，以保证信息能有效传达。

7.4 答疑

就旅游者提出的与产品或服务有关的问题，旅行社服务人员予以解答。

采取非见面服务形式的，可由旅行社在团队出发前按约定方式对旅游者提出的疑问予以解答。

7.5 存档

旅行社应指派专人对行前说明服务过程中的重要资料、记录进行整理、存档。存档要求应符合《中华人民共和国旅游法》对旅游者资料保存的相关规定。

8. 服务改进

旅行社应按照GB/T 19001的要求，建立符合质量管理体系要求的服务监督和持续改进机制，从旅游者意见调查、旅游者投诉与建议信息中识别出与行前说明服务有关的信息，对服务流程、服务内容进行定期评审，使服务得到不断改进。（编者注：即《质量管理体系要求》）

当以下情况发生时，旅行社还应立即组织对行前说明服务流程、标准进行针对性评审，以确保服务的有效性：

a）国家相关法律、法规、行业管理规定颁布或发生变化时；

b）旅游目的地国家或地区局势发生重大变化时；

c）旅游经济形势发生重大变化时；

d）行业管理部门或其他政府机构有要求时；

e）旅行社经营组织结构和质量管理体系发生重大变化时；

f）行前说明服务质量引起投诉或造成旅游者人身、财产损失等情况发生时。

【技能拓展】

昆明××国际旅行社旅游团队行程前说明会签到签收单（样单）

团号		旅游路线	
说明会时间		说明会地点	
主持人		主讲人	
特别告知	①本次行程前说明会向参加本团队的旅游者发放《出团通知书》《旅游最终行程表》《出境旅游注意事项》 ②参加本团队的旅游者有权在收到上述资料后，向会议提出问题或异议，主持人或主讲人应当予以解答 ③代本团队旅游者参加本次说明会和代为领取上述资料的旅游者，对自身的代理权真实性和合法有效性负责，并代理未参加本次说明会的旅游者在会上行使上述权利和承担负责转告未能参加本次会议旅游者的责任		
签到签收人声明	在本次说明会上已收到上述资料且明确资料全部内容，并明白上述特别告知的权利义务		
出席会议签到签收人			
序号	姓名	签到签收	序号	姓名	签到签收

【思考与练习】

1. 召开行前说明会对领队带团出境旅游具有哪些现实意义？

2. 如果旅行社未能按期召开行前说明会，领队在国际机场等公共区域临时举行说明会需要特别强调的内容有哪些？

项目三

出境时的工作

近年来,随着人民生活水平的提高和出境旅游的不断开放,中国公民出境旅游人数逐年增长。中国旅游研究院官方微信公众号发布的《中国出境旅游发展报告(2023—2024)》(以下简称《报告》)显示,2023年出境旅游人数超过8700万人次,随着我国旅游市场动能和居民出境旅游意愿的增强,亚太地区的国际旅游复苏节奏有望明显加快,预计2024年出境旅游人数为1.30亿人次。

自2012年起,中国就一直保持世界最大出境旅游市场的地位。特别是近年来中国公民在境外的人均消费水平排名全球第一,是全球规模最大、最有消费吸引力的重要客源市场,对世界国际旅游市场的发展做出了贡献。领队是出境旅游的领导者和代言人,在整个出境旅游中发挥着举足轻重的作用。一次完美的异域旅行,对于领队的考验是全面的,领队要以高度的责任心、熟练的业务技能、独立的工作能力带领旅游者在他国旅行,顺利完成既定计划,顺利地将旅游团带回。

出境时的工作包括中国出境和他国离境。中国出境,需要经过中国海关检查、卫生检疫检查、边防出入境检查、登机安全检查等关口。他国离境的工作与中国出境工作有相同之处,但也有不同,他国离境的流程包括乘机手续、购买机场税、边防检查、海关检查、购物退税等。在这其中,领队需要对所有流程十分熟练,这样才能快速有序地指引旅游团旅游者通过。

【学习目标】

- 掌握海关相关规定;
- 学会办理中国出境相关手续;
- 学会办理他国离境相关手续。

任务一　团队的集合

领队在带领旅游团离开国境时，首先应该集合好旅游团。如何有序快速地集合好旅游团是领队海外工作成功的前提，也是领队展现职业能力的有效渠道之一。

任务描述

领队小王带领一行24人的旅游团赴澳大利亚旅游，在做好了出团前的相关准备工作后，小王即将前往机场与旅游者会合。如果你是领队小王，在到达机场后，首先应该完成什么工作？

任务分析

旅游团的集合工作是领队出境工作的第一步，也是领队工作真正开始的标志，此项工作直接影响到后期工作的顺利开展。领队在集合旅游团时需要严格按照工作流程，并时刻准备好处理突发状况，在旅游者面前展现出良好的职业素养。

完成任务

（1）学生根据任务给出的情景，整理出领队在旅游团集合中的工作要点。
（2）根据整理出的知识点，学生分组进行旅游团集合的情景模拟训练。
（3）教师根据各组训练情况进行点评，并对知识点进行归纳。

方法与步骤

（1）提前到达。按照出团通知书载明的集合时间及地点，至少提前15分钟到达，并在合适位置展示组团社的团队标识，等待并召集旅游者。在等待期间，随时保持手机通畅以便接听旅游者电话。集合地点和集合时间应该在行前说明会上反复强调，地点应选择方便认找的明显位置，应留有较充裕的时间。

（2）旅游者签到。旅游者与领队会合后，领队应及时对照团队名单，逐一核对旅游者信息后为已到达的旅游者签到，以方便后期对照旅游者实到情况。签到后嘱咐旅游者原地休息，不要走远。

在临近集合时间时，导游需再次点名确认旅游者到达情况，如还有旅游者未到，领队需要主动打电话询问情况并确认旅游者所在位置。

（3）临行简要说明。在旅游团确认到达后，领队需再次做一个简短的欢迎词，之后对即将要办理的手续向旅游者做简单介绍，其中包括告知旅游者办理登机手续、海关手续以及边防手续等的步骤和注意事项。其间，对旅游者不清楚的地方做逐一简要解答，确保全体旅游者了解出境步骤并能配合领队工作。

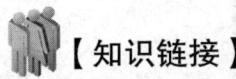
【知识链接】

出入境有效证件相关知识

1. 护照

护照是一个国家的公民出入本国国境和到国外旅行或居留时，由本国发给的一种证明该公民国籍和身份的合法证件。护照一词在英文中是口岸通行证的意思。也就是说，护照是公民旅行通过各国国际口岸的一种通行证明。

各国颁发的护照种类不尽相同。中国的护照分为外交护照、公务护照和普通护照，普通护照又分为因公普通护照和因私普通护照。

外交护照（见图3-1）主要发给副部长、副省长等以上的中国政府官员，党、政、军等重要代表团正、副团长以及外交官员、领事官员及其随行配偶、未成年子女、外交信使等。

公务护照（见图3-2）主要发给中国各级政府部门的工作人员、中国驻外国的外交代表机关、领事机关和驻联合国组织系统及其有关专门机构的工作人员及其随行配偶、未成年子女等。

图3-1　外交护照　　　　图3-2　公务护照

因公普通护照（见图3-3）主要发给中国国有企业、事业单位出国从事经济、贸易、文化、体育、卫生、科学技术交流等公务活动的人员、公派留学、进修人员、访问学者及公派出国从事劳务的人员等。

因私普通护照（见图3-4）发给定居、探亲、访友、继承遗产、自费留学、就业、旅游和其他因私人事务出国和定居国外的中国公民。

图3-3 因公普通护照

图3-4 因私普通护照

护照有一定的有效期限，过期即为无效护照，丧失法律证明效力。中国因私普通护照有效期为10年。

2.签证

签证，是一个国家的主权机关在本国或外国公民所持的护照或其他旅行证件上的签注、盖印，以表示允许其出入本国国境或者经过国境的手续，也可以说是颁发给他们的一项签注式的证明。概括地说，签证是一个国家的出入境管理机构（如移民局或其驻外使领馆），对外国公民表示批准入境所签发的一种文件。签证一般都签注在护照上，也有的签注在代替护照的其他旅行证件上，有的还颁发另纸签证。如美国和加拿大的移民签证是一张A4大的纸张，新加坡对外国人也发一种另纸签证，签证一般来说须与护照同时使用，方有效力。韩国签证样本如图3-5所示，中国签证样本如图3-6所示。

我国签证分为外交签证、礼遇签证、公务签证、普通签证。

对因外交、公务事由入境的外国人，签发外交、公务签证；对因身份特殊需要给予礼遇的外国人，签发礼遇签证。外交签证、礼遇签证、公务签证的签发范围和签发办法由外交部规定。

对因工作、学习、探亲、旅游、商务活动、人才引进等非外交、公务事由入境的外国人，签发相应类别的普通签证。普通签证的类别和签发办法由国务院规定。

普通签证分为以下类别，并在签证上标明相应的汉语拼音字母：

C字签证，发给执行乘务、航空、航运任务的国际列车乘务员、国际航空器机组人员、国际航行船舶的船员及船员随行家属和从事国际道路运输的汽车驾驶员。

D字签证，发给入境永久居留的人员。

F字签证，发给入境从事交流、访问、考察等活动的人员。

G字签证，发给经中国过境的人员。

J1字签证，发给外国常驻中国新闻机构的外国常驻记者；J2字签证，发给入境进行短期采访报道的外国记者。

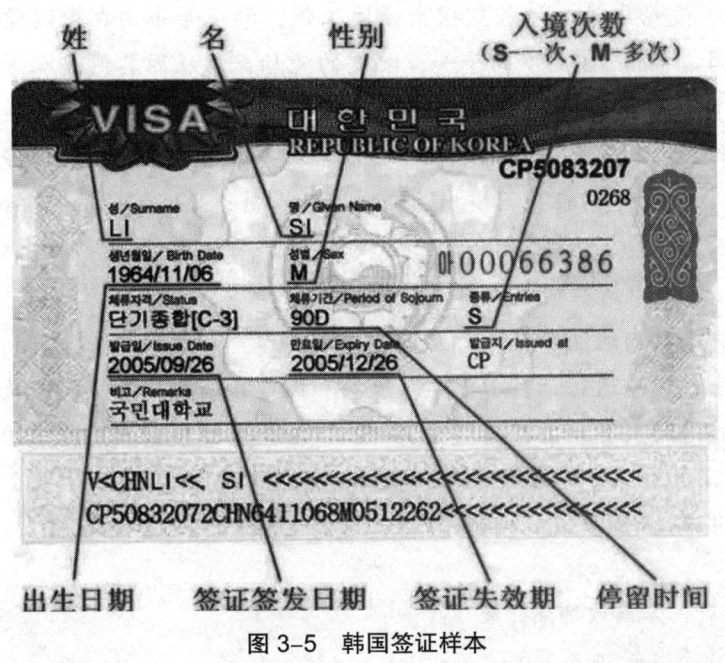

图 3-5 韩国签证样本

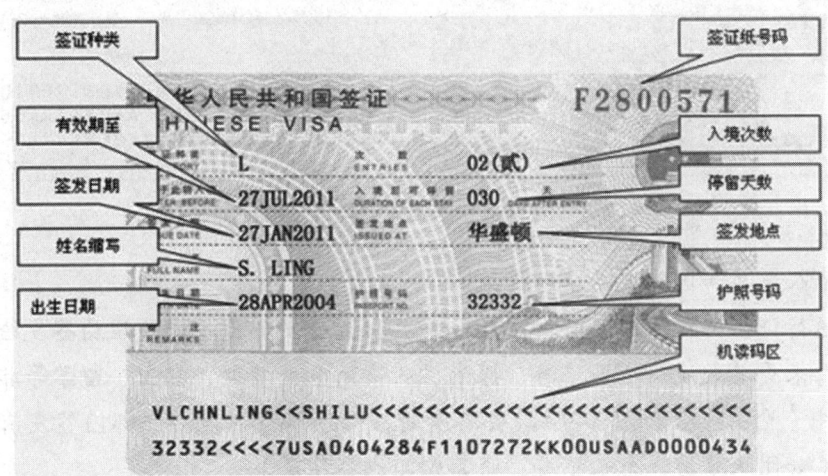

图 3-6 中国签证样本

L 字签证，发给入境旅游的人员；以团体形式入境旅游的，可以签发团体 L 字签证。

M 字签证，发给入境进行商业贸易活动的人员。

Q1 字签证，发给因家庭团聚申请入境居留的中国公民的家庭成员和具有中国永久居留资格的外国人的家庭成员，以及因寄养等原因申请入境居留的人员；Q2 字签证，发给申请入境短期探亲的居住在中国境内的中国公民的亲属和具有中国永久居留资格的外国人的亲属。

R 字签证，发给国家需要的外国高层次人才和急需紧缺专门人才。

S1 字签证，发给申请入境长期探亲的因工作、学习等事由在中国境内居留的外国人的配偶、父母、未满18周岁的子女、配偶的父母，以及因其他私人事务需要在中国境内居留的人员；S2 字签证，发给申请入境短期探亲的因工作、学习等事由在中国境内停留居留的外国人的家庭成员，以及因其他私人事务需要在中国境内停留的人员。

X1 字签证，发给申请在中国境内长期学习的人员；X2 字签证，发给申请在中国境内短期学习的人员。

Z 字签证，发给申请在中国境内工作的人员。

3. 港澳居民来往内地通行证

港澳居民来往内地通行证，由中华人民共和国广东省公安厅签发，是具有中华人民共和国国籍的香港特别行政区及澳门特别行政区居民来往中国内地所用的证件。证件于1999年1月5日启用，早称港澳同胞回乡证，新版证件于2013年1月2日起开始启用（见图3-7）。年满18周岁有效期为10年，未满18周岁有效期为3年。

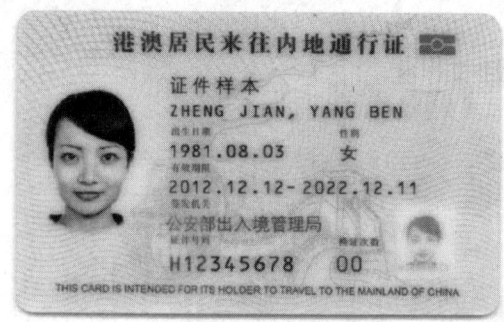
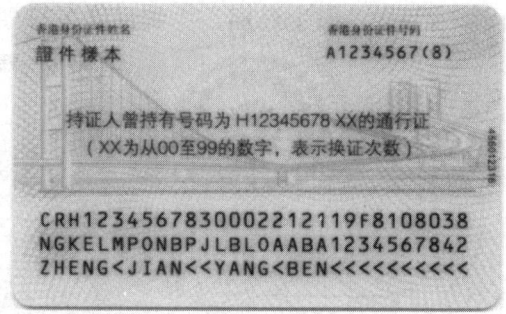

图3-7　新版港澳居民来往内地通行证样本

4. 中华人民共和国往来港澳通行证

港澳通行证俗称双程证，是由中华人民共和国公安部出入境管理局签发给中国内地居民因私往来香港或澳门地区旅游、探亲、从事商务、培训、就业、留学等非公务活动的旅行证件（见图3-8和图3-9）。去港澳前，必须取得内地公安部门签发有关来港澳目的签注（如团队旅游、个人旅游、商务或其他签注等）。

图3-8　中华人民共和国往来港澳通行证正面样本

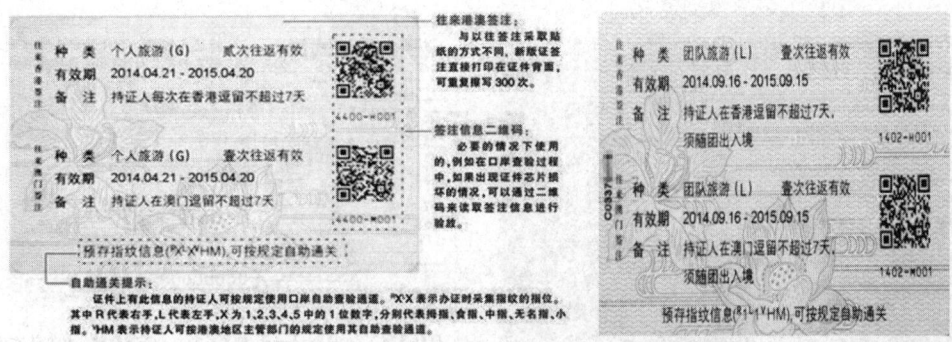

图3-9 中华人民共和国往来港澳通行证背面样本

持中国公民有效护照经香港前往其他国家或地区的过境旅客如能符合一般的入境规定，包括持有前往目的地的有效入境证件及供海外旅游并已经确认的续程车/船/机票，可在每次入境时获准在港逗留7天而无须事先领有进入认可。

内地居民因私往来香港或澳门特别行政区旅游、探亲、从事商务、培训、就业等非公务活动，向户口所在地的市、县公安出入境管理部门提出申请。凭公安出入境管理部门签发的往来港澳通行证及有效签注前往。

2014年9月15日，全面启用电子往来港澳通行证规定，成年人电子往来港澳通行证有效期延长为10年，对未满16周岁的仍签发5年有效通行证。内地居民往来港澳签注分为6个种类，即个人旅游（G）、探亲（T）、商务（S）、团队旅游（L）、其他（Q）、逗留（D）根据申请事由分类签发。其中香港G签和L签的有效期都为：3个月1次、3个月2次、1年1次、1年2次四种有效签注。澳门签注只有3个月1次、1年1次申请。签注规定每次在香港或者澳门逗留不超过7天，一进一出算一次。

5. 台湾居民来往大陆通行证

台湾居民来往大陆通行证，简称"台胞证"，是中华人民共和国政府发给台湾人民来往大陆地区观光、商务、探视的身份证明书，每次入境所需的类似一般护照上之签证的入境许可，在台胞证上称为"签注"。

旧版本式台胞证的颜色为土黄绿色的封皮，印有台湾居民来往大陆通行证烫金字样以及烫金的徽章图样。内页盖上附有"中华人民共和国公安部出入境管理局"字样及中华人民共和国国徽图样的红色印章（见图3-10）。2015年7月1日，公安部公告自当月6日起在福建省试点发行卡式2015版台湾居民来往大陆通行证。2015年9月15日，公安部宣布决定启用2015版台湾居民来往大陆通行证（简称电子台胞证、台胞卡），县级以上公安机关出入境管理部门自9月21日起开始受理电子台胞证的申请，同时停止签发现行本式台胞证（见图3-11）。

 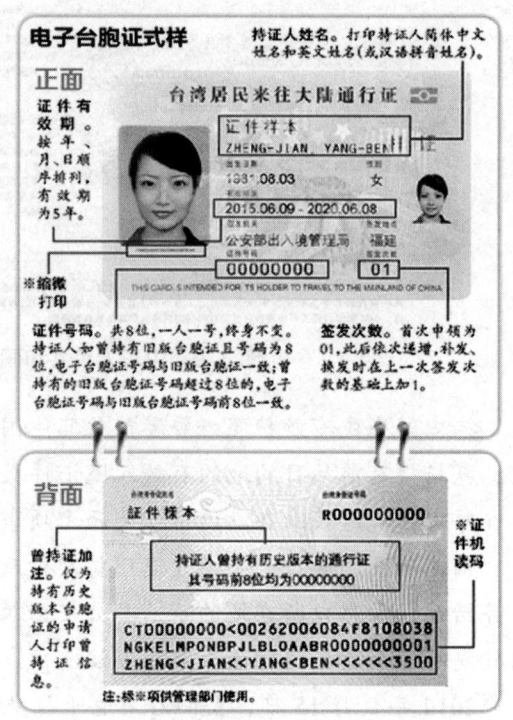

图 3-10　本式台胞证样本　　图 3-11　电子台胞证样本

6. 大陆居民往来台湾通行证

大陆居民往来台湾通行证，俗称陆胞证或大陆证，为中华人民共和国公安部发给大陆地区居民前往中国台湾地区的旅行通行证件。通行证后附签注，签注种类有 D 签注：定居，J 签注：居留，T 签注：探亲，L 签注：旅游（团队），Q 签注：访友、接受和处理财产、处理婚丧事宜、诉讼等私人事务，Y 签注：持国务院台湾事务办公室同意赴中国台湾地区批件赴台进行经济、文化、科技、体育、学术、合作研究等交流活动或者参加会议、进行两岸事务性商谈、采访，F 签注：持国务院台湾事务办公室经济局"关于应邀往来台湾立项批复"赴台进行经贸、交流活动，C 签注：执行两岸直航航运任务的人员，G 签注：个人旅游。从 2015 年 7 月 1 日起《大陆居民往来台湾通行证》的有效期为 10 年。带有 G 签注的大陆居民往来台湾通行证样本，如图 3-12 所示。

2016 年 12 月 20 日，中华人民共和国公安部发布公告，决定启用电子往来台湾通行证。电子台胞证为卡式证件，正面打印持证人照片及姓名、出生日期、性别等个人资料，以及有效期限、签发机关、签发地点、证件号码、签发次数等签发管理信息，背面打印持证人台湾身份证姓名、身份证号码、曾持证加注和机读码等，内嵌电子芯片存储持证人个人资料及证件签发管理等信息（见图 3-13）。电子台胞证取消了签注区，同时对登记项目和可视信息进行了精简和优化，此外还采用数字安全防伪技术等多种安全防伪措施，防伪性能明显提升。

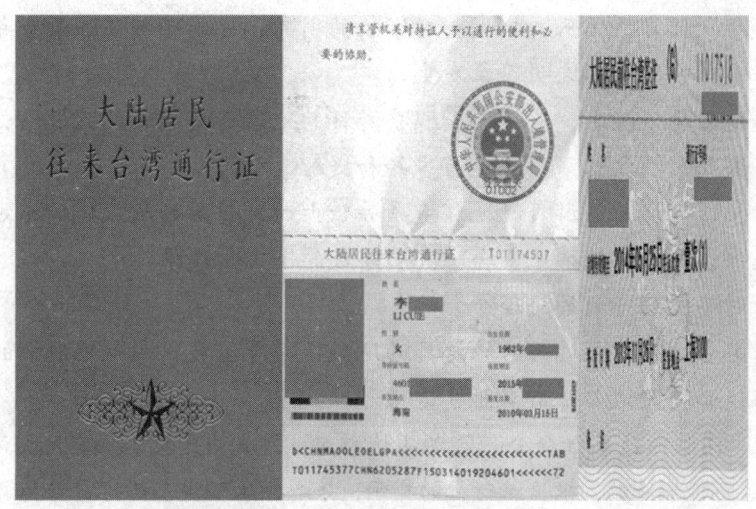

图 3-12 带有 G 签注的大陆居民往来台湾通行证签注样本

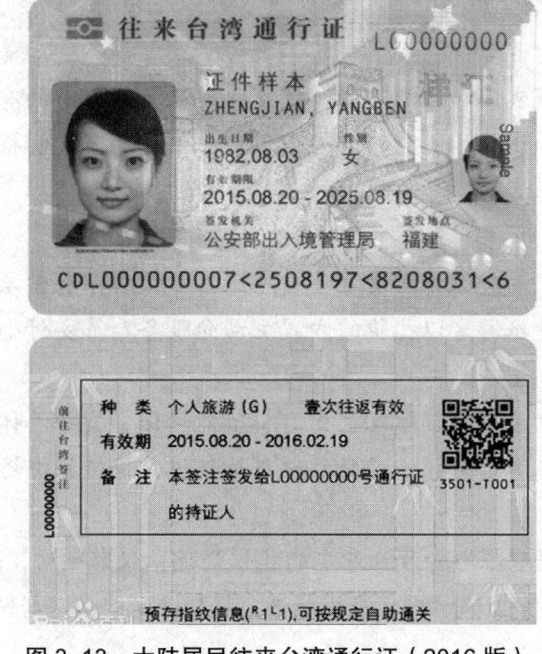

图 3-13 大陆居民往来台湾通行证（2016 版）

《导游领队引导文明旅游规范》相关条款

4.1.6 分类引导

4.1.6.1 针对不同旅游者的引导

a. 在带团工作前，导游领队人员应熟悉团队成员、旅游产品、旅游目的地的基本情况，为恰当引导旅游者做好准备。

b. 对未成年人较多的团队，应侧重对家长的引导，并需特别关注未成年人特点，避免损坏公物、喧哗吵闹等不文明现象发生。

c. 对无出境记录旅游者，应特别提醒旅游目的地风俗禁忌和礼仪习惯，以及出入海关、边防（移民局）的注意事项，提前告知和提醒。

d. 旅游者生活环境与旅游目的地环境差异较大时，导游领队应提醒旅游者注意相关习惯、理念差异，避免言谈举止不合时宜而导致的不文明现象。

4.1.6.2 针对不文明行为的处理

a. 对于旅游者因无心之过而与旅游目的地风俗禁忌、礼仪规范不协调的行为，应及时提醒和劝阻，必要时协助旅游者赔礼道歉。

b. 对于从事违法或违反社会公德活动的旅游者，或从事严重影响其他旅游者权益的活动，不听劝阻、不能制止的，根据旅行社的指示，导游领队可代表旅行社与其解除旅游合同。

c. 对于从事违法活动的旅游者，不听劝阻、无法制止，后果严重的，导游领队人员应主动向相关执法、管理机关报告，寻求帮助，依法处理。

4.2 引导的主要内容

4.2.1 法律法规

导游领队人员应将我国和旅游目的地国家和地区文明旅游的有关法律规范和相关要求向旅游者进行提示和说明，避免旅游者出现触犯法律的不文明行为。引导旅游者爱护公物、文物，遵守交通规则，尊重他人权益。

4.2.2 风俗禁忌

导游领队人员应主动提醒旅游者尊重当地风俗习惯、宗教禁忌。在有支付小费习惯的国家和地区，应引导旅游者以礼貌的方式主动向服务人员支付小费。

4.2.3 绿色环保

导游领队人员应向旅游者倡导绿色出游、节能环保，宜将具体环保常识和方法向旅游者进行说明。引导旅游者爱护旅游目的地自然环境，保持旅游场所的环境卫生。

4.2.4 礼仪规范

导游领队人员应提醒旅游者注意基本的礼仪规范：仪容整洁，遵序守时，言行得体。提醒旅游者不在公共场合大声喧哗、违规抽烟，提醒旅游者依序排队、不拥挤争抢。

4.2.5 诚信善意

导游领队人员应引导旅游者在旅游过程中保持良好心态，尊重他人、遵守规则、恪守契约、包容礼让，展现良好形象。通过旅游提升文明素养。

5 具体规范

5.1 出行前

5.1.1 导游领队应在出行前将旅游文明需要注意的事项以适当方式告知旅游者。

5.1.2 导游领队参加行前说明会的，宜在行前说明会上，向旅游者讲解《中国公民国内旅游文明行为公约》或《中国公民出境旅游文明行为指南》，提示基本的文明旅游规范，并将旅游目的地的法律法规、宗教信仰、风俗禁忌、礼仪规范等内容系统、详细告知旅游者，使旅游者在出行前具备相应知识，为文明旅游做好准备。

5.1.3 不便于召集行前说明会或导游领队不参加行前说明会的，导游领队宜向旅游者发送电子邮件、传真或通过电话沟通等方式，将文明旅游的相关注意事项和规范要求进行说明和告知。

5.1.4 在旅游出发地机场、车站等集合地点，导游领队应将文明旅游事项向旅游者进行重申。

5.1.5 如旅游产品具有特殊安排，如乘坐的廉价航班上不提供餐饮、入住酒店不提供一次性洗漱用品的，导游领队应向旅游者事先告知和提醒。

5.2 登机（车、船）与出入口岸

5.2.1 导游领队应提醒旅游者提前办理检票、安检、托运行李等手续，不携带违禁物品。

5.2.2 导游领队应组织旅游者依序候机（车、船），并优先安排老人、未成年人、孕妇、残障人士。

5.2.3 导游领队应提醒旅游者不抢座、不占位，主动将上下交通工具方便的座位让给老人、孕妇、残障人士和带婴幼儿的旅游者。

5.2.4 导游领队应引导旅游者主动配合机场、车站、港口以及安检、边防（移民局）、海关的检查和指挥。与相关工作人员友好沟通，避免产生冲突，携带需要申报的物品，应主动申报。

5.3 乘坐公共交通工具

5.3.1 导游领队宜利用乘坐交通工具的时间，将文明旅游的规范要求向旅游者进行说明和提醒。

5.3.2 导游领队应提醒旅游者遵守和配合乘务人员指示，保障交通工具安全有序运行：如乘机时应按照要求使用移动电话等电子设备。

5.3.3 导游领队应提醒旅游者乘坐交通工具的安全规范和基本礼仪，遵守秩序，尊重他人：如乘机（车、船）时不长时间占用通道或卫生间，不强行更换座位，不强行开启安全舱门。避免不文雅的举止，不要无限制索要免费餐饮等。

5.3.4 导游领队应提醒旅游者保持交通工具内的环境卫生，不乱扔乱放废弃物。

【技能拓展】

学生分组、分角色完成在机场集合不同团型（如高龄旅游者、商务旅游团）的任务，从中总结不同接待对象在旅游团集合工作中的要点。

【思考与练习】

1. 领队在机场集合旅游团时，如果有旅游者迟到，领队应该如何处理？
2. 领队在机场集合旅游团时，如果有旅游者临时取消旅行，领队该如何处理？

任务二　中国出境工作

出境手续是一项比较复杂的工作，这是对领队工作能力的检验。领队在出境手续的办理过程中需要经过海关检查、卫生检疫检查、边防检查、登机安全检查等关口，此外，还要办理登机手续、行李托运等手续。领队要对所有的手续都十分熟悉才能确保出境团队能够顺利出境。

任务描述

领队小王在机场顺利地集合好了旅游团，这时，在这一行24人的去往澳大利亚的旅游者中，有一些旅游者紧张地和小王说："我们是第一次出国，要办些什么手续才能顺利到达目的地？""海关是要怎么检查啊？"……面对这样一些旅游者，接下来，小王应该怎样带领旅游者出境。

任务分析

领队在出境手续的办理过程中需要经过海关检查、卫生检疫检查、边防检查、登机安全检查等关口，此外，还要办理登机手续、行李托运等手续。领队要对所有的手续都十分熟悉才能确保出境旅游团能顺利出境。

完成任务

（1）学生根据任务给出的情景，整理出领队在中国出境中的工作要点。
（2）依据整理出的知识点，学生分组进行中国出境工作流程的情景模拟训练。
（3）教师根据各组训练情况进行点评，并对知识点进行归纳。

方法与步骤

1. 海关手续的办理

根据《中华人民共和国海关法》和《中华人民共和国海关对进出境旅客行李物品监管办法》的规定，出入境旅客行李物品必须通过设有海关的地点出入境，并接受海关监管。

海关检查一般询问是否有需要申报的物品，或填写旅客携带物品入出境申报单，必要时海关有权开箱检查所携带物品。各国对入出境物品的管理各有不同的规定。一般来说，烟、酒等物品按照限额放行。文物、武器、毒品、动植物等为违禁品，非经特许不得入出国境。对于海关加封的行李物品，不要擅自开拆或者损毁海关施加的封志。

领队在带领旅游者经过中国海关时，需要做好的工作有：①提前告知旅游者中国海关禁止、限制出境的物品；②告知红色通道和绿色通道的选择。海关通道分为红色通道和绿色通道。领队带领携带有向海关申报物品的旅游者从红色通道到海关柜台办理手续；无须向海关申报物品的旅游者从绿色通道通过海关柜台等候。对于需要申报的旅游者，领队可先向海关柜台索取《中华人民共和国海关进出境旅客行李物品申报单》（见图3-14）发给旅游者，并协助旅游者填写。填写完成后，领队组织旅游者携带申报单、护照到海关柜台，经海关人员检验后，盖章准予放行。领队须提醒旅游者保管好申报单，以便回国入境时海关查验。

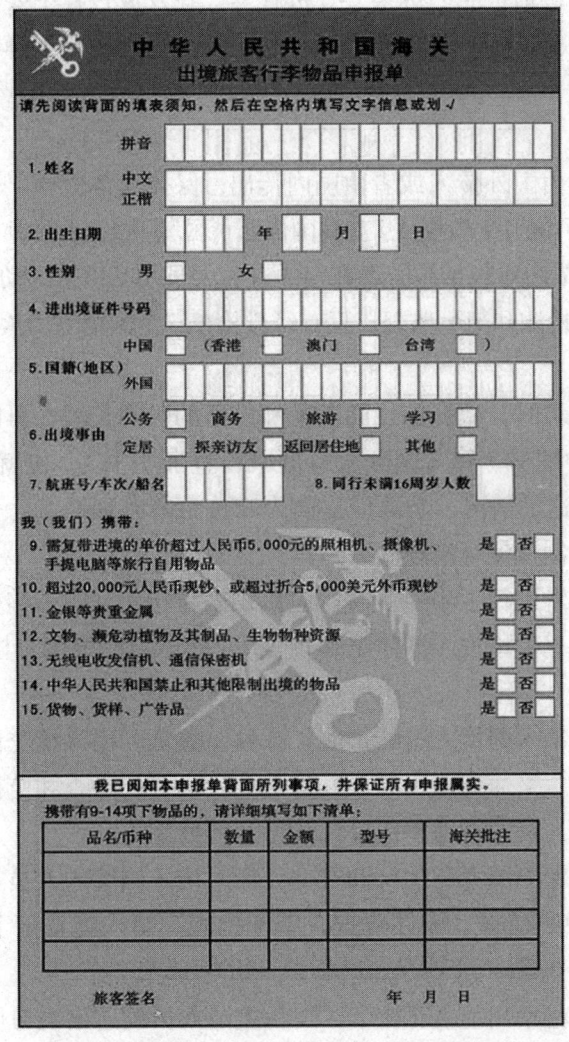

图3-14 中华人民共和国海关出境旅客行李物品申报单样表

2. 登机手续的办理

（1）告知旅游者航空公司的相关规定。领队应熟知航空公司对乘机旅客行李的相关规定，并告知旅游者在办理乘机手续前，对一些可能出现的问题再次提醒旅游者。如贵重物品要随身携带，不能放在托运行李中，小刀、打火机等不能随身携带等。

（2）行李托运、换登机牌。领队首先收集好旅游者的护照、机票，到所对应的航空公司值机柜台前，交验全部护照、机票，办理登记手续，换取登机牌（目前，大部分航空公司都已经使用电子机票，在换取登机牌时领队就不需要出示机票）。同时，领队需组织旅游者将要托运的行李在柜台前顺序摆放，以便办理行李托运手续。在行李托运过程中，领队需要仔细核对行李牌与实际行李的数量是否一致。在办理完登机手续后，领队应该在柜台前仔细核对工作人员交还的护照、机票、登机牌、行李牌等物品是否齐全完整。

（3）发放边检所需证照。在办理完登机手续后，领队应该把旅游者通过边检所需的证照发还给旅游者，包括护照、机票、登机牌等。在发放过程中要注意提醒旅游者妥善保管自己的证件，并要求旅游者当面清点。全团统一托运的行李牌不再发放，由领队统一保管。

3. 卫生检疫

为了防止传染病由国外传入或者由国内传出，保护人体健康，根据国际惯例及习惯法，各国都制定了《国境卫生检疫法》。我国依照《国境卫生检疫法》设立了国境卫生检疫机关，在入出境口岸依法对包括旅游者在内的有关人员及其携带的动植物和交通运输工具等进行传染病检疫、检测和卫生监督，只有经过检疫，由国境卫生检疫机关许可，才能入出境。

出境旅游团在出境时，根据前往的国家和停留的时间长短，可能会要求旅游者提前办理《国际预防接种证书》和《国际旅行健康检查证明书》，也就是俗称的"黄皮书"和"红皮书"。如遇这种情况，领队应提前告知旅游者办理地点，否则在到达该国时可能会被隔离、采取强制检疫等措施。

领队在组织旅游者进行卫生检疫时，应该积极将相关证明书移交查验，组织旅游者有序通过。如遇特殊卫生检疫（如体温筛查等），领队应积极配合检疫人员检疫。

4. 边防检查

边防检查是指对出入国境人员的护照、证件、签证、出入境登记卡、出入境人员携带的行李物品和财物、交通运输工具及其运载的货物等的检查和监护，以及对出入国境上下交通运输工具的人员的管理和违反规章行为的处理等。

边防检查是为了保卫国家的主权和安全，而对出入国境的人员等进行的检查。边防检查的内容包括：护照检查、证件检查、签证检查、出入境登记卡检查、行李物品检查、交通运输工具检查等。

（1）填写《边防检察出境登记卡》。因私出国人员到达出境口岸时，首先要填写一张《边防检查出境登记卡》（见图3-15）。《边防检查出境登记卡》中填写的内容都是中文，因此，领队只需简要指导旅游者按要求填写即可，如旅游者需要，此卡可由领队填写完毕后交由旅游者。

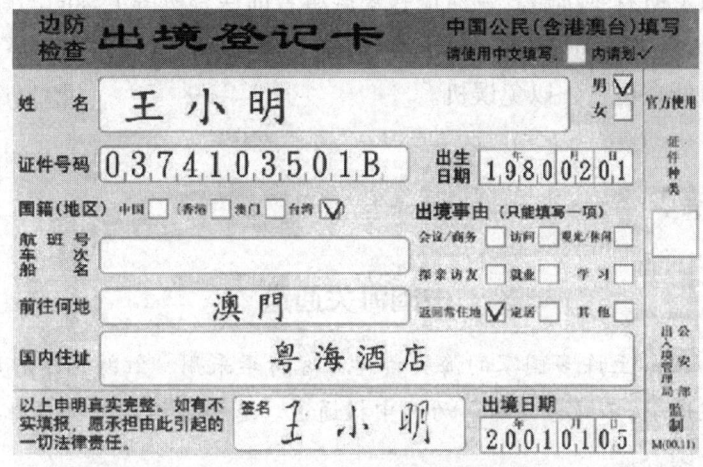

图 3-15　出境登记卡样本

（2）接受检查。领队组织带领旅游者排队依次接受边防出境检查，领队提醒旅游者并将自己的护照、身份证、签证、机票、登机牌以及填写无误的《边防检查出境登记卡》等一并交给边防检查人员，由边防检查人员进行逐项检查。边防检查人员对持照人的证件进行核查（包括护照是否真实有效，签证是否真实有效，护照和身份证内容是否一致等）后在护照上加盖验讫章（该章内包括出境口岸的名称、编号、"出境边防检查"字样和年月日等），并将出境登记卡留存于边防检查站。上述手续完毕后，将护照、签证、机票、登机牌等当面交给持照人。

如果旅游团是团体签证或到免签国家，领队应主动出示《中国公民出国旅游团队名单表》及领队证、团体签证。所有旅游者应由领队事先按照名单顺序排队逐一通过边防检查。

5. 登机前的安全检查

对于出国旅行的公民来说，安全检查是口岸几项检查中的最后一项检查。也就是说，是在经过海关和边防检查之后进行的。旅游者通过安全检查后，即可直接登机启程了。

中国主要国际通行口岸，主要使用电视监视机和探测门对登机的旅客实施安全检查。旅客人身和行李物品，实行分离式检验。领队在带领旅游团通过安检时，要提醒旅游者有序通过，并要求旅游者严格按照机场安检人员的要求积极配合安检。

在进入机场安检口时，把手提包一类随身携带的行李物品放在传送带上，如有异物可见，还要开包或开箱查检。旅客本人则要通过探测门进行查验，探测门也称安全门。在通过之前，需要将自己身上带有的钥匙、手机等金属制品一一掏出来，交给检查员放在一个托盘里，通过安全门后再归还。如果通过时，探测门发出报警铃声，则要求旅客自己再仔细掏一遍，直到全部取出金属类制品，铃声不响为止。如果仍然铃声不停，有的视情况还需要由检查员进行人身检查。否则，不予以放行。

6. 等待登机

在完成了以上所有手续后，领队应召集旅游者前往登机牌上标明的登机口处等待候机。如时间过早，领队可让旅游者自由活动，但需与旅游者约定好集合登机时间并向旅游者指明登机口所在位置，以免误机。

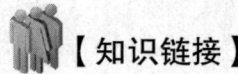【知识链接】

中国海关通道

我国海关和国际上许多国家的海关都对旅客行李采用"红绿通道"验收制度。"红色通道"为申报通道，"绿色通道"为无申报通道。进出境旅客根据自身携带物品情况，选择办理海关手续。

（1）红色通道。

红色通道也称"应税通道"。旅游团队抵达出境地点，首先需要办理海关手续，如有物品申报，要按规定填写"中华人民共和国海关出境旅客行李物品申报单"从红色通道过关，办理海关手续。申报单不得涂改，不得遗失。

具有以下情况之一的出境旅客应选择"红色通道"通关，填写申报单，并将申报单交由海关办理物品出境手续。

①携带需复带入境的照相机、便携式收录机、小型摄影机、手提式摄录机、手提式文字处理机等旅行自用物品；

②未将应复带出境物品原物带出，或携带入境的暂时免税物品未办结海关手续者；

③携带外币、金银及其制品，未取得有关出境许可证明或超出本次入境申报数额者；

④携带人民币现钞6000元以上者；

⑤携带文物者；

⑥携带货物、货样者；

⑦携带出境物品超出海关规定的限值、限量或其他限制规定范围的；

⑧携带中国检疫法规管制的动、植物及其产品，以及其他须办理特殊验收手续的物品者；

⑨不懂海关规定或不知如何选择通道的旅客。

（2）绿色通道。

绿色通道也称"免税通道"或"无申报通道"。旅客携带无须向海关申报物品和持有外交签证或礼遇签证的人员，可选择"绿色通道"通关，但需要向海关出示本人证件和按规定填写申报单据。

中华人民共和国禁止出境物品

（1）各种武器、仿真武器、弹药及爆炸物品。

（2）伪造的货币及伪造的有价证券。

（3）对中国政治、经济、文化、道德有害的印刷品、胶卷、照片、唱片、影片、录音带、录像带、激光视盘、计算机存储介质及其他物品。

（4）各种烈性毒药。

（5）鸦片、吗啡、海洛因、大麻以及其他能使人成瘾的麻醉品、精神药物。

（6）带有危险性病菌、害虫及其他有害生物的动物、植物及其产品。

（7）有碍人畜健康的、来自疫区的以及其他能传播疾病的食品、药品或其他物品。

（8）内容涉及国家秘密的手稿、印刷品、胶卷、照片、唱片、影片、录音带、录像带、激光视盘、计算机存储介质及其他物品。

（9）珍贵文物及其他禁止出境的文物。

（10）濒危的和珍贵的动物、植物（均含标本）及其种子和繁殖材料。

中华人民共和国限制出境物品

（1）金银等贵重金属及其制品。

（2）国家货币。

（3）外币及其有价证券。

（4）无线电收发信机、通信保密机。

（5）贵重中药材。

（6）一般文物。

（7）海关限制出境的其他物品。

（8）公民出境携带行李物品免税数量和限值在限量和限值的范围内，允许携带下列物品：

①食品、衣料、衣着和价值人民币50元以下的其他生活用品；

②酒2瓶，烟600支；

③治疗常备用药，总值不得超过人民币200元，单一品种限合理数量，麝香、蟾酥不准带出，对当归、枸杞、黄芪、肉桂、桂皮等5种药材，如超出规定的免税量时，要征收出口税，人参、鹿茸限各200克；

④手表、收音机、自行车、电风扇各1件；

⑤电视机、收录音机、照相机、电冰箱、洗衣机等各1件。

中国出境卫生检疫须知

（1）经批准出国一年以上的各类出国人员，出国前须到中国检验检疫机关所属的国际旅行卫生保健中心（简称保健中心）接受健康检查、预防接种，领取《国际旅行健康检查证明书》（简称健康证明书），出境时须向中国检验检疫机关出示，方能出境。中国出入境管理机关凭中国检验检疫机关签发的健康证明书办理出境手续。对未办好上述手续者，检验检疫机关视情况可以阻止其出境。

（2）在国外居住三个月以上的国内公民回国，入境后须到就近的保健中心接受健康检查，领取健康证明书，居住所在地公安机关予以协助，并凭健康证明书办理有关手续。

（3）出境人员为保障自己的身体健康和出行方便，最好到保健中心接受国际旅行卫生保健咨询（也可电话咨询），以了解我国和前往国（或地区）在体检和预防接种方面的相关要求，特别是前往国（或地区）的疾病流行状况和应采取的相关保健措施。对于法定体检和预防接种对象，必须办理并领取《国际旅行健康检查证明书》和（或）《国际预防接种证书》，方能出境。

（4）持有各国所发的体检表格的出国人员，可持体检表格在我中心接受健康检查。本中心将根据所持体检表格的要求增加体检项目，并签发各国体检表格。

《国际预防接种证书》

《国际预防接种证书》通称黄皮书（见图3-16），是世界卫生组织为了保障入出国（边）境人员的人身健康，防止危害严重的传染病，通过入出国（边）境的人员、交通工具、货物和行李等传染和扩散而要求提供的一项预防接种证明，其作用是通过卫生检疫措施而避免传染。

图3-16 国际预防接种证书

边防检查相关知识

（1）不准出境的人士：
①刑事案件的被告人和公安机关或者人民检察院或者人民法院认定的犯罪嫌疑人；
②人民法院通知有未了结民事案件不能离境的；
③被判处刑罚正在服刑的；
④正在被劳动改造的；
⑤国务院有关主管机关认为出境将对国家安全造成危害或者对国家利益造成重大损失的。

（2）下列人士，边防检查站有权阻止其出境：
①未持出境证件的；
②持有无效出境证件的；
③持用他人出境证件的；
④持用伪造或者涂改的出境证件的；
⑤拒绝接受边防检查的；
⑥未在限定口岸通行的；
⑦国务院公安部门、国家安全部门通知不准出境的；
⑧法律、行政法规规定不准出境的。

（3）下列人士，边防检查站有权限制其活动范围，进行调查或者移送有关机关处理：
①有持用他人出境证件嫌疑的；
②有持用伪造或者涂改的出境证件嫌疑的；
③国务院公安部门、国家安全部门和省、自治区、直辖市公安机关、国家安全机关通知有犯罪嫌疑的；
④有危害国家安全、利益和社会秩序嫌疑的。

（4）出境交通运输工具有下列情形之一的，边防检查站有权推迟或者阻止其出境：
①离口岸时，未经边防检查站同意，擅自出境的；
②拒绝接受边防检查、监护的；
③被认为载有危害国家安全、利益和社会秩序的人员或者物品的；
④被认为载有非法出境人员的；
⑤拒不执行边防检查站依法做出的处罚或者处理决定的；
⑥未经批准擅自改变出境口岸的。
边防检查站在前款所列情形消失后，对有关交通运输工具应当立即放行。

常见航空公司国际行李托运免费数额

航空公司	免费托运数量（国际航线）
中国国际航空	日本航空经济舱 托运：2件，23千克/件 手提5千克 其他国际航线 托运：1件，23千克 手提5千克
中国东方航空	托运2件，23千克/件
中国南方航空	涉美国航线 托运1件，45千克 其他航线 托运1件，32千克
中国海南航空	航线不同，托运件数不同 一般：托运23千克/件
美国联合航空	托运23千克
德国汉莎航空	托运1件，23千克 手提1件，8千克
日本航空	托运2件，23千克/件 手提1件，10千克
英国航空	托运2件，23千克/件
阿联酋航空	托运2件，23千克/件 手提1件，7千克

中国民航关于乘坐飞机携带物品须知

（1）不能携带且托运的物品。

枪支、军用或警用械具类（含主要零部件），包括仿制品；爆炸物品类，包括仿制品，管制刀具；易燃、易爆物品、包括仿制品；毒害品，包括氰化物、剧毒农药等剧毒物品；腐蚀性物品，包括硫酸、盐酸、硝酸、有液蓄电池、氢氧化钠、氢氧化钾等；放射性物品，放射性同位素等放射性物品；其他危害飞行安全的物品，如可能干扰飞机上各种仪表正常工作的强磁化物、有强烈刺激性气味的物品等；国家法律法规规定的其他禁止携带，运输的物品。

（2）禁止携带但可托运的物品。

危害航空安全的物品都是禁止携带的，但可托运的物品有：菜刀、大剪刀、大水果刀、剃刀等生活用刀，手术刀、屠宰刀、雕刻刀等专业刀具，文艺单位表演用的刀、矛、剑、戟等，以及斧、凿、锤、锥、加重或有尖钉的手杖、铁头登山杖和其他可用来危害航空安全的锐器、钝器等。

(3) 可随身携带但有限制的物品。

大多数化妆品都属于液体、凝胶状物体，随身携带是有限制的，即使是托运也需要特定的包装。随身携带时须将物品放置在容量不超过100ml的器皿内，瓶子最大只能有100ml，就算125ml的容器只装了100ml东西在里面，也是不允许的；再将器皿放在透明的可重复密封的塑料袋内。袋口封妥，每人只限一袋，塑料袋与其他手提行李分开，供安检人员检查。化妆瓶不要带太多，液体物品累计不得超过1000毫升（或1千克），否则必须托运。

(4) 其他规定。

中国民航总局规定：禁止旅游者携带打火机、火柴乘坐民航飞机，不论是手提行李还是托运行李都禁止携带打火机、火柴，旅游者不能携带未关闭的手机、电脑等物品及强磁物品乘坐飞机。充电宝禁止托运，每名旅客随身携带的充电宝数量不能超过两个，充电宝额定能量不超过100Wh（瓦特小时）的无须航空公司批准就可带上飞机；超过100Wh但不超过160Wh的，经航空公司批准后方可携带；未标明相关技术参数的一律禁止携带。

安全检查相关知识

安全检查是世界各国普遍采用的一种查验制度，凡是登机旅客都必须经过检查后，方能允许进入飞机。这种检查与海关和边防检查不同，不存在任何免检对象，无论是什么人，包括外交人员、政府部长和首脑，无一例外，一律要经过检查。主要是检查旅客是否携带枪支、弹药、凶器、易爆易燃物品、剧毒品，以及其他威胁飞机安全的危险物品。对身份及随身携带行李检查方式有以下五种：

(1) 搜身。

检查员从上、下、前、后用手摸搜旅客，但不搜衣袋。一般男检查员搜男性旅客，女检查员搜女性旅客。

(2) 用磁性探测器近身检查。

检查员手持一种探测器，贴近旅客身体搜索全身上下前后。仪器遇到手表、衣袋内的钥匙、小刀、纪念章等金属物后，即会发出特殊声音，旅客则需要从衣袋内取出全部金属物再进行检查，直到检察员消除怀疑为止。

(3) 过安全门。

一种门式检查装置旅客需从门框内一一通过。如果身上携带金属物，装置就会发出信号，检查员对有怀疑的人再做搜身检查。

(4) 物品检查。

打开全部物品进行检查。

(5) 用红外线透视仪器检查。

将全部手提行李放在输送带上送入检查。检查员通过监视荧光屏观察物品，对有怀疑的物品要打开箱检查。有些国家或地区要求旅客将物品送入红外线透视仪，检查前取出未曝光的胶卷。

<h2 style="text-align:center">中国公民出境旅游文明公约</h2>

随着出境游人数的不断增多，2013年5月28日，国家旅游局发布《中国公民出国（境）旅游文明行为指南》，以提升公民素质，提倡文明旅游。领队在出境前，应按要求积极宣讲。

《中国公民出国（境）旅游文明行为指南》

中国公民，出境旅游，注重礼仪，保持尊严。

讲究卫生，爱护环境；衣着得体，请勿喧哗。

尊老爱幼，助人为乐；女士优先，礼貌谦让。

出行办事，遵守时间；排队有序，不越黄线。

文明住宿，不损用品；安静用餐，请勿浪费。

健康娱乐，有益身心；赌博色情，坚决拒绝。

参观游览，遵守规定；习俗禁忌，切勿冒犯。

遇有疑难，咨询领馆；文明出行，一路平安。

【技能拓展】

（1）分组设计情景模拟填写《中华人民共和国海关出境旅客行李物品申报单》。

（2）分组设计情景模拟填写《边防检查出境登记卡》。

【思考与练习】

1. 中国公民在国外丢失护照应该怎么办？
2. 旅游团在机场办理出境手续时，如果有旅游者走丢了，作为领队应该怎么办？

任务三　他国离境工作

在旅游团完成了在他国所有旅游行程后，旅游团的工作就开始进入尾声。领队的带团工作也开始收尾，开始把工作重心放在组织旅游团回国的活动中来。从离开他国到入境中国，还有许多程序需要领队一步步进行，他国离境与中国出境在程序上有很多相似之处，但也不完全相同，领队需要掌握所有程序的流程，有条不紊地按顺序开展，才能保证出境旅游的团队顺利回国。

任务描述

领队小王所带领的澳大利亚一行24人旅游团的旅游车缓缓驶入机场停车场，在确认旅游者已带齐所有行李与随身物品后，领队小王组织旅游者向"国际出发"大厅走去，在即将乘机返回中国之前，领队小王还有哪些要做的工作？

任务分析

在搭乘飞机离开他国返回中国前，领队还需带领旅游者办理各种离境手续，大致包括办理乘机手续、购买机场税、办理购物退税，此外还需指引旅游者有序通过边防检查、海关检查等，领队要对所有的手续都十分熟悉才能确保旅游团顺利离境。

完成任务

（1）学生根据任务给出的情景，整理出领队在他国离境中的工作要点。
（2）依据整理出的知识点，学生分组进行他国离境工作流程的情景模拟训练。
（3）教师根据各组训练情况进行点评，并对知识点进行归纳。

四、方法和步骤

（1）提前到达机场。

旅游团在结束他国的所有旅游行程后，领队和导游需要共同商议一个合适的时间离开他国前往机场，按照许多国家国际机场的要求，离境客人至少需要提前2小时到达机场。在前往机场的途中，领队需要再次确认全团的护照和机票，当旅游者抵达机场后，领队和导游人员需当面与旅游者一同确认行李和随身物品是否带齐。在抵达机场后，领队需查看电子屏幕的出发航班信息，确认办理登机手续及托运行李的柜台号，再次召集旅游者告知旅客托运行李的有关注意事项，如贵重物品、护照、现金、信用卡、相机、金银珠宝首饰、手机、笔记本电脑等随身携带，切勿放入托运行李，并让客人自己携带行李。

（2）办理乘机手续。

乘机手续的办理主要包括行李托运和换取登机牌两个部分。办理时，领队需快速带领旅游者按照之前确认的所乘航班对应的航空公司值机柜台办理。在等待过程中，领队需组织好旅游者按顺序排队并清点行李数量。同时，需将全部机票、护照、签证等旅行证件交给柜台的服务员，经核对无误之后，接着是行李过磅，柜台旁边设置有台秤，除了手提行李以外，都要上秤。在行李托运完毕后，领队需认真核对行李牌上的数量与之前清点行李的数量是否一致。在习惯收取小费的国家，如有行李员帮助时，领队需准备好小费付给行李员。

办完登机手续，领队不要急于离开柜台，要当面将护照、签证、机票、登机牌、行李牌清点无误再行离开。

（3）分发证件、登机牌。

在办理完乘机手续之后，领队需要把旅游团再次集合开一个离境前的短会，大致的内容包括：①简要介绍办理离境手续的程序；②说明机票、登机牌上的信息，强调本次离境的航班号、登机时间、登机口等；③与旅游者约定好办完出境手续后在登机口集合的时间，注意提醒旅游者安排好自由活动时间以免误机；④其他有关安全的提醒工作。

在说明注意事项后，领队将护照、签证、机票、登机牌等逐一发放给旅游者，并当面点清，提醒保管事项。

（4）购买离境机场税。

通常情况下，国外机场的机场税会在购买机票时一起收付，机场税的金额会打印在机票上，但也有一些国家的国际机场，机场税是不在机票中代收的，需要在乘机前购买。领队在出团前应对此项费用如何支付有所了解，如需要领队支付，则领队就需要在购买后将机场税凭据发给每位旅游者，以便旅游者应对关口检查。机场税如需交还旅行社报账，在应对关口检查之后，领队还应该把机场税收据收回妥善保管。

（5）填写出境卡。

许多国家的出境卡是与入境卡印制在一张纸上，旅游者在入境时就需要填写完成。入境时，入境官会将入境卡部分撕下留存，然后把出境卡部分订在或夹在护照里交还旅游者。旅游者在出境时，无须再重新填写出境卡，只要交护照查验即可，但如果旅游者将出境卡丢失，就需要重新补填。

不是所有的国家出境时都需要填写出境卡，如瑞士的出入境就没有填写出入境卡之说。另外，持团体签证的旅游团，在他国离境时，通常也不需要填写出境卡。

（6）通过离境边检。

各国的出境边防检查，相对于入境而言，在手续办理上较为宽松。领队只需组织好旅游者顺序依次办理手续即可，旅游者有了入境手续的经历后，对于出境检查也会比较轻松。

领队带领旅游者进入离境边检区域后，在出境检查柜台前排队，依次办理离境手续。旅游者向边检官提交护照、机票、登机牌后，站立等候查验。如查验无误，查验人员即在护照上盖离境章，然后将所有物品交还旅游者，离境手续结束。通常情况下，各国的出境边检的办理都要比入境边检手续快。领队要组织好旅游者带齐证照通关，并注意提醒旅游者在"一米线"外等候。

（7）办理海关手续。

领队在带团到他国旅游时，必须提前了解该国海关规定的出境禁止携带的物品，并在必要时告知旅游者，以免发生不必要的麻烦。出团前，领队可通过该国驻华使领馆、旅游局网站等了解，也可向该国导游询问，要尽力避免出现因携带违禁品被他国海关扣押的事件,向旅游者告知他国海关违禁品是领队的责任和义务。此外,领队也不能忘记提醒旅游者注意中国海关的入境物品限制,以免发生购买物品可以在他国离境却无法入境中国的尴尬局面。

国外机场海关的检查方式多以抽查为主。通过海关前,领队应该就海关规定及申报的利害关系告知旅游者,要求旅游者主动向海关申报限制携带出境的物品。无申报物品的旅游者无须填写海关申报单,直接通过海关柜台即可。如果旅游者携带了限制出境的物品而没有申报,将会受到惩处,因此,领队要提醒并帮助旅游者填写海关申报单必要时帮助旅游者与海关人员交涉,以免出现麻烦。

(8)办理购物退税手续。

各国机场关于购物退税的方法和地点大多不同,领队应该事先了解机场的规定,询问清楚再告知旅游者,也可询问该国导游,领队要事先了解该国退税规定和操作方式,以便为旅游者提供帮助。对多数中国旅游者而言,在国外离境时办理购物退税,在语言方面会有诸多不便,旅游者往往很难在短时间内完成退税,领队可建议旅游者回到国内办理退税手续。目前已有一些退税公司在我国北京、上海、广州等大城市设立了退税点。

(9)准备登机。

领队与旅游者约定集合登机时间并向旅游者指明登机口所在位置,提醒旅游者不要因忙于购物而忘记集合时间,以免发生误机现象。领队需要随时关注航班信息,如有登机时间或登机口发生变更一定要第一时间通知旅游者,并提醒旅游者注意收听机场关于航班信息的广播。

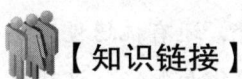

【知识链接】

登机牌

登机牌(boarding pass/boarding card)是机场为乘坐航班的乘客提供的登机凭证,乘客必须在提供有效机票和个人身份证件后才能获得,也有人称之为登机证或登机卡。常见的登机牌绝大多数为硬纸卡,大小形状不一,1997年后国内统一使用长方形,约80毫米宽、200毫米长的登机牌,正面印有机场、航空公司或民航机构的名称和徽记,以及可供填写乘机人姓名、航班号、航班起讫站、座位号、舱位等级、日期与登记时间、登机口等内容,部分登机证还注明允许吸烟航班或禁烟航班的标志。

根据机票的等级,登机证通常可分为4种,分别为经济舱登机证、头等舱登机证、公务舱登机证和过站登机证。20世纪80年代之前,我国使用的登机证印制十分简单,多为手工填写和加盖橡皮戳记。随着电脑技术的广泛应用,现在所有机场或航空公司都采用电脑打印。近年来,登机证的印制更加精美,背面还出现了不少广告内容,成为引

人入胜的集藏品种。乘坐民航班机，登机牌必须人手一张，婴儿也不例外。2009年4月8日，中国南航和中国移动合作，在国内率先推出了电子登机牌服务。如今，登机牌已采用国际通用的英文单式，图案更加丰富多彩。

办理登机手续及行李托运手续注意事项

（1）欧美团领队要把护照，机票（电子客票）分发给客人，在领队带领下到柜台，协助客人自行排队办理登机及行李托运手续。如遇转机，领队帮助客人查看两程登机牌有无拿到或拿错。

（2）东南亚领队拿齐护照（通行证），机票（电子客票），团队名单表，统一办理登机牌；拿到登机牌后，把护照，登机牌分发给客人。再带领客人到柜台，协助客人自行办理行李托运手续。

（3）港澳台团领队带齐港澳通行证或台湾通行证，团队名单表，机票（电子客票），入台证，统一交给柜台，办理登机牌；办理完登机牌，领队一起把通行证，登机牌分发给客人，在领队带领下，协助客人办理行李托运手续。

（4）统一办完行李托运，清点人数，提醒客人查看行李标签，有转机的，查看两段飞行地点有漏打，以防拿不到托运行李。

国际机场税

国际机票的机场税是国外机场收取的税费，要求旅客在购票时一起付清。具体的税项及金额打印在机票上作为凭据。国际机场税是在购买国际机票时出现的税，是航空公司代当地国家政府征收的一种税。国际机票的税大致分为三种：过境税、离境税、入境税，个别国家还有其他名目的税。例如，在美国，除了有上述税以外，还有机场税、海关使用税、动植物检疫检查费等。税费一般根据购买机票时的汇率变化而变化，这就是为什么上次购买机票和这次购买机票是航程一样的，但是税的金额却不同的原因。当然相差的比率并不大。

按照中国国内组团社与出境旅游旅游者签署的出境旅游合同的规定，境外机场税一项应该包含在正常的旅游收费中，应由旅行社予以支付。通常情况下，在境外机场发生的机场税，是由境外当地接团社来支付的。境外接待社与国内组团社的包价旅游报价当中，一般会包含有机场税一项。因此，一般情况下，机场税是由境外接团社的导游来代为购买。

团体签证

团体旅游签证是旅游签证中的一种，其特点是签证不做在护照上，旅游者须随团集体出、入国境。10人及以上的旅游团可发放团体签证，团体签证一式三份，签发机关留一份，旅游团两份，一份用于入境，一份用于出境。

各国海关对离境携带物品的限制

（1）旅游者入境时申报过的物品必须携带离境。

（2）许多国家的海关对携带货币的限额。如塞舌尔，在机场入境时不设外汇申报点，但在出境时对外汇检查非常严格，一旦发现旅客所携带外汇超过其规定数额（400美元），即予以没收。土耳其海关规定，携带相当于100美元的土耳其货币出境必须申报。

（3）对动物、植物及骨骼的离境的限制。如坦桑尼亚海关规定：出关者禁止携带象牙、犀牛角等物品。在塞舌尔，海椰子被视为国宝，携带海椰子离境，必须持有塞舌尔有关部门颁发的编号和许可证，否则将被重罚。

（4）其他类型的限制。还有一些海关的特殊规定，如土耳其海关规定，携带贵重物品或电器离境要申报，而古董、红茶、咖啡和香料禁止携带离境。

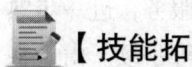
【技能拓展】

由学生分小组、分角色完成持团体签证的旅游团在他国出境时的相关工作。

【思考与练习】

1. 当旅游团到达机场后，旅游者发现自己有物品遗落在酒店，领队应该如何处理？
2. 领队如何避免旅游者在境外机场离境时发生误机现象？

入境时的工作

领队与旅游团一起乘坐交通工具,前往旅游目的地国家,在途中提供服务,进一步熟悉旅游者,抵达目的国家后协助旅游者办理海关、卫生检疫、移民局边检等手续。由于乘坐交通工具时间较长,客人比较劳累,因此领队在照顾好旅游者的同时,在抵达目的地国家前应协助旅游者填写入境卡、海关卡等。从离开旅游目的地国家到入境中国,归国程序需要一步步进行,领队要求稳定心态,掌握好节奏,保证出境旅游的带团活动能在有条不紊的工作中圆满结束。

【学习目标】

- 掌握他国入境海关相关规定;
- 学会办理他国入境工作流程;
- 学会入境表格的填写;
- 掌握中国海关相关规定;
- 学会中国入境工作流程。

任务一 他国入境工作

旅游团在他国入境途中,需要乘坐飞机、轮船、火车等交通工具,由于旅途占用时间较长,领队可利用这段时间与旅游者进行必要的沟通与交流,并做好入境前的相关准备工作。

任务描述

"领队小张带领某组团社一行14人前往新西兰。在国内机场集合后,领队小张为旅游者办理好登记手续,顺利登机。在飞到目的地新西兰的过程中,领队小张应该完成哪些工作?"

任务分析

《旅行社出境旅游服务质量》规定:飞行途中,领队应协助机组人员向旅游者提供必要的帮助和服务。该任务需要领队熟悉入境途中的领队的工作流程和相关规定,并要求领队掌握旅游者的基本情况,以便更好地服务旅游者,处理应急事件。

完成任务

(1)学生根据任务给出的情景,整理出领队在团队入境途中的工作要求。
(2)学生分组进行情景模拟,训练如何帮助旅游者正确填写入境卡。
(3)教师根据各组训练情况,进行点评,并对知识点进行归纳。

方法与步骤

1. 为旅游者提供帮助及服务

(1)协助旅游者确认座位。协助旅游者在机上顺利找到自己的座位,当旅游者之间有亲属或者朋友一同出行,有换座要求的旅游者,在不影响其他客人和飞行安全的前提下,领队应在飞机起飞前请工作人员协调调换座位。

(2)用餐习惯方面的处理。领队应掌握旅游者的民族和饮食习惯等个人信息,在旅途中,如果有旅游者因宗教信仰、饮食习惯、身体状况等原因对用餐有特殊要求的,领队应在空乘人员派送食品之前协调沟通,进行个别处理。在派送餐食时,领队应根据情况,及时给旅游者提供语言上的帮助。

(3)熟悉机上相关救生设备。领队在登机过程中,应随时观察并牢记飞机内部安全门的位置及各种,救生设备摆放的位置,要引导旅游者认真倾听空乘人员讲解和演示相关救生工具的使用方法,如出现紧急状况,领队要确保团队所有成员均能正确地使用救生设备并带领团队成员到达安全门,并根据机上相关提示,配合空乘人员安抚旅游者。

(4)与旅游者做好沟通。飞行途中可就此次行程的相关问题进行沟通,以尽快与旅游者建立信任感。通常可就以下问题进行沟通:①飞机抵达他国的当地时间,两国时差;②他国天气情况;③他国酒店情况;④他国用餐情况;⑤他国城市及景点情况。

2. 协助旅游者填写相关表格

在飞行途中,领队需要利用这段时间帮助团队成员填写目的地国家入境所需要的相关表格。表格通常包括:目的地国家入境卡、目的地国家海关申报单等。

(1)出入境卡填写。入境卡原则上用英文填写,通常由领队在机场的入境边检处领取或者飞机上向空乘人员领取。入境卡内容一般包含以下几项内容:姓名、性别、出生年月日、证件号码、停留天数、签证日期、签证号码、入境目的、航班号、抵达目的地过后的居住地址等。领队应在出发前把旅游者的护照复印件及其他信息随身携带，以便填写入境卡。

（2）海关申报单。海关申报单同入境卡一样，一般包括：姓名、出生地、出生日期、国籍航班号、抵达目的地国后的居住地址、随行家属姓名及本人的关系、签证日期、签证号码、随身携带的物品等。麻醉品、精神药物、武器弹药、抗生素、动植物、肉类及家禽禁止入境，允许旅游者携带的入境物品一般不超过5000美元，携带的现金数额也有限制。不同国家的入境海关申报规定有差异，但按照法律规定，如实申报是旅游者必须遵守的基本原则，旅游者如果因为违反规定被查获，有可能面临罚款或承担相应的法律责任。

【知识链接】

新西兰旅客电子入境卡（New Zealand Traveller Declaration，简称NZTD）是新西兰政府推出的在线系统，用于入境新西兰的国际旅客、新西兰居民及公民进行旅客申报。NZTD系统允许旅客通过移动设备或电脑在抵达新西兰前24小时开始填写电子入境卡。

一、需要提供的信息：

（一）您的护照、航班或海上航程详情和联系方式，包括您在新西兰的居住地。

（二）您的移民身份（如果需要）。

（三）有关您的旅行的详细信息，包括您最近的旅行史。

二、您将要带入新西兰的物品

您是否要将下列物品带入新西兰（根据实际情况填写）：

（一）任何食品

是否携带烹饪过的、未烹饪过的、新鲜的、腌制的、封装或脱水的食品？包括即食食物，例如，飞机上的零食。

（二）动物或动物制品

是否携带肉类、乳制品、鱼类、蜂蜜和蜂产品、蛋类、羽毛、贝壳、羊毛原毛、皮毛、骨类或昆虫？包括用于制作饭菜、汤和茶的动物性食材，还包括纪念品、珊瑚或其他物品。

（三）植物或植物制品

是否携带水果、花卉、种子、球茎、木材、树皮、树叶、坚果、蔬菜、植物的某部分、真菌类、藤条、竹子或稻草，包括作为宗教供奉或医药用途？包括用于制作饭菜、汤、茶和补药的药草和香料这样的植物性食材；还包括纪念品或其他物品，例如，树皮垫。

（四）生物制品

是否携带动物药品、生物培养菌、有机物体、土壤或水等制品。饮用水不需要申报。是否携带使用中接触过动物、植物或水的设备/服装，包括用于园艺、养蜂、捕鱼、水上运动或潜水活动的设备/服装？

（五）户外装备

是否携带已使用过的户外活动的物品，包括所有鞋类、帐篷、露营、狩猎、徒步旅行、高尔夫球或运动器材？全新的设备，滑雪及单板滑雪装备无需申报。

（六）过去一个月的经历

在过去30天内（在新西兰境外期间），您是否曾去过任何野外地区、与动物接触过（家养猫狗除外）、访问过农牧场或动植物加工厂？

（七）药物

是否携带超过3个月剂量，或者不是开具给您的处方药？是否携带超过3瓶烈酒（每瓶不超过1.125升）和4.5升的葡萄酒或啤酒？是否携带超过50支香烟或50克烟草制品（包括香烟和其他烟草制品的组合）？

三、申报完成

完成申报后，旅游者会收到一个新西兰旅行者通行证（二维码），需要在入境时提交给边境官员，且这个通行证会与护照绑定。

四、注意事项

旅游者应确保在出发前完成申报，并在抵达时更新或确认信息，特别是如果在旅行过程中购买了需申报的物品。

【技能拓展】

《出境旅游领队服务规范》（LB/T 084—2022）相关规定

5.5 在途服务

5.5.1 集合团队

集合团队时，领队应：

a）按照出团通知书载明的集合时间及地点，至少提前15分钟到达，并在合适位置展示组团社的团队标识，等待并召集旅游者；

b）根据团队名单核对旅游者到达情况，并及时电话联系迟到的旅游者，敦促其尽快到达并告知其后续安排；

c）进行自我介绍，代表旅行社致欢迎词；

d）讲解出境手续、公共交通承运人关于行李携带与托运的注意事项，协助旅游者办理行李托运手续，并回答旅游者的问题；

e）向旅游者派发护照等旅游证件、乘坐公共交通工具的凭证、旅行社行李牌等物件，并提醒旅游者妥善保管自己的旅游证件与乘坐凭证；

f）向旅游者提示公共交通工具乘坐地点、检票时间、出发时间，并强调迟到后果的严重性。

5.5.2 办理乘坐公共交通工具的手续

领队应提前留出充足的时间到达集合地点，协助旅游者办理登机牌（或邮轮登船卡）等公共交通工具登乘凭证。

5.5.3 出/入境服务

5.5.3.1 领队应提示旅游者关于我国移民、海关、检验检疫部门的规定，目的地移民局、海关等机构的相关通关要求和注意事项。

5.5.3.2 领队应向旅游者派发或代为填写出/入境登记卡、海关申报单等通关表单资料，告知旅游者按要求填写，在旅游者需要时提供协助。

5.5.3.3 根据团签、个签、落地签、免签等签证类型办理通关手续时，领队应引导/带领团队依次通关，需要时，领队应提供协助。

5.5.3.4 需要时，领队应向移民局提供团队名单、团队另纸签证（如有）等资料。

5.5.3.5 旅游者无法或被禁止出/入境的，领队应及时报告团队操作人员。

5.5.4 乘搭交通工具时的服务

5.5.4.1 候乘公共交通工具时，领队应核对交通票证信息，向旅游者强调登乘的具体位置和时间，提示旅游者妥善保管交通票证。强调需要销签的团队，应妥善保存好登机牌。

5.5.4.2 引导旅游者登乘公共交通工具，并礼貌清点人数。

5.5.4.3 在公共交通工具上，领队应：

a）提示旅游者对号入座、按规定摆放手提行李、系好安全带（如需要）等，并按照 LB/T 028 的要求向旅游者明确安全乘车要求；

b）确认旅游者已预订的特殊服务得到落实；

c）告知旅游者领队本人的座位号，给予旅游者必要的协助。

【思考与练习】

1. 领队在旅游团入境途中的工作要求是什么？
2. 如何正确填写入境卡？

任务二 入境工作的流程

领队是否熟悉入境工作流程，是确保旅游者能否顺利入境他国的关键。目前各国的入境流程大致相同，但是各国海关规定各不相同，领队在出发前必须掌握所前往国家的相关规定和注意事项，同时，需要把这些内容传达给有关旅游者，以确保能够顺利入境，并确保旅游者不触犯目的地国家的相关法律，从而避免不必要的麻烦。

项目四 入境时的工作

📋 任务描述

领队小肖带领旅游团顺利抵达目的地美国，旅游者下飞机后，领队小肖集合好旅游团成员，并带领旅游者前往入境窗口。领队小肖应该做好哪些工作，以便带领旅游者顺利入境？

➡️ 任务分析

到达目的地国家机场后，领队带领旅游者按照程序办理相关入境手续，即卫生检疫、证照查验、海关检查。他国入境的大致流程为：经过卫生检疫（交验黄皮书；交验健康证明）→办理入境手续（交付入境卡；查验护照签证）→领取托运行李（凭牌拿取行李；出问题应交涉）→接受海关查验（交付海关申报表；接受抽查）→与地陪导游会面。

📖 完成任务

（1）整理领队入境的工作流程，并熟悉各环节的具体内容。

（2）根据整理出来的流程，分小组模拟旅行团入境美国，领队带领团员办理入境手续。

（3）教师评价各组学生表现，确认流程是否正确、符合规范，并给予点评。

👉 方法与步骤

1. 办理移民局入境手续

入境护照签证的检验一般是由移民局负责，领队带领旅游者沿"移民入境"（IMMIGRATION）的标志前行，找到入境检查柜台。很多国家的移民局检查通道，为了区分本国公民和外国人，特别设置分为外国人通道和本国公民通道、外交人员通道，个别一些亚太国家还设有APEC[①]会员专用检查通道，为了方便旅游者，也有部分国家设有团队专用通道。除此之外，还有一些机场为了方便转机旅游者设有"转机（Transfer Only）"通道。一般情况之下，领队组织旅游者在有"外国人入境"（Foreigner）标志的任一通道前排队，出示入境卡和护照签证，接受移民局检查，机场若有"团队专用通道"的情况下，则在此专用通道排队即可。

另外，领队需提醒旅游者遵守制度、注意礼仪，在警戒线外排队，等候入关，不得加塞抢行，在入境柜台前禁止大声喧哗，禁止拍照。

---

① 亚洲太平洋经济合作组织（Asia-Pacific Economic Cooperation，APEC）是亚太地区最具影响力的经济合作官方论坛。

（1）排队递交证件。

有的国家只需要向入境人员交付护照、签证、登机牌和入境登记卡即可，有的国家入境检查人员会要求旅游者或领队出示旅游计划或入境酒店和机票预订确认单。

旅游团队如果持另纸团体签证，领队则需要听从移民局工作人员的指挥和安排，带领旅游团队到指定的柜台办理查验手续。

另纸签证是签证的一种形式。它和一般签注在护照上的签证具有同样的作用，有所不同的是在护照以外单独签注在一张专用纸上，但必须和护照同时使用。

（2）办理移民局入境手续。

入境检查人员可能会就入境后的情况进行简单询问，如入境原因、停留时间、同行人员和数量等。领队要提前告知旅游者如实回答。入境检查人员审核无误后，在护照上加盖入境章，并将登机牌和护照归还。

在出示证件和接受询问的过程中，移民官会核实入境者的身份和访问目的，有以下情况将会被检查人员阻止入境：

①入境后可能危害国家安全、社会秩序或违反公共利益的；

②属于本国（地区）政府禁止入境黑名单上的；

③使用伪造的护照、身份证、入境许可证或其他证件的；

④患有某种传染性疾病的；

⑤携带资金不充足，或缺乏生活手段，有可能成为社会公众负担的；

⑥受到国际刑事警察组织通缉的犯罪分子；

⑦以前在入境国（地区）内违法或犯罪而被驱逐出境的；

⑧提供虚假材料骗取签证的；

⑨访问目的和签证情况不符合的。

持有有效证件和签证的人员，不能保证一定可以入境，移民官通常会对有所怀疑的访客进行二次审核。例如，在美国入境口岸，移民官会检查入境者所持的证件及有效证件，扫描入境者的指纹和拍照进行比对，对赴美理由进行再次审查后决定是否允许被检查者入境以及可以在美国停留多久。如果对入境者的入境目的或所持证件等有所怀疑，需要到二次检查区域等候检查和进一步面谈。美国口岸移民官员拥有是否允许访客的最终决定权。

2. 领取托运行李

（1）领取托运行李。

团队通过移民局边检后，领队应带领旅游者到航空公司的托运行李领取处（Baggage Claim）认领自己的行李。行李大厅通常会有大型电子屏幕，显示航班号、始发国家、到达时间和领取行李的站台号，旅游者应凭入境前办理托运手续领取的行李牌领取各自的行李。旅游者从行李传送带上取下行李后，应首先查验核对标签上的名字和号码，领队应提醒旅游者不能帮不相识的人捎带行李过关，以免发生不必要的误会，造成无法入关的情况。领队在确认所有旅游者均拿到各自的行李后,带领旅游者前往海关查验行李。

(2)托运行李出现问题的处理。

如果发生行李延误、破损、错拿、丢失等情况,领队应协助旅游者持机票(电子客票)、登机牌、行李牌和护照到机场行李解决,领队应记下机场服务人员的姓名及通信方式,以备联络之用。

行李破损时要请机场行李部门或者航空公司出具书面证明(主要说明行李破损的原因),以便日后与保险公司交涉赔偿(旅行社责任险包含对行李破损、丢失赔偿的条款),有些机场在确认行李破损时会当场赔偿旅游者(类似的行李箱包、现金或其他形式的赔偿)。

如出现以上情况,在处理完相关手续后,领队应带领旅游者继续行程,并和导游一起协助旅游者购买所需用品,并及时跟进处理进度。

如行李未能随乘客一起抵达,领队应告知本地下榻的酒店和联系电话,以便行李抵达后由航空公司负责送达酒店。

3. 办理入境海关手续

(1)海关相关规定。

海关检查人员通常询问旅游者是否有需要申报的物品,但一部分国家需要出入境者填写《旅游者携带物品申报单》。海关工作人员有权开箱检查出入境者携带的行李物品(持外交护照者一般可免受检查)。为了方便旅游者出入国境,大型国际机场通常设有红色、绿色两个通道,没有携带需要上税物品的旅游者可以走绿色通道,不受海关人员检查;携带了需要上税物品的旅游者必须走红色通道,接受海关人员的查询。但选择走绿色通道的旅游者必须确认自己未携带任何需要上税或者违反规定禁止入境,否则一经查获,违禁物品将被没收,旅游者本人也会因此而被课以重税、罚款,甚至受到法律的制裁。

(2)办理入境海关手续。

各国出入境口岸都设有海关,以便对出入境人员携带的货物进行检查。因各国国情不同,海关监督检查的范围也不同,但是对出入境旅游者携带物品行李的查验都有明确的规定。

①交付海关申报单。领队带领旅游者交付海关申报单,海关人员要求查验证件时要服从。

②接受抽查。一般情况下,海关人员会口头询问旅游者是否带有香烟等物品,带了多少等问题,旅游者应如实回答。如遇被要求开箱检查,旅游者要予以配合,不应与海关人员争执。

4. 与地培导游会合

通过以上程序后,领队带领旅游者到达出口,与前来迎接的地陪导游会合,目的地国家的地陪导游会手持约定接团标志牌迎接旅游团,部分国家和地区允许地陪导游到"旅游者入境"柜台前接团。

与目的地陪导游见面后,对其通信方式进行确认。在出机场登车前,领队须再次清点人数并核实旅游者行李及随身物品。行李车一般可以推至机场外的巴士站和地下停车场等处。在旅游巴士开动前,领队应与目的地国家的导游就以下问题进行简单的工作交流,内容包括:①如团员人数有变化须告诉导游;②问清楚是否由机场直接去下榻饭店;③机场与下榻饭店的距离与行驶时间;④与导游约定时间对团队行程进行会晤;⑤核对当日的行程。

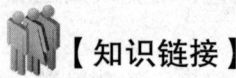【知识链接】

部分国家(地区)的海关规定

海关是指一国在沿海、边境或内陆口岸设立的执行进出口监督管理的国家行政机构。它根据国家法令,对进出国境的货物、邮递物品、旅客行李、货币、金银、证券和运输工具等实行监管检查、征收关税、编制海关统计并查禁走私等任务。

一、美国海关关于携带物品的规定

食品和农产品:不允许携带肉类、水果、植物等食品和农产品。

酒精饮料:年满21岁的非美国居民可免税携带1公升啤酒、葡萄酒或白酒等酒精饮料入境,仅限个人使用。超出部分将按规定征税。

烟草制品:旅客可免税携带一条香烟(200支)、50支雪茄或2千克烟草及同等比例的个人烟草制品入境。但请注意,古巴雪茄无论自用或送礼均禁止入境。

现金:携入或携出的美国钱币或外币(含现金、旅行支票、汇票及其他有价证券)金额超过10000美元者,皆需要填写IRS-4790号表(可由海关官员代填),向海关办理报备手续。

二、日本海关关于携带物品的规定

食品和农产品:严禁携带肉类、水果、植物等食品和农产品。如果非法携带,将被处以最高300万日元(商业实体最高5000万日元)的罚款或面临最长3年的监禁。

酒精饮料:年满20岁的旅客可以免税携带1升啤酒、葡萄酒或白酒等酒精饮料入境,仅限个人使用。超出部分将按规定征税。

烟草制品:旅客可免税携带一条香烟(200支)、50支雪茄或2千克烟草及同等比例的个人烟草制品入境。

现金:携入或携出的现金(含现金、旅行支票、汇票及其他有价证券)金额超过100万日元者,皆需要填写相关申报表,向海关办理报备手续。

三、泰国海关关于携带物品的规定

食品和农产品：禁止携带肉类、水果、植物等食品和农产品。

酒精饮料：单人最多可携带1升酒精类饮料（即使多人同行，也需要按照规定分开单人携带，否则会被视为超量携带，需缴纳罚款，包括在免税店购买的烟酒）。

烟草制品：可以携带200支香烟或250克烟草或雪茄，混合携带的重量亦不可超过500克（切勿携带或使用违禁品电子烟）。

现金申报：如携带超过5万泰铢（约10000人民币）或2000美元以上现金入境，必须报关。

四、古巴海关关于携带物品的规定

禁止携带物品：

除已接种狂犬疫苗的猫狗外，禁止携带其他动物及其制成品。

禁止携带无线收发设备、无人机、卫星通信设备或毒品、爆炸物、淫秽色情刊物、大功率家电及超过2部手机、2部照相机等过多数量的较大金额物品。

携带现金：入境时可携带5000美元以内外汇现金，超出此数额需要向海关申报。

酒精和烟草：每位旅客可免税携带2瓶酒，一条烟。

雪茄：离境时，旅游者可携带23支古巴雪茄烟，超额部分需提供正规发票和海关关税单副本，否则将被没收。

五、老挝海关关于禁止携带物品的规定

毒品：制造、交易、销售、拥有毒品，或入出境运输、携带毒品过境老挝者，最高将被判处死刑。

危险品：禁止引进或输出武器、爆炸物、淫秽印刷品、古董文物等商品和物品。

易燃、易爆、易腐蚀、剧毒、放射性、有异味物品：禁止携带这些物品入境。

未经检疫的动植物：禁止携带未经检疫的动植物及武器等入境。

黄色书刊、影碟：禁止携带各种黄色书刊、影碟等入境。

侵权商品：2022年，老挝进一步完善了知识产权执法框架，将工业品外观设计加入老挝海关部门的受保护知识产权名单中。这意味着知识产权所有人可基于海关保护措施请求老挝海关部门对侵犯受保护工业品外观设计的产品采取行动。

限制携带物品

现金：

入境：携带超过2000万基普现金（约2500美元）或等值外汇及价值1亿基普以上的贵重物品入境老挝者，须经老挝银行批准并如实申报。

出境：出境时若携带超过2000万基普现金或超过1亿基普，需如实申报。

珠宝：300克以上黄金等必须申报，或必有老挝国家银行总裁的批准书，否则超出部分将在出境时被老挝海关没收。

烟酒：

入境：携带价值50美元/人以上的物品、香烟200支以上、雪茄50支以上、烟草250克以上、威士忌酒1升以上、红酒2升以上，须如实申报。

出境：每人每次出境限携带白酒2升，红酒3升，啤酒5升，香烟200支（1条）或50支雪茄，或250克烟丝及其他烟草产品，超出者可能被征税。

药品：携带非本人自用药品、印刷品、光碟以及国际公约规定禁止的动物、植物及其制品者，需经有关部门批准。

【技能拓展】

《出境旅游领队服务规范》（LB/T 084—2022）相关规定

5.5.4.4 抵达后出关前，领队应：

a）集合旅游者、礼貌清点人数，提示旅游者检查随身物品；

b）带领旅游者领取托运行李，提示旅游者查验、清点，协助处理行李相关问题；

c）提示旅游者遵守目的地国家或地区的移民局和海关规定，接受移民局的检查和海关对行李物品的检查。

5.5.4.5 如需中转，领队应带领旅游者前往换乘位置，向旅游者强调出发时间和搭乘位置，提示旅游者妥善保管交通票证。

【思考与练习】

1. 入境基本流程包括哪些环节？
2. 海关的基本职能是什么？
3. 入境注意事项有哪些？

任务三　中国入境工作

在完成了旅游团境外行程内容之后，领队的带团工作从组织安排境外工作转向返程回国的活动中。从离开旅游目的地国家到入境中国，要求领队按照程序进行，熟悉中国入境工作流程，保证本次出境旅游的带团活动能圆满结束。

任务描述

领队小王带领旅游团结束了土耳其的行程返回中国。在返程途中，给旅游者说明了入境中国的相关规定,并告知旅游者入境中国需要接受哪些检查。飞机抵达中国境内后,领队小肖引导旅游者到达办理手续的入境柜台,旅游团如何顺利入境?

任务分析

该任务需要领队熟悉中国入境的工作流程,并在境外就提前告知旅游者中国海关对入境物品的限制规定及注意事项,以确保旅游者顺利入境中国。

完成任务

(1)整理入境中国领队的工作流程,熟悉中国海关的相关规定。

(2)分组模拟训练,团队入境中国手续办理流程。

(3)教师评价流程是否正确,是否能准确填写相关单据。

方法与步骤

总的来说,回国入境时的工作流程,大致如下:办理入境手续→填写入境卡,填写健康申明表;通过卫生检疫→交验健康证明卡,接受体温测量;通过边防检查→交验入境卡,查验护照机票;通过海关检查→填写海关申报单,申报入境物品;旅游团解散。

1. 接受卫生检疫

(1)了解国家有关卫生检疫的有关法规。

中国边防口岸的卫生检疫机构,是以《国境卫生检疫法》为法律依据设立的,该法的第一条阐明:为了防止传染病由国外传入或者由国内传出,实施国境卫生检疫,保护人体健康,制定本法。该法第二条阐明:在中华人民共和国国际通航的港口、机场以及陆地边境和国界江河的口岸(以下简称国境口岸),设立国境卫生检疫机关,依照本法规定实施传染病检疫、监测和卫生监督。该法第三条规定:本法规定的传染病是指检疫传染病和监测传染病。检疫传染病,是指鼠疫、霍乱、黄热病以及国务院确定和公布的其他传染病。

出入境检疫对象包括:入境出境人员、交通工具、运输设备以及可能传播检疫传染病的行李、货物、邮包等特殊物品。《食品卫生法》规定的出入境检疫对象有进口食品、食品添加剂、食品容器以及包装材料、工具设备等。

(2)《入境健康检疫申明卡》的内容。

《国境卫生检疫法》第三章第十六条规定:国境卫生检疫机关有权要求入境、出境的人员填写健康申明卡,出示某种传染病的预防接种证书、健康证明或者其他有关证件。

在没有重大疫情的情况下,中国旅游者不必填写《入境健康检疫申明卡》。如在重大疫情期间,口岸卫生检疫十分严格,入境旅客需填报《入境健康检疫申明卡》,在通过检疫台时,需进行体温检测。

（3）通过卫生检疫。

需要接受卫生检疫时，乘务员会在返程的飞机上分发《入境健康检疫申明卡》，申明卡用中文填写即可，领队可指导旅游者完成。

旅游者在经过"中国检查检疫"[①]的柜台时，将填写完成的《入境健康检疫申明卡》交给卫生检疫人员，短暂停留，接受检测。

2. 接受入境边防检查

入境时，国人无须填写《入境卡》，领队引导旅游者到达边防，在中国人入境边防检查[②]柜台前依次排队等候，提交护照，接受入境边防检查。边检人员核准后在护照上加盖入境验讫章，并将护照还给旅游者，旅游者即可入境。

3. 领取托运行李

（1）领取托运行李。领队引导旅游者按照行李大厅的电子指示牌的标志，在行李转盘上找到自己托运的行李。

（2）行李遗失的处理。若有旅游者遗失行李，领队应协助其与机场行李柜台联系寻找或办理赔偿事宜。

4. 接受（中国）海关查验

中国海关的基本职能是监管进出境的运输工具、货物、行李物品、邮递物品和其他物品；征收关税和其他税、费；查缉走私；编制海关统计；办理其他海关业务。

（1）向旅游者说明我国海关对入境物品的限制规定：中国海关规定禁止入境的物品，领队需要事先向旅游者说明，以免旅游者在入境时遭遇麻烦。

（2）接受海关检查。有需要申报的物品，应在入境飞机上填写海关申报单，走红色通道；没有物品需要申报，则无须填写，走绿色通道。目前海关采用的是抽检制，抽检到的旅游者行李需要通过X光检测仪器的检测，海关官员怀疑有违禁物品，也可要求旅游者打开行李接受进一步的检查。出境时，填写《海关申报单》的旅游者需交还申报单。

在通过海关检查后，所有入境手续完毕，领队应与每一位旅游者告别，感谢旅游者对自己工作的支持，并表达再次带领旅游者出国旅游的愿望。

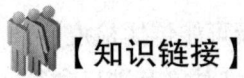

【知识链接】

中国海关规定禁止入境的物品

凡携带任何物品进入中国均要申报及接受海关人员的检查。旅游者不可以为他人携

---

① 为国家进行出入境检验检疫工作的部门。职责是对出入境的货物、人员、交通工具、集装箱、行李邮包携带物等进行包括卫生检疫、动植物检疫、商品检验等的检查，以保障人员、动植物安全卫生和商品的质量。

② 中国边检是中华人民共和国边防检查的简称，是国家设立在对外开放口岸的重要执法力量，由公安部垂直领导，担负着维护国家主权、安全和社会秩序，管理人员和交通运输工具出入境的重要职责。

带任何物品过关。

第一，根据中国《禁止携带、邮寄进境的动植物及其产品名录》规定，禁止携带、邮寄入境的物品，主要分为三类：

（1）动物及动物产品类。

①活动物（犬、猫除外），包括所有的哺乳动物、鸟类、鱼类、两栖类、爬行类、昆虫类和其他无脊椎动物，动物遗传物质；

②（生或熟）肉类（含脏器类）及其制品，水生动物产品；

③动物源性奶及奶制品，包括生奶、鲜奶、酸奶，动物源性的奶油、黄油、奶酪等奶类产品；

④蛋及其制品，包括鲜蛋、皮蛋、咸蛋、蛋液、蛋壳、蛋黄酱等蛋源产品；

⑤燕窝（罐头装燕窝除外）；

⑥油脂类，皮张、毛类，蹄、骨、角类及其制品；

⑦动物源性饲料（含肉粉、骨粉、鱼粉、乳清粉、血粉等单一饲料）、动物源性中药材、动物源性肥料。

（2）植物及植物产品类。

①新鲜水果、蔬菜；

②烟叶（不含烟丝）；

③种子（苗）、苗木及其他具有繁殖能力的植物材料；

④有机栽培介质。

（3）其他类。

①菌种、毒种等动植物病原体，害虫及其他有害生物，细胞、器官组织、血液及其制品等生物材料；

②动物尸体、动物标本、动物源性废弃物；

③土壤；

④转基因生物材料；

⑤国家禁止进境的其他动植物、动植物产品和其他检疫物。

第二，严禁入境物品。任何枪械，军火及爆炸易燃物品；伪钞/股票；任何对于中国的政治、经济、文化及道德有影响的印刷品、胶卷、相片、录音带、录影带及其他物品；任何有毒物品；鸦片、吗啡、海洛因、大麻、其他毒品；任何可能传染疾病的动物、植物和物品；任何禁止入口物品；任何可能泄漏国家秘密的印刷品、胶卷、相片、录音带、录影带及其他物品；任何文物；濒临绝种的动物，植物（包括标本、种子）。

第三，不仅禁止携带和规定各类不免税物品，中国海关总署还曾在《关于暂不予放行旅客行李物品暂存有关事项的公告》里明确指出：五类行李不予放行。

①旅客不能当场缴纳进境物品税款的；

②进出境的物品属于许可证件管理的范围，但旅客不能当场提交的；

③进出境的物品超出自用合理数量，按规定应当办理货物报关手续或其他海关手续，其尚未办理的；

④对进出境物品的属性、内容存疑，需要由有关主管部门进行认定、鉴定、验核的；

⑤按规定暂不予以放行的其他行李物品。

中国海关总署公告 2024 年第 176 号

（关于修改和废止进境物品管理相关文件的公告）

根据《进境物品关税、增值税、消费税征收办法》（税委会公告 2024 年第 11 号公布）有关规定，海关总署决定对海关总署公告 2010 年第 43 号（关于调整进出境个人邮递物品管理措施有关事宜的公告）等 5 部文件进行修改或废止，具体内容如下：

一、对海关总署公告 2010 年第 43 号（关于调整进出境个人邮递物品管理措施有关事宜的公告）作如下修改：

将第二点"个人寄自或寄往港、澳、台地区的物品，每次限值为 800 元人民币；寄自或寄往其他国家和地区的物品，每次限值为 1000 元人民币"修改为"个人寄自境外的进境物品，每次限值为 2000 元人民币。个人寄往港、澳、台地区的物品，每次限值为 800 元人民币；寄往其他国家和地区的物品，每次限值为 1000 元人民币"。

二、对海关总署公告 2007 年第 72 号（关于在全国各对外开放口岸实行新的进出境旅客申报制度的公告）作如下修改：

（一）将第二点中的"16 周岁"修改为"18 周岁"。

（二）将第三点中的"（二）居民旅客在境外获取的总值超过人民币 5000 元（含 5000 元，下同）的自用物品"修改为"（二）居民旅客在境外获取的，自港、澳地区携带进境总值超过人民币 12000 元（含 12000 元，下同）的自用物品；自其他国家和地区携带进境总值超过 5000 元的自用物品"，同步修改《中华人民共和国海关进出境旅客行李物品申报单》（见附件）。

（三）将第三点中的"（四）酒精饮料超过 1500 毫升（酒精含量 12 度以上），或香烟超过 400 支，或雪茄超过 100 支，或烟丝超过 500 克"修改为"（四）酒精饮料超过 1500 毫升（酒精含量 12 度以上），或香烟（含加热卷烟）超过 400 支，或雪茄超过 20 支，或烟丝超过 500 克；电子烟烟具超过 2 个，或电子烟烟弹（液态雾化物）或烟弹与烟具组合销售的产品（包括一次性电子烟等）超过 6 个，或烟液容量超过 12 毫升。其中，自港、澳地区进境的，酒精饮料超过 750 毫升（酒精含量 12 度以上），或香烟（含加热卷烟）超过 200 支，或雪茄超过 10 支，或烟丝超过 250 克；电子烟烟具超过 1 个，或电子烟烟弹（液态雾化物）或烟弹与烟具组合销售的产品（包括一次性电子烟等）超过 3 个，或烟液容量超过 6 毫升"，同步修改《中华人民共和国海关进出境旅客行李物品申报单》。

（四）将第四点中的"（二）居民旅客需复带进境的单价超过5000元的照相机、摄像机、手提电脑等旅行自用物品"修改为"（二）居民旅客拟复带进境的自用物品"，同步修改《中华人民共和国海关进出境旅客行李物品申报单》。

三、对海关总署公告2022年第102号（关于电子烟征税有关事项的公告）作如下修改：

（一）删除第二点"《中华人民共和国进境物品归类表》和《中华人民共和国进境物品完税价格表》增加电子烟相关内容，具体调整情况详见附件1和附件2"，并删除该公告附件1和附件2。

（二）将第三点中的"旅客免税携带进境电子烟的总值不计入行李物品免税额度"修改为"旅客免税携带进境电子烟的总值计入行李物品免税额度"。

（三）将第三点中的"16周岁"修改为"18周岁"。

此外，对相关公告中的条文序号作相应调整。

四、废止海关总署公告2010年第54号（关于进境旅客所携行李物品验放标准有关事宜的公告）和《关于调整海关对旅客携带进境免税烟酒限量的通知》（〔88〕署行字第980号）。

【技能拓展】

《出境旅游领队服务规范》（LB/T 084—2022）相关规定

5.5.10 送团服务

5.5.10.1 团队离境前，领队应：

a）事先与地陪导游落实离境送团的相关准备工作；

b）敦促地陪导游按照5.5.2的要求办好旅游者登乘公共交通工具的相关手续。

5.5.10.2 团队离境时，领队应：

a）按照5.5.3的要求做好旅游者出/入境的相关服务；

b）告知旅游者商品退税的有关规定，需要时协助旅游者办理退税手续；

c）提示旅游者填写顾客反馈意见，并告知旅游者旅行社进行顾客意见调查可能的方式和时间；

d）按照5.5.2的要求做好登乘公共交通工具前的准备工作；

e）按时引导旅游者依次登乘公共交通工具；

f）需要销签的团队，告知旅游者在回国入境后交回旅游证件和登机牌；

g）需要时，引导旅游者领取已购买的免税品。

5.5.10.3 返程交通中，领队应按照5.5.4的要求，做好交通相关的辅助服务。

5.5.10.4 团队启程和返程时，领队应：

a）引导旅游者领取托运行李，提示旅游者查验行李并清点数量；

b）提示旅游者遵守中国边检、海关、检验检疫等部门的规定，引导旅游者接受检查；

c）旅游者无法或被禁止入境的，及时报告团队操作人员；

d）需要销签的团队，告知旅游者交回旅游证件、登机牌等必要凭证；

e）向旅游者致欢送词、话别；

f）需要时，回收旅游者意见调查表。

5.5.10.5 领队应将旅游者带至行程约定的地点方能解散团队。

中华人民共和国海关进出境旅客行李物品申报单（式样）

正面

中华人民共和国海关　　进出境旅客行李物品申报单	
请仔细阅读申报单背面的填单须知后填报	
姓　名　　　　　男　女	
护照（进出境证件）号码	
出生日期　　年　月　日	国籍（地区）
进境旅客填写	出境旅客填写
来自何地	前往何地
进境航班号/车次/船名	出境航班号/车次/船名
进境日期：　　年　月　日	出境日期：　　年　月　日
携带有下列物品请在"□"中画√	携带有下列物品请在"□"中画√
□ 1. 动植物及其产品、微生物、生物制品、人体组织、血液及其制品 □ 2. 居民旅客在境外获取的，自港、澳地区携带进境总值超过人民币12000元（含12000元，下同）的自用物品；自其他国家和地区携带进境总值超过5000元的自用物品 □ 3. 非居民旅客拟留在境内总值超过人民币2000元的物品 □ 4. 酒精饮料超过1500毫升（酒精含量12度以上），或香烟（含加热卷烟）超过400支，或雪茄超过20支，或烟丝超过500克；电子烟烟具超过2个，或电子烟烟弹（液态雾化物）或烟弹与烟具组合销售的产品（包括一次性电子烟等）超过6个，或烟液容量超过12毫升。其中，自港、澳地区进境的，酒精饮料超过750毫升（酒精含量12度以上），或香烟（含加热卷烟）超过200支，或雪茄超过10支，或烟丝超过250克；电子烟烟具超过1个，或电子烟烟弹（液态雾化物）或烟弹与烟具组合销售的产品（包括一次性电子烟等）超过3个，或烟液容量超过6毫升 □ 5. 超过20000元人民币现钞或超过折合美元5000元外币现钞 □ 6. 分离运输行李，货物、货样、广告品 □ 7. 其他需要向海关申报的物品	□ 1. 文物、濒危动植物及其制品、生物物种资源、金银等贵重金属 □ 2. 拟复带进境的自用物品 □ 3. 超过20000元人民币现钞，或超过折合5000美元外币现钞 □ 4. 货物、货样、广告品 □ 5. 其他需要向海关申报物品

续表

携带有上述物品的，请详细填写如下清单				
品名/币种	型号	数量	金额	海关批注
我已经阅读本申报单背面所列事项，并保证所有申报属实。				
旅客签名：_____				

背面

一、重要提示：
1. 没有携带应向海关申报物品的旅客，无需填写本申报单，可选择"无申报通道"（又称"绿色通道"，标识为"●"）通关。
2. 携带有应向海关申报物品的旅客，应当填写本申报单，向海关书面申报，并选择"申报通道"（又称"红色通道"，标识为"■"）通关。海关免予监管的人员以及随同成人旅行的18周岁以下旅客可不填写申报单。
3. 请妥善保管本申报单，以便在返程时继续使用。
4. 本申报单所称"居民旅客"系指其通常定居地在中国关境内的旅客，"非居民旅客"系指其通常定居地在中国关境外的旅客。
5. 不如实申报的旅客将承担相应法律责任。

二、中华人民共和国禁止进境物品：
1. 各种武器、仿真武器、弹药及爆炸物品；
2. 伪造的货币及伪造的有价证券；
3. 对中国政治、经济、文化、道德有害的印刷品、胶卷、照片、唱片、影片、录音带、录像带、激光唱盘、激光视盘、计算机存储介质及其他物品；
4. 各种烈性毒药；
5. 鸦片、吗啡、海洛因、大麻以及其他能使人成瘾的麻醉品、精神药物；
6. 新鲜水果、茄科蔬菜、活动物（犬、猫除外）、动物产品、动植物病原体和害虫及其他有害生物、动物尸体、土壤、转基因生物材料、动植物疫情流行的国家和地区的有关动植物及其产品和其他应检物；
7. 有碍人畜健康的、来自疫区的以及其他能传播疾病的食品、药品或其他物品。

三、中华人民共和国禁止出境物品：
1. 列入禁止进境范围的所有物品；
2. 内容涉及国家秘密的手稿、印刷品、胶卷、照片、唱片、影片、录音带、录像带、激光唱盘、激光视盘、计算机存储介质及其他物品；
3. 珍贵文物及其他禁止出境的文物；
4. 濒危的和珍贵的动植物（均含标本）及其种子和繁殖材料。

【思考与练习】

1. 在移民局办理入境手续的程序有哪些?
2. 旅游团入境时,禁止旅游者携带入境的物品一般包括哪几项?
3. 入境海关申报应该注意哪些事项?
4. 简述中国入境的流程。

境外工作

领队带领旅游团到达境外目的地后,按照组团社与旅游者所签订的出境旅游合同约定的内容和标准为旅游者提供接待服务,同时监督地接社及其地陪导游按约定履行出境旅游合同。在旅途中,领队应该积极协助地陪导游,为旅游者提供必要的帮助和服务。领队在境外的主要工作有:与地陪导游配合好、带领旅游团参观游览、安排旅游者入住酒店、协助地陪导游安排用餐、带领旅游团实现城市间转移、引导旅游者购物、带领团队参加娱乐项目、完成接待计划规定的内容、完成返程机票的确认、完成团队工作记录等。

【学习目标】

- 学会住宿服务工作的程序及注意事项,处理突发状况;
- 学会配合地陪导游完成游览服务,处理突发状况;
- 学会用餐服务工作的程序及注意事项,处理突发状况;
- 了解基本自然灾害,学会自然灾害中自我保护和保护旅游者的常识;
- 掌握常见疾病的医疗卫生知识;
- 学会急救原则、现场处理的主要流程,自救及救护旅游者的处理方法;
- 掌握证件遗失的预防、补救措施和补办手续。

任务一　住宿服务及相关问题的处理

在旅游六要素"食、住、行、游、购、娱"中,"住"在整个行程安排过程中具有举足轻重的地位。一次满意的酒店住宿经历会给旅游者带来"临时的家"的感觉,旅游团或旅游者在抵达酒店的途中，领队应该配合地陪导游对下列信息进行逐一介绍：酒店及周边情况、入住须知、房间设施设备使用方法、是否连住或单住、下次集合时间和地点及可能发生的问题，并提醒旅游者索取饭店卡片，以备外出回酒店时所用。领队在旅游者入住酒店时为其提供周到而热情的服务，在地陪导游、酒店工作人员的帮助下，尽快为旅游者办理好入住手续，并及时协调解决旅游者在入住过程中出现的问题。在这一环节中，领队不仅要监督地接社所提供的酒店是否达到合同标准，而且还要和地陪导游、酒店工作人员协调工作，在遇到客人对酒店房间或周边环境不满意时，要在其中积极协调并努力解决问题。在办理离店手续时，领队应及时提醒旅游者检查个人物品、证件是否完备齐全，然后离开酒店，去往下一站点。

任务描述

领队小刘带领一个旅游团，参加欧洲 12 晚 13 天的行程。旅游团到达法国后，旅游者白天参观了巴黎市区、塞纳河，并在卢浮宫里欣赏了断臂维纳斯、胜利女神、蒙娜丽莎等艺术精品。夜幕降临时分，旅游团用过法式风情晚餐后，在去往酒店的途中，地陪导游向旅游者介绍了当晚入住的四星酒店的名字、位置，入店手续、酒店房间设施及设备的使用方法、集合时间及地点等重要信息。旅游团到达酒店后，请问领队小刘应该做哪些工作？

任务分析

领队在旅游团入住酒店后，应分三个阶段配合地陪导游的工作：
（1）在去酒店途中应当介绍酒店、入住、集合等基本情况。
（2）在旅游团抵达酒店后，领队在地陪导游协助下为旅游者办理入住手续并介绍酒店设施、使用注意事项、自费项目等有关信息，并督促行李员及时送达行李至客人房间。
（3）应当与前台协商叫早服务。

完成任务

（1）学生分成不同的小组进行办理酒店入住手续、分配房卡等环节的课堂实训、相互评价任务的完成情况。
（2）掌握房间内门锁、空调、电视等基础设施的使用方法并讲解给同组的其他同学。
（3）对酒店基本设施，如外币兑换、商场、娱乐场所、餐厅进行介绍。
（4）教师通过学生完成的任务进行综合考评。

方法与步骤

（1）抵达酒店的途中，由地陪导游介绍酒店情况、注意事项等，领队再次强调提醒。地陪导游应对酒店名称、地理位置、入住所需物品、入住酒店天数（同一酒店的入住天数)、行李物品的安放和处理、用餐、集合的时间、地点、叫早时间等信息进行介绍。

(2)抵达酒店后,领队在地陪导游的协助下办理入住及分配房间等事宜。

①抵达酒店后,安排好旅游者在大堂等待后,领队和地陪导游应该立即前往酒店前台,并提供团队名称、用房数量和规格、订房单位和状态等信息,第一时间取得房卡。

②由领队填写分房名单,然后请酒店前台工作人员复印几份,分别给到地陪导游、行李员(分发行李之用)、酒店前台总服务台等相关负责人和部门以留存备查。之后分发房卡或钥匙。

③领队、地陪导游的联系方式和房间号码需告知全体旅游者,领队和地陪导游之间也应该相互交换房间号码等信息,以备不时之需。

(3)向旅游者说明相关注意事项:

①向旅游者说明到达房间的路径选择、所住楼层、房门开启办法。

②向旅游者说明房间内设施的使用注意事项及付费服务。例如,欧洲酒店浴室多没有地漏,要防止卫生间的水弄湿室内地毯;无烟房内禁止吸烟,否则室内的烟雾报警器会报警;房间内的台灯不能烘烤湿衣物;房间内的热水器,不能直接煮食方便面等。收费电视、电话、服务生送热水或行李时需付小费以及付费洗衣服务等问题。部分国外酒店卫生间内,除毛巾和小香皂外,其余物品需向服务生所要并付费。

③向旅游者说明酒店兑换外币处、娱乐场所、公共洗手间、餐厅等设施的位置。

④饭店的逃生设施与逃生路线,饭店周边环境和交通情况,住宿及外出的安全注意事项。

⑤次日行程安排、天气情况及着装建议;早餐的时间、地点及用餐凭证。

(4)领队处理房间、行李的突发状况。

向旅游者说明酒店设施和服务项目后,应尽快安排旅游者进入房间,且谨记导游不能随便进入旅游者房间。当旅游者回到房间后,地陪导游、领队应该在旅游团所在楼层稍作停留,以及时协调解决旅游者所反馈的信息。如门锁打不开、房间与合同标准不符、房间内有蟑螂、房间未打扫或床单被套有污损、房内设施已损坏并不能正常使用、电视机打不开、领队排房疏漏或错误、客人行李未送达或有错拿、破损等问题。

(5)与酒店前台确定叫早时间。

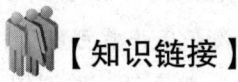【知识链接】

国外酒店住宿小贴士

(1)欧洲常规旅行住宿的三星级酒店,与我国的国际三星级酒店在硬件设施方面相差很多。大堂不宽敞,电梯较狭小,但非常洁净。建议自带拖鞋和牙具等一次性使用的物品,通常酒店不提供。

（2）请勿穿着睡衣走出房间；在酒店大厅内或其附设餐厅、酒吧内请勿穿拖鞋；酒店内禁止大声喧哗，以免影响其他客人休息。

（3）离开酒店外出时，请通知领队或陪同，并携带印有酒店地址和电话的名片，以备迷路时使用。最好能结伴同行（其中最好有懂外语的），以策安全。

（4）国外酒店电话一般拿起话筒便接通电话总机，如要向酒店外打电话应要外线，打长途电话时，要向总机说清。打酒店内部电话时，可直接拨号。有特殊服务要求时，须先打特定号码，不同国家酒店均有具体说明。除酒店内部电话外，其他电话一般均需另付费。酒店电话费昂贵，建议自行购买电话卡使用公共电话（欧洲的电话亭均可直拨国际长途）。

（5）有的酒店房内有热水器，有的热水器设在楼层中。一般酒店禁用电炉、煤油炉来做饭、烧水。国外电源插孔各不相同，电压也有区别，与国内不同，请注意配备相应的转换插头。

（6）部分酒店有收费电视服务，在入住酒店前请向前台咨询，以免产生不必要的费用。

（7）酒店内酒水通常高于商店销售价格，请根据个人情况选用，美国、欧洲大部分国家的自来水可直接饮用，热水不可饮用；所以一般房间内没有电热水壶；而东南亚、非洲等国家的自来水不可直接饮用，也不提供电热水壶；旅游者可到前台租借或者自带小的电热水杯，或者购买饮用水。

（8）洗衣项目在许多旅馆里都有。旅游者在填写洗衣单时，要注意写清旅馆、姓名、房号，以及送洗日期、送还日期、普通件、快件，并注明件数，以免送错。送洗衣服时要弄清送还时间，别误了行程。需要注意的是洗衣费不包含在房租内。

（9）结账时，如用支票支付，须提前通知收款处；如付现款，要问清外币种类，兑换外币得付手续费。

（10）房间和卫生间内的设备应弄清楚、问明白后再用，如伊斯兰国家旅馆厕所里的马桶外的洗涤盆，是专供妇女使用的，不要用来大小便。

（11）酒店住宿亚洲国家一般不需要给小费，像日本、韩国、新加坡给小费反而会被认为是无礼的行为；在泰国，必须付小费，给20~30泰铢即可，折合人民币4~5元，不过要记住千万不能给硬币，因为在泰国旅游，硬币是给乞丐，别人会觉得你对他不尊敬；在印度，不给小费可能会被强迫索要，若每件行李若需要搬抬要给50卢比（7元人民币），每天则要给客房服务生200卢比的小费（28元人民币），放在床头就可以了；在土耳其，如果一点小费都不给被视为不懂礼貌，多少应该给一点；一般来说，欧洲国家没有强制要求一定要给小费，因为服务费往往已经算在了费用中，如餐费等，但美国、加拿大、非洲都需要给。

（12）国外酒店住宿会分吸烟和不吸烟房间，入住之前请先了解清楚；有些是不允许喝酒的，请事先了解。

任务描述

领队小刘带领旅游团完成了欧洲的行程准备回国,请问回国前离开酒店时,领队小刘应做哪些工作?

任务分析

领队带领旅游团完成住宿离店服务时应做的工作分为两个步骤:

(1)离店前1晚,领队应敦促地陪导游一起提醒旅游者办理退房手续的程序和注意事项,离店集合时间与地点;

(2)办理离店手续时,领队应提示旅游者带齐所有行李物品、结清自费项目或商品费用,敦促并协助地陪导游办理离店的相关手续。

完成任务

(1)学生分成不同的小组进行办理酒店离店手续等环节的课堂实训、相互评价任务的完成情况。

(2)教师通过学生完成的任务进行综合考评。

方法与步骤

领队带领旅游团完成酒店离店服务时的工作有:

(1)离店前1晚,领队应敦促地陪导游一起提醒旅游者:

①告知旅游者次日办理退房手续的相关程序与注意事项;

②告知旅游者离店集合时间与地点、需要旅游者配合的相关事项;

③落实叫早、早餐、行李等离店安排。

(2)在办理离店手续时,领队应做的工作有:

①提示旅游者带齐所有行李物品,检查有无遗留物品;

②提示旅游者结清自费项目或商品费用;

③敦促并协助地陪导游为旅游者办理离店的相关手续。

《出境旅游领队服务规范》(LB/T 084—2022)

5.5.5 住宿服务

5.5.5.1 住店时领队应向地陪导游提供分房方案名单,协助地陪导游办理入住的相关手续。

5.5.5.2 告知旅游者领队所住房间号,提醒旅游者保存并随身携带领队及地陪导游联系方式。

5.5.5.3 敦促地陪导游告知旅游者:

a）饭店基本设施、免费提供的服务内容和需要另付费的项目及收费标准；
b）饭店周边环境和交通情况；
c）房间商品/物品的收费情况；
d）饭店有关住宿规定（如禁止吸烟区域、禁止开窗通风等）；
e）住宿及外出的安全注意事项；
f）饭店的逃生设施与逃生路线；
g）次日行程安排、天气情况及着装建议；
h）早餐的时间、地点及用餐凭证。

5.5.5.4 协助地陪导游处理旅游者反馈的问题。

5.5.5.5 与地陪导游一起检查房间设备、设施，需要时指导旅游者使用。

5.5.5.6 离店前1晚，领队应敦促地陪导游：
a）告知旅游者次日办理退房手续的相关程序与注意事项；
b）告知旅游者离店集合时间与地点、需要旅游者配合的相关事项；
c）落实叫早、早餐、行李等离店安排。

5.5.5.7 离店时，领队应：
a）提示旅游者带齐所有行李物品，检查有无遗留物品；
b）提示旅游者结清自费项目或商品费用；
c）敦促并协助地陪导游为旅游者办理离店的相关手续。

《导游领队引导文明旅游规范》相关条款

5.4 住宿

5.4.1 导游领队应提醒旅游者尊重服务人员，服务人员问好时要友善回应。

5.4.2 导游领队应指引旅游者爱护和正确使用住宿场所设施设备，注意维护客房和公用空间的整洁卫生，提醒旅游者不在酒店禁烟区域抽烟。

5.4.3 导游领队应引导旅游者减少一次性物品的使用，减少环境污染，节水节电。

5.4.4 导游领队应提醒旅游者在客房区域举止文明，如在走廊等公共区域衣着得体，出入房间应轻关房门，不吵闹喧哗，宜调小电视音量，以免打扰其他客人休息。

5.4.5 导游领队应提醒旅游者在客房内消费的，应在离店前主动声明并付费。

【技能拓展】

《中华人民共和国星级酒店评定标准》相关条款

中国酒店按等级标准是以星级划分，分为一星级到五星级5个标准。星级以镀金五角星为符号，用一颗五角星表示一星级，两颗五角星表示二星级，三颗五角星表示三星级，四颗五角星表示四星级，五颗五角星表示五星级，五颗白金五角星表示白金五星级。最低为一星级，最高为白金五星级。星级越高，表示旅游饭店的档次越高。

五星酒店：这是旅游酒店的最高等级。设备十分豪华，设施更加完善，除了房间设施豪华外，服务设施齐全。各种各样的餐厅，较大规模的宴会厅、会议厅、综合服务比较齐全。是社交、会议、娱乐、购物、消遣、保健等活动中心。

四星酒店：设备豪华，综合服务设施完善，服务项目多，服务质量优良，室内环境艺术，提供优质服务。客人不仅能够得到高级的物质享受，也能得到很好的精神享受。

三星酒店：设备齐全，不仅提供食宿，还有会议室、游艺厅、酒吧间、咖啡厅、美容室等综合服务设施。这种属于中等水平的饭店在国际上最受欢迎，数量较多。

二星酒店：设备一般，除具备客房、餐厅等基本设备外，还有卖品部、邮电、理发等综合服务设施，服务质量较好，属于一般等级。

一星酒店：设备简单，具备食、宿两个基本功能，能满足客人最简单的旅行需要。

国际酒店等级标准

国际上把饭店分为五个等级：最高等级的为豪华（Luxury Hotels），第二等级为高级（First Class Hotels），第三等级的为中等价位（Middle-Price Hotels），第四等级的为经济型（Economy Hotels），第五等级的为预算型（Budgeted Hotels）。可以简单把豪华饭店等同于国内标准的五星级、高级饭店等同于国内标准的四星级、中价位饭店等同于国内标准的三星级、经济型饭店等同于国内饭店的二星级、预算型饭店等同于国内标准的一星级。不少国际著名管理集团，在国外管理的属于高级等级的饭店品牌，在我国都被评为五星级酒店。在不同的国家和地区，同样等级中的饭店，从硬件和软件两个方面，都有不小的差别。目前在我国也存在同样国际品牌饭店，在不同城市，归属于不同的星级的事实。

国际超五星级酒店标准：

（1）具有两年以上五星级饭店资格。

（2）地理位置处于城市中心商务区或繁华地带，交通极其便利。

（3）建筑主题鲜明，外观造型独具一格，有助于所在地建立旅游目的地形象。

（4）内部功能布局及装修装饰能与所在地历史、文化、自然环境相结合，恰到好处地表现和烘托其主题氛围。

（5）除有富丽堂皇的门廊及入口外，饭店整体氛围极其豪华气派。

（6）各类设施配备齐全，品质一流；有饭店内主要区域温湿度自动控制系统。

（7）有位置合理、功能齐全、品位高雅、装饰华丽的行政楼层专用服务区，至少对行政楼层提供24小时管家式服务。

（8）以下项目中至少具备5项：

①普通客房面积不小于36平方米；

②有布局合理、装饰豪华、格调高雅、符合国际标准的高级西餐厅，可提供正规的西式正餐和宴会；

③有位置合理、装饰高雅、气氛浓郁的独立封闭式酒吧；

④有净高不小于5米、至少容纳500人的宴会厅；

⑤国际认知度极高，平均每间可供出租客房收入连续三年居于所在地同星级饭店前列；

⑥有规模壮观、构思独特、布局科学、装潢典雅、出类拔萃的专项配套设施。

【思考与练习】

1. 领队在办理入住和分房卡时所需的证件和单据有哪些？
2. 在入住酒店的过程中，如果遇到旅游者种种挑剔行为，作为领队应当如何处理？
3. 旅游者在酒店丢失行李如何处理？
4. 旅游者在酒店房间摔伤如何处理？
5. 领队在办理离店手续时要特别注意哪些事项？
6. 学生课堂实训分组模拟领队办理入住手续和办理离店手续的情景，并由小组互评和老师评价。

任务二　游览过程中相关问题的处理

参观游览活动是旅游六要素中最核心的要素，是旅游活动的主要目的，是旅游者所期待的重头戏，也是领队、地陪导游服务的中心环节。所以，在游览过程中，领队需配合地陪导游，按照合同标准为旅游者提供优质、热情的服务及精彩、生动的讲解，向旅游者介绍团队行程安排及景点历史背景、特色资源、景观价值等旅游者感兴趣的内容，带领旅游者完成参观游览活动，最终保证旅游接待计划能够顺利完成。

任务描述

领队小何带领一个昆明旅游团，参加越南芽庄6天5晚行程。旅游团从昆明长水机场包机直飞越南芽庄。到达芽庄后，旅行团的行程是参观具有深厚文化底蕴的婆那加占婆塔、五指岩、自然风光宜人的猴子岛、黑岛、兰花岛等景点。请问领队小何在参观游览过程中的主要工作有哪些？

任务分析

在游览过程中，领队首先应该与地陪导游核对、商定行程，确保行程符合合同要求，然后在行程开始前向旅游者宣布行程总体安排。应多次提醒旅游者接下来的行程安排并在前一天行程结束之前，对次日行程进行再次提醒和强调。让旅游者做到心中有数，并可根据行程安排、天气状况等提醒旅游者着装及携带相关物品。在行程过程中，领队还要辅助地陪导游完成游览计划，包括讲解工作和日常服务等相关工作。

完成任务

（1）学生分成不同的小组进行角色扮演，一位扮演领队、另一位扮演地陪导游，模拟核对行程场景。

（2）在完成游览计划时，明晰领队自身工作职责和范围，切不可越俎代庖。

（3）教师通过学生完成的任务进行综合评价。

方法与步骤

1. 领队和地陪导游应首先核对、商定行程，之后告知客人行程安排

核对并商定行程是领队和地陪导游合作的开端和标志，在旅行团到达的当天，双方应尽早对行程安排进行核对、协商。

（1）在领队、地陪导游核对行程过程中，如果有领队行程单和地陪导游行程单不一致或行程有增减之处应该及时上报旅行社。

（2）在领队、地陪导游、旅游者协商行程过程中，针对旅游者提出的具体要求有两种处理办法。第一，旅游者所提出的要求合理且领队和地陪导游能够满足的情况下，应尽量予以满足；第二，旅游者提出与原定行程不符或明显超过接待标准（且不愿意补差价）时，领队和地陪导游应婉言拒绝，并给出拒绝理由，处理好与旅游者的关系。

（3）核对商定行程之后，告知旅游者行程。行程核对、商定之后，一般情况不做较大的改动。领队应该及时向全体团员宣布商定后的总行程。在每日行程中，还应该重申当日行程安排、注意事项等，让旅游者做到心中有数。

2. 领队辅助地陪导游完成旅游接待计划

境外的游览工作主要由当地地陪导游负责，领队在此过程中的工作职责是监督地陪导游的服务质量、协调处理旅游者在游览过程中的问题、负责保障旅游者的人身和财产安全。

（1）领队辅助地陪导游完成景点讲解。在地陪导游进行景点的自然风光、人文风俗讲解时，领队应给予辅助。在人名、地名翻译或讲解内容模糊以及跨文化交流有理解分歧的地方，领队应在旁边轻声提醒地陪导游。

（2）领队辅助地陪导游完成日常行程的告知提醒工作。在讲解工作之余，领队还应辅助地陪导游就游览过程中食、住、行、游、购、娱六要素中其他要素的具体安排和注意事项，尽到提醒告知义务。

（3）游览途中，领队应协助地陪导游及时了解旅游者的游览体验情况、人数及安全情况。抵达景点后，领队和地陪导游应就该景点游览时长、游览顺序、游览结束时间地点等必要信息以及游览途中如遇走散、迷路等突发事件的应急方案向旅游者具体说明。一般情况下，地陪导游在旅行团的最前端进行讲解和引导游览工作，而领队应该在旅游团的末端，负责旅游者的人数清点、安全保障等工作，以提升旅游者的游览效果和质量。

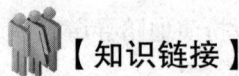【知识链接】

兑换货币[①]

一般来说，兑换目的地国家货币时应当避免多次兑换，以减少因多次兑换而产生的损失。目前，中国银行柜面可以兑换的境外货币，有美元、英镑、欧元、港币、日元等，一般凭身份证到中国银行即可办理。

（1）东南亚国家：目前，人民币在东南亚国家可以方便地兑换当地货币，加上人民币汇率上升，因此在大部分东南亚国家，用人民币兑换比用美元更方便合算。

（2）日本：建议在国内先用人民币兑换日元现金，在日本用美元可以兑换日元。

（3）韩国：若有美金，建议在韩国当地用美金兑换韩元比较划算；若没有美金，则可先在国内银行先将人民币直接兑换成韩币。也可以到达之后再换韩元，因为汇率较低，所以用人民币直接兑换韩币不太划算。

（4）欧洲：去欧洲前在国内银行换好欧元再出发，目前人民币稍显强势一些，用人民币换成美元，再兑换欧元比较划算。

（5）美国：最方便的方式是在国内用人民币换好美元再出发。

（6）澳大利亚：当地一般只以澳元结算，所以在国内用人民币先兑换少量澳元是必需的，而像DFS免税店购物通常也会收取美元。

（7）迪拜：当地货币为迪拉姆，中国银行不提供直接兑换，美元通用。

很多国家带有银联的Visa、Master卡可以直接使用，按照当天汇率结算，就是在国外用当地货币支付，回国后用人民币还款。有的国家刷卡不需要密码，有的要核对付款签名与信用卡上签名是否一致。最好带2张信用卡，以备不时之需。

[①] 搜狐.旅游：出境游一定要注意的五件事. http://www.sohu.com/a/232021462_212664.

《出境旅游领队服务规范》（LB/T 084—2022）

5.5.7 游览服务

5.5.7.1 团队游览及行进时，领队应：

a）监督地陪导游执行行程游览计划，保证合同约定的游览时间；

b）全程提示文明旅游注意事项，提示旅游者遵守游览须知；

c）留意观察周边环境，评估安全隐患，全程提示安全注意事项，劝阻旅游者不安全的行为；

d）始终与旅游者在一起活动，随时清点人数，以防旅游者走散或走失。

5.5.7.2 领队应敦促地陪导游：

a）带领旅游者游览，做好景点讲解；

b）景点景区对参观游览有特别要求或安全注意事项时，对旅游者宣讲、提示；

c）建议旅游者根据自身状况决定是否参加具有较高风险的游览项目，充分告知风险；

d）旅游者参加较高风险的游览项目时，重点宣讲安全事项，要求旅游者严格遵守项目的操作指引和安全提示。

5.5.7.3 团队自由活动前，领队应着重提示安全注意事项，并告知旅游者集合时间及地点。

5.5.7.4 团队集合时，领队应先行到达集合地点，礼貌清点人数，主动联系并寻找迟到的旅游者。

《导游领队引导文明旅游规范》相关条款

5.6 游览

5.6.1 导游领队宜将文明旅游的内容融合在讲解词中，进行提醒和告知。

5.6.2 导游领队应提醒旅游者遵守游览场所规则，依序文明游览。

5.6.3 在自然环境中游览时，导游领队应提示旅游者爱护环境、不攀折花草、不惊吓伤害动物，不进入未开放区域。

5.6.4 观赏人文景观时，导游领队应提示旅游者爱护公物、保护文物，不攀登骑跨或胡写乱画。

5.6.5 在参观博物馆、教堂等室内场所时，导游领队应提示旅游者保持安静，根据场馆要求规范使用摄影摄像设备。不随意触摸展品。

5.6.6 游览区域对旅游者着装有要求的（如教堂、寺庙、博物馆、皇宫等），导游领队应提前一天向旅游者说明，提醒准备。

5.6.7 导游领队应提醒旅游者摄影摄像时先后有序，不妨碍他人。如需拍摄他人肖像或与他人合影，应征得同意。

5.7 娱乐

5.7.1 导游领队应组织旅游者安全、有序、文明、理性参与娱乐活动。

5.7.2 导游领队应提示旅游者观赏演艺、比赛类活动时遵守秩序：如按时入场、有序出入。中途入场或离席以及鼓掌喝彩应合乎时宜。根据要求使用摄像摄影设备，慎用闪光灯。

5.7.3 导游领队应提示旅游者观看体育比赛时，尊重参赛选手和裁判，遵守赛场秩序。

5.7.4 旅游者参加涉水娱乐活动的，导游领队应事先提示旅游者听从工作人员指挥，注意安全，爱护环境。

5.7.5 导游领队应提示旅游者在参加和其他旅游者、工作人员互动活动时，文明参与、大方得体，并在活动结束后对工作人员表示感谢，礼貌话别。

5.9 如厕

5.9.1 在旅游过程中，导游领队应提示旅游者正确使用卫生设施；在如厕习惯特别的国家或地区，或卫生设施操作复杂的，导游领队应向旅游者进行相应说明。

5.9.2 导游领队应提示旅游者维护卫生设施清洁、适度取用公共卫生用品，并遵照相关提示和说明不在卫生间抽烟或随意丢弃废弃物、不随意占用残障人士专用设施。

5.9.3 在乘坐长途汽车前，导游领队应提示旅游者行车时间，提醒旅游者提前上卫生间。在长途行车过程中，导游领队应与司机协调，在中途安排停车如厕。

5.9.4 游览过程中，导游领队应适时提示卫生间位置，尤其应注意引导家长带领未成年人使用卫生间，不随地大小便。

5.9.5 在旅游者众多的情况下，导游领队应引导旅游者依序排队使用卫生间、并礼让急需的老人、未成年人、残障人士。

5.9.6 在野外无卫生间等设施设备的情况下，导游领队应引导旅游者在适当的位置如厕，避免污染水源或影响生态环境。并提示旅游者填埋、清理废弃物。

【技能拓展】

在领队带团出境之前，应当及时了解所前往国家的情况，留意外交部网站发布的出国特别提醒和走出国门注意事项，如需前往近期安全形势不佳（战乱、地质灾害、疫情、气候异常或不适宜出行等因素）的国家和地区，应该事先做好安全准备。

在旅游者游览过程中，领队应该做好以下工作：

（1）针对游览过程中常见事故和突发状况，向旅游者进行有关安全提示和忠告。

（2）在通过危险路段（如陡峭、狭窄的山路、潮湿泛滑的道路等）和具有安全隐患的景点（险峻风光、高海拔景区、极限挑战景点）时，领队要提醒旅游者不可拥挤，并应该充分考虑自身身体条件是否允许,切不可强求和心存侥幸。

(3) 在需要长时间行进的景点游览过程中,领队应根据旅游者身体状况适时给予旅游者休息和补充体力的时间,避免过度且剧烈的运动。

(4) 在水上(包括江河、湖海、水库)游览或活动时,领队要提醒旅游者注意乘船安全,督促旅游团内每一位旅游者穿戴救生衣并强调严禁旅游者单独前往深水区和危险河道。

(5) 在乘坐缆车等载人观光运载工具时,领队要协助景区工作人员安排旅游者有序乘坐。谨防超载、超员或明知载人观光运载工具异常而继续乘坐的情况发生。

(6) 游览期间,领队应提醒旅游者尽量避免独行,自由活动不可走太远,提醒团队成员相互照顾,特别是对老人和小孩的照顾。除此之外,领队还应该和旅游者约定,如迷路,应在原地打电话求救或求助,等待领队或地陪导游原路返回寻找。

(7) 在旅游景点留影拍照时,领队要提醒旅游者秩序原则,切莫插队照相,从而妨碍其他旅游者。

【思考与练习】

1. 领队在旅游团游览过程中,应该如何做好本职工作?
2. 针对中国旅游者出境游的不文明行为,整理出领队在此环节工作的提醒清单。
3. 学生分组选取境外任一游览景点,进行游览情景模拟,并进行小组互评和老师评价。

任务三　餐饮及相关问题的处理

用餐是行程中的重要一环,用餐服务不仅仅体现了餐厅的口味、风格,还体现了领队、地陪导游的服务意识与水平以及与餐厅相关人员沟通、配合的效果。在用餐过程中,为了避免旅游者对用餐环境、菜品及餐厅相关设施的不适应或投诉,领队和全陪应该在用餐前向旅游者做相关介绍并督促餐厅工作人员上菜,在旅游者用餐过程中要看餐,在用餐结束后需主动询问、征求客人意见,如有需要调整的地方,应积极协调安排。

任务描述

领队小李带领一个广东旅游团,参加泰国普吉岛8天7晚的行程。旅游团到达泰国普吉岛后,有的旅游者漫步在柔软舒适的沙滩上,有的则乘快艇感受蔚然大海的神秘。当旅游者们尽情享受完踏浪、戏水等娱悦之后,到了用餐时间,为旅游团准备的是当地鲜活的海鲜大餐及泰国特色小吃。请问在此过程中领队小李应该做好哪些工作？

任务分析

《旅行社出境旅游服务质量》规定：旅游团就餐时，领队应该对就餐餐厅、菜肴等特色做简单介绍；并在抵达餐厅后，介绍餐厅相关设施，引导旅游者就座并对酒水种类进行说明；解答旅游者提问、解决旅游者面临的问题。此外，领队还应该在旅游者用餐过程中看餐，并在用餐结束后，询问旅游者对菜品、服务、用餐环境的满意度。

完成任务

（1）学生分成不同的小组进行角色扮演，一组扮演餐厅工作人员、另一组扮演旅游团成员，并单独挑选两位同学扮演领队和地陪导游，模拟旅游团就餐场景。

（2）熟悉各旅游地饮食特点及风俗习惯。

（3）教师通过学生完成的任务进行综合考评。

方法与步骤

民以食为天，用餐是行程中旅游者必须经历的重要环节，也是旅游接待中容易发生矛盾和冲突的一个环节。所以，针对餐饮在整个行程中的重要性和矛盾频发性，领队应该高度重视用餐环节的服务工作规范，并积极与地陪导游及餐厅工作人员沟通协作，以保障旅游者在此过程中的权益。

1. 地陪导游告知旅游团全体成员用餐相关信息

领队应提前跟地陪导游沟通旅游团关于餐饮方面的特殊要求及饮食禁忌，之后由地陪导游提前通知餐厅该旅游团的大致用餐时间、团号、国籍、人数、标准及特殊要求（要求换餐、加餐、单独用餐、自费增加的其他项目等）、饮食忌讳（有无素食者或宗教信仰禁忌者等）。然后，向旅游者介绍说明用餐细节信息，如餐厅及菜品特色、就餐时间和地点、就餐注意事项等。

2. 引领旅游者进入餐厅并安排就座，安排就餐事宜

（1）引领旅游者进入餐厅，与餐厅工作人员确定桌号后，安排旅游者入座。

（2）地陪导游介绍领队和餐厅主管相互认识，并督促餐厅及时上菜。

（3）在等待餐厅上菜的过程中，地陪导游应向旅游者介绍就餐相关规定，如哪些饮料包括在费用之内，哪些不包括在内，若有超出规定的服务要求，费用由旅游者自理等，以免产生误会。

（4）待菜品上齐后，领队应观察菜品数量和质量是否符合合同标准，在旅游者开始用餐后，祝旅游者用餐愉快并自行离开就餐。

3. 旅游者用餐过程中领队和地陪导游需随时处理各种情况

在旅游者用餐过程中，领队和地陪导游应适时了解、观察旅游者用餐情况。要做到这一点，领队或地陪导游需中途到餐桌旁查看一至两次，旅游者饭量、菜量是否足够，为旅游者的自费行为（购买酒水、饮料等）提供翻译帮助，并及时解答旅游者用餐过程中出现的问题。

4. 用餐结束后，询问旅游者意见建议并积极协调改进

用餐结束后，等待地陪导游与餐厅结算时，领队应该主动询问旅游者对该餐的意见和建议，针对旅游者反映的情况，在自己的权限范围和不超过合同标准的情况下，应予以接纳和改进；在超出自己权限范围且有重大问题时，应该及时上报旅行社。

【知识链接】

西餐礼仪[①]

随着中国经济的发展和社会的进步，西方饮食文化越来越走进我们中国人的生活，那么学习一些西餐的用餐礼仪就十分必要，下面简单介绍一下西餐礼仪。

（1）预约的窍门：越高档的饭店越需要事先预约。预约时，不仅要说清人数和时间，也要表明是否要吸烟区或视野良好的座位。如果是生日或其他特别的日子，可以告知宴会的目的和预算。在预定时间内到达，是基本的礼貌。

（2）再昂贵的休闲服，也不能随意穿着上餐厅。

（3）吃饭时穿着得体是欧美人的常识。去高档的餐厅，男士要穿着整洁的上衣和皮鞋；女士要穿套装和有跟的鞋子。如果指定穿正式服装的话，男士必须打领带。

（4）由椅子的左侧入座。最得体的入座方式是从左侧入座，当椅子被拉开后，身体在几乎要碰到桌子的距离站直，领位者会把椅子推进来，腿弯碰到后面的椅子时，就可以坐下来。

（5）用餐时，上臂和背部要靠到椅背，腹部和桌子保持约一个拳头的距离，两脚交叉的坐姿最好避免。

（6）正式的全套餐点上菜顺序是：①菜和汤；②鱼肝油；③水果；④肉类；⑤乳酪；⑥甜点和咖啡；⑦水果，还有餐前酒和餐酒。没有必要全部都点，点太多却吃不完反而失礼。稍有水准的餐厅都不欢迎只点前菜的人。前菜、主菜（鱼或肉择其一）加甜点是最恰当的组合。点菜并不是由前菜开始点，而是先选一样最想吃的主菜，再配上适合主菜的汤。

（7）点酒时不要硬装内行。在高级餐厅里，会有精于品酒的调酒师拿酒单来，对酒不大了解的人，最好告诉他自己挑选的菜色、预算、喜爱的酒类口味，请调酒师帮忙挑选。

（8）主菜若是肉类应搭配红酒，鱼类则搭配白酒。上菜之前，不妨来杯香槟、雪利

---

① 中国餐饮美食网，http://www.docin.com/p-62622533.html。

酒或吉尔酒等较淡的酒。

（9）餐巾在用餐前就可以打开。点完菜后，在前菜送来前的这段时间把餐巾打开，往内折三分之一，三分之二平铺在腿上，盖住膝盖以上的双腿部分。最好不要把餐巾塞入领口。

（10）用三根手指轻握杯脚。酒类服务通常由服务员负责将少量酒倒入酒杯中，让客人鉴别一下品质是否有误。只需把它当成一种形式，喝一小口。接着，侍者会来倒酒，这时，不要动手去拿酒杯，而应把酒杯放在桌上由侍者去倒。正确的握杯姿势是用手指轻握杯脚。为避免手的温度使酒温增高，应用大拇指、中指、食指握住杯脚，小指放在杯子的底台固定。

（11）喝酒的方法。喝酒时绝对不能吸着喝，而是倾斜酒杯，像是将酒放在舌头上似的喝。轻轻摇动酒杯让酒与空气接触以增加酒味的醇香，但不要猛烈摇晃杯子。此外，一饮而尽、边喝边透过酒杯看人，都是失礼的行为。不要用手指擦杯沿上的口红印，用面巾纸擦较好。

（12）喝汤也不能吸着喝。先用汤匙由后往前将汤舀起，汤匙的底部放在下唇的位置将汤送入口中。汤匙与嘴部成45°较好。身体上的半部略微前倾。碗中的汤剩下不多时，可用手指将碗略微抬高。如果汤用有握环的碗装，可直接拿住握环端起来喝。

（13）面包的吃法。先用两手撕成小块，再用左手拿来吃的原则。吃硬面包时，用手撕不但费力而且面包屑会掉满地，此时可用刀先切成两半，再用手撕成块来吃。避免像用锯子似割面包，应先把刀刺入另一半。切时可用手将面包固定，避免发出声响。

（14）鱼的吃法。鱼肉极嫩易碎，因此餐厅常不备餐刀而备专用的汤匙。这种汤匙比一般喝汤用的稍大，不但可切分菜肴，还能将调味汁一起舀起来吃。若要吃其他混合的青菜类食物，还是使用叉子为宜。首先用刀在鱼鳃附近刺一条直线，刀尖不要刺透，刺入一半即可。将鱼的上半身挑开后，从头开始，将刀叉在骨头下方，往鱼尾方向划开，把针骨剔掉并挪到盘子的一角。最后再把鱼尾切掉。由左至右面，边切边吃。

（15）如何使用刀叉。基本原则是右手持刀或汤匙，左手拿叉。若有两把以上，应由最外面的一把依次向内取用。刀叉的拿法是轻握尾端，食指按在柄上。汤匙则用握笔的方式拿即可。如果感觉不方便，可以换右手拿叉，但更换频繁则显得粗野。吃体积较大的蔬菜时，可用刀来折叠、分切。较软的食物可放在叉子平面上，用刀子整理一下。

（16）略事休息时，刀叉的摆法。如果吃到一半想放下刀叉略作休息，应把刀叉以八字形状摆在盘子中央。若刀叉突出到盘子外面，不安全也不好看。边说话边挥舞刀叉是失礼举动。用餐后，将刀叉摆成四点钟方向即可。

《出境旅游领队服务规范》（LB/T 084—2022）

5.5.6 用餐服务

5.5.6.1 团队用餐时，领队应：

a）监督地接社与地陪导游按照旅游合同的约定兑现用餐安排和用餐标准；

b）告知或要求地陪导游告知旅游者用餐后集合的时间、地点；

c）与地陪导游一道引导旅游者按照餐位就座用餐；在用餐过程中进行巡视，了解旅游者的用餐情况及对餐食的意见；

d）检查旅游者的特殊预订要求（如清真餐、素食）是否得到落实。

5.5.6.2 在行程中如餐食需旅游者自理的，领队应提前要求地陪导游向旅游者介绍可用餐的地点及相关信息。

5.5.6.3 与地陪导游协商处理好旅游者在用餐过程中反映的问题，做好相关协调工作。

《导游领队引导文明旅游规范》相关条款

5.5 餐饮

5.5.1 导游领队应提醒旅游者注意用餐礼仪，有序就餐，避免高声喧哗干扰他人。

5.5.2 导游领队应引导旅游者就餐时适量点用，避免浪费。

5.5.3 导游领队应提醒旅游者自助餐区域的食物、饮料不能带离就餐区。

5.5.4 集体就餐时，导游领队应提醒旅游者正确使用公共餐具。

5.5.5 旅游者如需在就餐时抽烟，导游领队应指示旅游者到指定抽烟区域就座，如就餐区禁烟的，应遵守相关规则。

5.5.6 就餐环境对服装有特殊要求的，导游领队应事先告知旅游者，以便旅游者准备。

5.5.7 在公共交通工具或博物馆、展览馆、音乐厅等场所，应遵守相关规则，勿违规饮食。

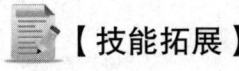【技能拓展】

多重因素导致中西方餐饮文化的差异①

中国旅游者在国外用餐时，往往因为排队、大声喧哗、取食方式不当等行为遭到餐厅工作人员和其他食客的不满，这由多重因素导致：有中西方文化、饮食习惯的差异，

---

① 百度文库．外国餐馆就餐礼仪，https://wenku.baidu.com/view/df08171aa76e58fafab003f1.html.

也有宗教信仰习俗的差异，还有旅游者自身原因的差异等，以下是某些中国旅游者在就餐过程中出现的一些有待改进的差异化行为。

（1）客人就座后，有些中国旅游者习惯用餐前用餐巾把餐具擦一下。这在外国是十分忌讳的，表示顾客对餐馆的卫生不满意。服务员若是看到这种情况会马上换一套新的。因此，应注意不要这样做。万一发现某一餐具不干净，可直接找服务员说明，请其调换。

（2）国外餐厅特别是一些自助餐餐厅内，部分饮品是免费的，中国旅游者往往会拿自己的水杯灌满一杯后带走，餐厅经营者因此感到很无奈，于是在接饮品处用中文张贴"禁止外带"的告示。有的旅游者把餐厅提供给全部顾客的赠品统统收起来带走；有的旅游者喊着号子、划着拳喝酒，在餐厅一喝就是几十瓶啤酒，搞得餐厅工作人员和其他旅游者怨声载道并不时投来鄙夷的眼光；还有少数旅游者顺手"牵"走餐厅、酒店的餐具杯盏。

（3）国外自助餐要求旅游者排队依次拿取食物，一次不能拿太多，拿的食物一定要吃完，食品饮料不能带走，在空调房内禁止吸烟，用餐时禁止高声喧哗以免影响餐厅其他客人就餐。但许多中国人一进自助餐厅，就在食物区里横冲直撞，抢在其他人前面挑选食物，并把盘中食物堆得像座小山，最后却吃不完，浪费现象极其严重。少数中国旅游者高声喧哗并抽烟喝酒，还会把鸡蛋偷偷揣在口袋里带走，或者是把饮料灌在自己的杯子里带走。

（4）在大部分西欧国家，在咖啡馆喝饮料的方式有两种。一种是在柜台前站着喝，另一种是坐下来等服务员端到桌前。两种喝法，不同服务，两种价格。咖啡馆也往往将两种价格标示在门口或价目牌上。初次出国的人不知内情，在街上走累了，看到路边摆放的桌椅往往会坐下来休息。这立即会引来服务员上前询问要什么饮料。如果不要任何饮料，会引起店家的不快，所以出于礼仪，此种做法应避免。

（5）宗教信仰不同带来的差异：有的国家信奉的宗教教义里规定不允许喝含酒精的饮料，而不少国内旅游者却对当地人热情劝酒，会让对方很为难，甚至觉得受到了侮辱。

【思考与练习】

1. 思考并梳理领队在用餐服务时的工作流程，特别关注细节服务。
2. 学习各国用餐礼仪及文化，熟悉与就餐相关的英语词汇。
3. 学生分组模拟旅游团餐厅用餐情景，并由小组互评和老师评价。

任务四　购物及相关问题的处理

旅游行程即将结束之时，旅游者常常会有购买旅游地纪念品的消费需求，因此，安排购物环节符合了旅游者的消费心理。据统计，在国际旅游总消费中，用于购物的部分约占50%，在新加坡、中国香港等国家或地区的旅游总收入中，销售商品的收入甚至已超过了上述比例。购物环节要求领队和地陪导游首先要遵守旅游合同，且旅游者在购物环节获得物质和精神上的满足和愉悦。

任务描述

资深日韩线领队小赵正带领一个深圳旅游团在韩国首尔的乐天百货免税店选购商品。据小赵介绍，内地旅游者热衷的日本、韩国及中国香港购物的免税店有：DFS旗下T广场（香港广东道店、冲绳店）、新罗免税店（首尔）、Laox（冈山机场店、秋叶原总店）、乐天免税店（明洞总店）。旅游者方面，出境旅游者的年龄段主要集中在25~45岁，这部分人群购买力也很强。请问领队小赵此时应该做哪些工作？

任务分析

《旅行社出境旅游服务质量》对领队和地陪导游购物环节的服务工作标准做出了以下要求：

（1）向旅游者介绍本地商品的特色。
（2）向旅游者讲清购物停留时间。
（3）向旅游者介绍购物的有关注意事项。
（4）随时向旅游者提供在购物过程中所需要的服务，如语言翻译、介绍托运手续等[①]。

完成任务

（1）了解世界知名旅游购物商店及热销商品情况。
（2）清楚境外购物相关海关规定，如购物退税、违禁品等规定。
（3）学生可以分成不同的小组模拟购物场景和海关出入境场景、相互评价任务的完成情况。
（4）教师通过学生完成的任务进行综合评价。

方法与步骤

购物是旅游六要素中的一个重要环节，喜欢购物是中国旅游者出行的一大特点。据有关报道，中国旅游者在德国的日平均购物消费为110美元，在瑞士日均消费为400瑞郎，约合313美元，分别位于外国人在当地消费的前列。由此可见，购物已成为中国旅游者出境旅游的重要议程。

---

① 王健民. 出境旅游领队实务 [M]. 北京：旅游教育出版社，2013.

1. 监督购物安排，维护旅游者和旅行社利益

领队应该监督地陪导游前往旅游合同和行程单所指定的购物店进行购物，并严格遵照行程标准（次数、购物时间）进行。如遇与行程标准不符或需增加或减少购物次数、延长或缩短购物时长，地陪导游应事先同领队协商解决，并征得旅游者同意，如果超出领队的工作权限，则应该及时上报旅行社，以保障旅游者和旅行社的权益。

2. 告知旅游者不同国家的退税和违禁品等相关规定

（1）对街头小贩强买强卖行为的提醒。在一些购物店门口，时常聚集着不少街头小贩，他们沿街兜售与购物店中商品外形相似、价格低廉的仿制品。当旅游者因好奇而观望小贩手中的物品时，众多小商贩便会一拥而上，场面十分混乱。因此，领队应该事先提醒旅游者，谨防上当受骗，切不可听之任之、放任不管。

（2）对各国海关退税规定的介绍。领队应事先了解各国退税规定，在购物前提前向旅游者介绍，并提醒旅游者寻找"Tax refund"或"Tax Free"标志并索要发票。在欧洲、澳大利亚、南非等许多国家，都对旅游者购物有具体的退税规定，所以领队在前往带团之前，需要提前了解所前往国家退税的相关政策和流程。

（3）对各国海关关于违禁品相关规定的介绍。购物环节的设计和安排一般安排在行程中期或后期，领队需根据旅游团所处国家的海关出境规定向旅游者介绍说明，提醒旅游者在购物环节所购买商品的种类、数量以及所携带现金的数额限制。若该国在出境时对旅游者携外汇现金数量有限制（如塞舌尔出境时，旅游者所携外汇数量超过400美元的部分，会被没收），那么旅游者在购物环节则需考虑支付方式等相关问题。领队还应提醒旅游者，海关如果搜查到旅游者携带了违禁品，则会予以重罚。

3. 在购物过程中，帮助旅游者挑选满意的商品

（1）语言帮助。由于旅游者大部分语言不通，在自由购物时，领队务必要多次向旅游者强调集合时间、地点，避免旅游者单独行动。在部分境外购物店内，针对中国旅游者，店家提供了专人中文导购服务。但有时候旅游者在购物过程中，仍然会遇到语言障碍，这就要求领队在旅游者购物时，为其提供相关语言翻译帮助。

（2）购物参谋。领队从国内便开始带领旅游者游玩，旅游者对领队的认可表现在对领队的信任感上。当旅游者在挑选商品时，他们需要领队给予朋友般的建议和专业艺术审美、功能价值角度方面的介绍。

（3）相关服务。有的境外商场很大，入口都差不多，要提醒旅游者记住几号门或者周围明显标志。对旅游者购买的商品进行检验、托运等相关服务帮助。

4. 购物的后续工作

旅游者购买商品后，应对商品的保养、使用方法进行详细介绍。如果旅游者对所购买的商品不满意且票据齐全、包装完好不影响二次销售的情况下需要退换时，领队和地陪导游应予以协调并帮助办理相关退换手续。

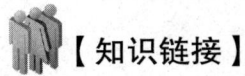
【知识链接】

旅游者购物安全事项

（1）领队要提醒旅游者，切莫轻信街头小贩的商品推荐，更不可随街头小贩到偏僻地方购物或取物。

（2）在旅游者无意购买时，不要过多地向商家询问价格和讨价还价。

（3）在购物时，领队应提醒旅游者要细心鉴别商品真伪，不要急于付款并在交易完成时向商家索取正式发票。

（4）在热闹拥挤的购物场所，领队要提醒旅游者注意保管好自己的钱包、证件及贵重物品；结伴而行，避免前往秩序混乱的场所，防止被诈骗、盗窃和抢劫事故的发生。

《出境旅游领队服务规范》（LB/T 084—2022）

5.5.9 购物安排

领队应严格按照旅游合同约定的购物活动安排购物服务，不应擅自增、减购物安排或强迫旅游者购物。购物时，领队应：

a）监督地接社和地陪导游严格执行在旅游合同或其附件中对购物安排的约定，不擅自延长购物时间、不擅自增加购物场所，对地接社或地陪导游的违约行为及时制止。

b）不干预旅游者自主购物行为，不强行要求旅游者购物。

c）提示旅游者遵守购物须知，并保留购物凭据。

d）需要时，提示旅游者随身携带旅游证件。

e）需要时，向旅游者介绍退税相关规定，协助旅游者办理退税手续。

f）旅游者坚持要求安排行程计划之外的购物活动且影响到原计划的执行时，要求旅游者签订旅行社规定制式的行程变更确认单。如有旅游者不同意变更则不安排。

《导游领队引导文明旅游规范》相关条款

5.8 购物

5.8.1 导游领队应提醒旅游者理性、诚信消费，适度议价，善意待人，遵守契约。

5.8.2 导游领队应提醒旅游者遵守购物场所规范，保持购物场所秩序，不哄抢喧哗，试吃试用商品应征得同意，不随意占用购物场所非公共区域的休息座椅。

5.8.3 导游领队应提醒旅游者尊重购物场所购物数量限制。

5.8.4 在购物活动前，导游领队应提醒旅游者购物活动结束时间和购物结束后的集合地点，避免旅游者迟到、拖延而引发的不文明现象发生。

【技能拓展】

退税

首先，要弄清楚所在的旅游城市是否有针对国外消费者退税的相关服务，确认之后寻找挂有"Tax Refund""Tax Free"或是"Euro Free Tax"等标示的商家。

其次，由于各个国家对于退税的金额有不同的限制，应先衡量一下自己的购物实力，如果一个人在同一家店内消费无法达到该店规定的退税额标准，则建议结伴而行一起结账以达到退税标准所规定的最低消费金额。

在商店中填写退税单时可以选择退现金、退支票，也可以选择退回到指定的信用卡账号中，最简单的当然是退现金。

（1）日本：同一家百货公司一天内购物满1万日元以上，可凭护照与收据在该百货公司退税5%。

（2）韩国：一次购买总值5万韩元以上的商品，并在购买商品后的3个月内携带出韩国，可申请退还附加税、特别消费税及防卫税。

（3）泰国：申请退税的商品总值必须不少于5000泰铢（约合人民币1000元），而每家商场购物消费最少要2000泰铢，所购商品须于购买后的60天内携带出境。

（4）澳大利亚：凡是购买含有货物服务税的商品或是酒类平价税的酒类时可分别享受11%与14.5%的退税，在同一家商店若是购物满300澳元以上，要向商家索取税单证明，并在离境时于出境海关办理退税。

（5）欧洲：欧洲各地都要求同一天在同一家商店内的购物金额达到或超过一定金额，法国最少为175欧元。欧盟国家可以在出境国统一办理，凭盖子上印的退税单在机场内银行专设的退税窗口就可取到钱。

（6）中国台湾：如果在台北市内免税店购物，不需办理退税，但商品凭小票到机场过关后才能提取，提取时注意检查是否一致。如果在市内商店购物，要求同一天在同一家商店内的购物金额达到或超过一定金额，商店开具退税单，到机场办理退税。

退税时最好选择当地货币，数额不多时可直接在机场免税店消费了。如果选择美元或人民币，汇率损失会较大。

【思考与练习】

1. 若发现旅游者所购买的商品数量超过了海关规定，领队该如何协调和处理？
2. 回到国内后，旅游者要求退换所购买的商品，领队该如何处理？
3. 回到国内后，旅游者才想起自己尚未退税，领队该如何处理？

任务五　自然灾害等相关问题的处理

自然灾害是自然界中所发生的给周围的生物、人类造成悲剧性后果的异常现象，分为地质灾害、气象灾害、气候灾害、水文灾害、生态灾害、天文灾害等。突发的自然灾害不仅考验领队的应变能力，也给出境游组团社带来"危机处理"的新课题。在具有突发性、紧迫性、威胁性的事件中，不及时处理或处理方法不当，或在危机面前惊慌失措都有可能危及旅游者的生命，损害旅行社的声誉。

遇到自然灾害时，领队：一是要把保护旅游者生命安全放在第一位，绝对不能弃团脱逃或消极应对，而应积极应对，与旅游者一起组织自救和逃生；二是要保持镇定，临危不乱，根据现场情况科学处理；三是要积极组织自救并及时求助。当情况紧急，甚至来不及打电话求救时，一定要有主见，立即带领旅游者转移到安全地带；如果险情持续时间长，应及时向当地相关部门求救，并向旅行社报告，寻求支援。

任务描述

2012年4月11日下午，印度尼西亚苏门答腊岛附近海域发生8.6级地震，震源深度为20千米。地震导致当地断电，人群聚集在地势较高的地方躲避潜在危险。地震有可能引发海啸，整个印度洋海岸已经发布海啸预警。与之相隔马六甲海峡的泰国普吉岛，在收到海啸预警后已经暂时关闭机场。同时，泰国政府敦促普吉、甲米、拉廊、攀牙、董里和沙敦6个府的居民疏散。

领队小蔡正在带一个浙江旅游团在印度尼西亚游览，印度尼西亚海啸发生当天，团员反映在酒店9楼感觉到摇晃，之后他立即与地陪导游商量，坚持改变行程，待次日弄清楚情况后再去比较远的岛屿。正是他的这份慎重，使得全体团员有惊无险。海啸发生后，船无法靠岸，在深海漂流时，为稳定团员情绪，领队小蔡一边与团员轻松地开着玩笑，一边拼命地打手机寻求援助。请问接下来领队小蔡应该如何处理？

任务分析

面对自然灾害的发生，领队不能慌乱。在自然灾害发生前，自然界会出现一些细小的异动，此时领队就需要慎重地判别并且坚定而及时地做出应对方案，避免旅游团深陷自然灾害当中；在自然灾害发生时，领队要沉着冷静，在安抚、救助旅游者的同时，还要积极与外界保持联系，争取救援。同时，领队还要时刻关注灾害发生国家外交部网站上公布的旅游注意事项和救援信息。在具有突发性、紧迫性、威胁性的事件中，运用领队自身专业知识储备和技能常识，保护自身和旅游者安全，争取把损失降到最低。

 **完成任务**

（1）作为一名合格的领队，必须具备良好的综合素质，树立"没有安全就没有旅游"的安全意识，通过"读万卷书，行万里路"，学习和积累应对各种突发事件的经验。

（2）学生可以分成不同的小组进行不同自然灾害防御救援预演、相互评价任务的完成情况。

（3）教师通过学生完成的任务进行综合考评。

方法与步骤

（1）做好预防工作。出团前领队要了解旅游目的地的天气情况，做好预防准备，并告知旅游者。比如，如果目的地是山区，要特别注意降雨情况；如果是沿海地区，要留意台风预报等。

（2）在出团之前，领队要关注中华人民共和国外交部网站公布的部分国家旅游注意事项，及时掌握和了解所前往的国家近期安全信息。抵达目的地后，要和地陪导游及时沟通当地的安全状况。

（3）要成为团队的主心骨。一个好的领队应该是旅游者的保护伞，任何时候都要做好安全防护工作，遇到紧急情况，要综合分析当前和后续情况，做出科学判断，根据具体情况灵活处理，力争将伤亡降到最低。

（4）领队应该具备应对各种情况的安全救生知识，如遇雷雨天气，要判断所处的地形地貌，防范发生山洪、泥石流险情；有雷电时，不要携带金属物品，不要站在高处，防止雷击；地震发生时，要往空旷地带疏散。

（5）如果发现周边自然环境有所异动，则需要十分谨慎。同时可以询问旅游者或地陪导游，有无相同或相似的感受。商定之后，如认为有必要修改行程先后顺序的，领队和地陪导游可以对行程进行调整，避免使旅游团深陷自然灾害之中。

（6）当旅游团中有旅游者出现受伤的情形，领队要对受伤旅游者进行伤口处理，对受惊吓的旅游者，领队要及时安抚旅游者情绪。

（7）当旅游团被困时，领队要运用一切手段与外界保持联系，要想办法向救援机构汇报旅游团所在地、总人数、伤员人数及受伤情况，所剩余的生活必需品数量等信息，按照救援机构相关人员的指示，等待救援。

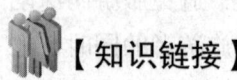 **【知识链接】**

自然灾害

自然灾害是指由于自然异常变化造成的人员伤亡、财产损失、社会失稳、资源破坏等现象或一系列事件。它的形成必须具备两个条件：一是要有自然异变作为诱因；二是要有受到损害的人、财产、资源作为承受灾害的客体。

地球上的自然变异，包括人类活动诱发的自然变异，自然灾害孕育于由大气圈、岩石圈、水圈、生物圈共同组成的地球表面环境中。这种变异无时无地不在发生，当这种变异给人类社会带来危害时，即构成自然灾害[1]。因为它给人类的生产和生活带来了不同程度的损害，包括以劳动为媒介的人与自然之间，以及与之相关的人与人之间的关系。灾害都是消极的或破坏的作用。所以说，自然灾害是人与自然矛盾的一种表现形式，具有自然和社会两重属性，是人类过去、现在、将来所面对的最严峻的挑战之一。

世界范围内重大的突发性自然灾害包括：旱灾、洪涝、台风、风暴潮、冻害、雹灾、海啸、地震、火山、滑坡、泥石流、森林火灾、农林病虫害等[2]。

《出境旅游领队服务规范》（LB/T 084—2022）

A.12 自然灾害或动（骚）乱

A.12.1 遇到台（飓）风、地震、海啸、暴雪等自然灾害或政治动（骚）乱，团队已身在灾区的，领队应保持镇定并立即带领团队撤离灾区/动乱地区，沿途照顾好伤病员，尽最大努力减少团队伤亡。

A.12.2 团队行程计划前往灾区/动乱地区的，领队应立即与旅行社联系并与旅游者紧急磋商，果断更改行程，视情况改往他处或者提前结束行程回国。

A.12.3 需提前结束行程回国的，领队应提请旅行社办妥旅行团机票等事宜。

《旅行社出境旅游服务规范》（GB/T 31386—2015）相关条款

5.4.5 特殊/突发情况的处理

组团社应建立健全应急预案和应急处理机制，建立保持畅通的沟通渠道。

旅游者在旅游过程中遇到特殊困难、旅游者在境外滞留不归或出现特殊/突发情况，如事故伤亡、行程受阻、财物丢失或被抢被盗、重大传染性疾病、自然灾害等，领队应积极协助有关机构或直接作出有效的处理，并向我驻当地使领馆报告，获得帮助，以维护旅游者的合法权益。

---

[1] 360 百科．自然灾害，https://baike.so.com/doc/5034871-5261390.html.

[2] 360 百科，http://baike.so.com/doc/5034871-5261390.html#5034871-5261390-2_4.

《导游领队引导文明旅游规范》相关条款

6 特殊/突发情况处理

6.1 旅游过程中遭遇特殊/突发情况，如财物被抢被盗、重大传染性疾病、自然灾害、交通工具延误等情形，导游领队应沉着应对，冷静处理。

6.2 需要旅游者配合相关部门处理的，导游领队应及时向旅游者说明，进行安抚劝慰，导游领队还应积极协助有关部门进行处理。在突发紧急情况下，导游领队应立即采取应急措施，避免损失扩大，事态升级。

6.3 导游领队应在旅游者和相关机构和人员发生纠纷时，及时处理、正确疏导，引导旅游者理性维权、化解矛盾。

6.4 遇旅游者采取拒绝上下机（车、船）、滞留等方式非理性维权的，导游领队应与旅游者进行沟通、晓以利害。必要时应向驻外使领馆或当地警方等机构报告，寻求帮助。

【技能拓展】

自然灾害应对措施

1. 洪水

（1）不要惊慌，冷静观察水势和地势，然后迅速向附近的高地、楼房转移。

（2）洪水来势很猛，就近无高地、楼房可避，可抓住有浮力的物品如木盆、木椅、木板等。必要时爬上高树也可暂避。

（3）切记不要爬到土坯房的屋顶，这些房屋浸水后容易倒塌。

2. 火灾

（1）保持镇静，迅速判断危险地点和安全地点，尽快撤离。

（2）逃生时不可蜂拥而出或留恋财物。必须穿过火区时，应尽量用浸湿的衣物披裹身体，捂住口鼻，贴近地面。

（3）身上着火，千万别奔跑，可就地打滚，将身上的火苗压灭或跳入就近的水池、水缸、小河等。

（4）身处楼上，寻找逃生路一般向下不向上。进入楼梯间后，确定楼下未着火时再向下逃生。

（5）楼梯或门口被大火封堵，楼层不高时，可利用布匹、床单、地毯、窗帘等制成绳索，通过窗口、阳台、下水管等滑下逃生。

（6）楼层高，其他出路被封堵，应退到室内，关闭通往着火区的门、窗，有条件的用湿布料、毛巾等封堵着火区方向的门窗，并用水不断地浇湿，同时靠近没有火的一方的门窗呼救。晚上可用手电筒、白布摆动发出求救信号,绝不可乘坐电梯,也不可贸然跳楼。

3. 雷击

(1)远离建筑物的避雷针及其接地引下线,这样做是为了防止雷电反击和跨步电压伤人。

(2)远离各种天线、电线杆、高塔、烟囱、旗杆,如有条件,应进入有防雷设施的建筑物或金属壳的汽车、船只,但帆布的篷车、拖拉机、摩托车等在雷雨发生时是比较危险的,应尽快远离。

(3)尽量离开山丘、海滨、河边、池塘边,尽量离开孤立的树木和没有防雷装置的孤立建筑物,铁围栏、铁丝网、金属晾衣绳边也很危险。

(4)雷雨天气尽量不要在旷野行走,外出时应穿塑料材质等不浸水的雨衣,不要骑在牲畜上或自行车上行走;不要用金属杆的雨伞,不要把带有金属杆的工具如铁锹、锄头扛在肩上。

(5)人在遭受雷击前,会突然有头发竖起或皮肤颤动的感觉,这时应立刻躺倒在地,或选择低洼处蹲下,双脚并拢,双臂抱膝,头部下俯,尽量降低自身位势、缩小暴露面。

(6)如果雷雨天气待在室内,并不表示万事大吉,必须关好门窗,防止球形雷窜入室内造成危害;把电视机室外天线在雷雨天与电视机脱离,而与接地线连接;尽量停止使用电器,拔掉电源插头;不要打电话和手机;不要靠近室内金属设备(如暖气片、自来水管、下水管);不要靠近潮湿的墙壁。

4. 台风

(1)不要在建筑物旁避风躲雨,强风有可能吹倒建筑物、高空设施(如破旧房屋、树木等等),易造成人员伤亡。

(2)注意远离高空坠物,强风会吹落高空物品,易造成砸伤砸死事故[1]。

【思考与练习】

1. 在自然灾害发生时,领队要如何与外界保持联系?
2. 领队需要学习哪些相关卫生急救常识,以便在灾害发生时可用。

---

[1] 360百科,http://baike.so.com/doc/5034871-5261390.html#5034871-5261390-2_4.

任务六　旅游者患病等相关问题的处理

　　旅游活动本身就是一项具有挑战性并且求新求异的人类探索未知领域的活动。在旅游活动中，依托旅行社多年的运营，形成了成熟的游览路线，在此过程中，虽规避了大量突发风险，但是再成熟的旅游路线也无法完全排除危及旅游者人身安全的所有隐患。所以，领队应告知旅游者行程中的诸多安全问题和自救、处理办法。在遇到紧急情况时，领队要按照急救原则，运用所掌握的急救知识完成现场处理和救援任务，同时寻求多方援助。

任务描述

　　领队小孙带领一个湖南旅游团在泰国曼谷大皇宫内游览，当天泰国曼谷的气温超过了35℃，骄阳似火，空气中弥漫着炙热的气息，地面冒着热浪，人们的鞋底仿佛要被熔化。旅游团里有一位65岁的老人出现了身体不适，他把自己的不适告诉了领队小孙。小孙初步判定，老人出现了中暑症状。于是小孙让其他旅游者跟随地陪导游继续游览大皇宫，他和老人的家人一同搀扶老人来到一棵大树下，请问小孙接下来应该为老人做哪些急救处理？

任务分析

　　《中国公民出国旅游管理办法》第十八条规定：旅游团领队在带领旅行者旅行、游览过程中，应当就可能危及旅游者人身安全的情况，向旅游者作出真实说明和明确警示，并按照组团社的要求采取有效措施，防止危害的发生。

完成任务

　　（1）了解中暑产生的原因、症状，掌握中暑预防和处理的方法。
　　（2）除中暑之外，掌握其他常见的旅游卫生常识和急救护理知识。
　　（3）学生分成不同小组进行旅游卫生常识、急救护理知识的问答训练，还可以模拟现场情形，进行护理和急救演习。
　　（4）教师通过学生完成的任务进行综合评价。

方法与步骤

　　领队在带团过程中，会遇到旅游者因自身身体原因患病或由于外界环境引起的突发紧急事件。作为一名有经验的领队应在出团前，明确告知旅游者行程过程中存在的真实风险并告知其如何科学避免危害。此外，《旅行社出境旅游服务质量》中对"领队素质要求"的规定是，领队应该掌握一定的急救知识，防患于未然。在遇到各类突发状况时，领队需要冷静、及时、有效地保护自己和旅游者，降低风险和损失。

中暑的主要原因是人体长时间暴露在太阳下或高湿热环境中，出现大汗、口渴、头昏、耳鸣、眼花、胸闷、恶心、呕吐、发烧，严重者会神志不清甚至昏迷等症状。若遇旅游者出现中暑情况，领队和地陪导游需要及时处理，具体方法如下：

第一，领队和地陪导游应该根据天气状况合理安排行程，预防旅游者中暑。在高热环境下，地陪导游和领队要根据旅游者身体状况安排休息，劳逸结合，提醒旅游者补水防晒，避免长时间在烈日下活动。

第二，发现旅游团中有旅游者出现中暑症状后，应该及时处理：(1)领队和地陪导游在发现有旅游者中暑后，领队应该立即安排团友或亲属将中暑的旅游者搀扶或抬到阴凉通风处，使其平躺，并解开过紧的衣领和裤带。与此同时，地陪导游要继续带领其他旅游者参观游览。(2)领队要及时给中暑的旅游者补充水分，如有条件，补充含盐饮料效果更佳。(3)中暑的旅游者如有发烧情况出现，领队应该寻求景区医务工作人员的帮助，让中暑的旅游者服下自备或者医务人员提供的防暑药品，并采取物理降温法（用冷水或酒精擦拭中暑旅游者身体，帮助其体表散热）。(4)依据中暑旅游者症状，确定下一步方案，静卧休息或送往更大的医院。

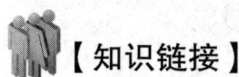【知识链接】

急救现场处理原则和主要任务

急救工作是争分夺秒抢救伤病员生命的工作，应遵循ABC三原则，分别是A（Air Way 通风）、B（Breathing 呼吸）、C（Circulation 循环），以及止血、包扎、固定、搬运四项基本急救措施。在急救现场要分清轻重缓急，保持冷静和清醒地抢救伤病员，减少伤病员的痛苦和二次损伤，之后应及时就医或等待救援，以免丧失有利时机。

(1)紧急情况发生后，领队和地陪导游首先应该保持镇静，不可过度慌张以至失措，并设法维持现场秩序，镇定地指挥现场工作。

(2)事发现场，立即组织人员排除致伤（命）因素，如搬开压在身上的重物、撤离危险现场（中毒、火灾、水灾等现场）、清理伤病员口鼻处异物（呕吐物、血块、泥沙等），保证其呼吸畅通。

特别强调的是，在确定伤病员有脊柱受损的情况下，原则上不要轻易搬动伤者，以避免二次损伤。但在周围环境危及伤者生命的情况下，应该迅速寻找能够承担伤者身体重量的支撑平板，将伤者平移到支撑平板上方，再移动伤者。

(3)检查伤病员生命体征，并为其做相应的急救处理。检查伤病员呼吸、心跳、脉搏、出血、外伤等情况，并针对性地采取以下急救措施。

①呼吸心跳停止：对呼吸困难、窒息和心跳停止的伤病员，迅速将其头抬高到后仰位、托起下颌、使其呼吸道畅通，同时施行人工呼吸、胸外心脏按压等复苏操作，实施原地抢救[①]。

②出血：迅速止血，给予适当的包扎（止血带止血包扎、加压包扎、指压止血等），以伤病员防失血过多。但止血过程中，应每隔1小时放松1刻钟，防止肢体因长时间结扎而造成远端肢体缺血性坏死。

③外伤：如有腹腔脏器脱出或颅脑组织膨出，可用干净毛巾、软布料或搪瓷碗等加以保护；有骨折者用木板等临时固定。神志不清者，未明了病因前，注意其心跳、呼吸、两侧瞳孔大小；发现有舌后坠者，应迅速请医生将其舌头拉出或用别针穿刺固定在口外，防止窒息[②]。

在不确定的情形下，暂不要给伤病员进食和喝任何饮料。禁止领队将自己的药品给伤病员服用。

（4）救援现场要听从统一指挥，撤离伤病员并及时送往医院。若只有领队和伤病员两人时，不要单独留下伤病员；重大事故、灾害和危害公共安全的紧急情况发生时，领队或地陪导游要向政府、卫生、防疫、公安、新闻媒体等部门报告。

《出境旅游领队服务规范》（LB/T 084—2022）

A.9 食物中毒

旅游者发生食物中毒时，领队应：

a）设法催吐或让其多喝水以加速排泄，以缓解毒性；

b）立即将患者送医院抢救，请医生开具诊断证明；

c）迅速上报旅行社。

A.10 旅游者伤病

A.10.1 旅游者意外受伤或患病/疑似患病时，领队应在其他旅游者见证下劝导患者在病发地及时就医，以免延误救治；需要时，陪同患者前往医院。

A.10.2 领队应及时前往医院探视，并按 GB/T 15971 的要求做好相关工作。

A.11 传染性疫病

A.11.1 发现旅游者患有传染性疫病，领队应立即将患者送医院隔离救治，组织同团其他人员进行检疫并向旅行社和相关防疫部门报告。

A.11.2 如游览地突发传染性疫病，领队应迅速带领团队离开疫区，并向旅行社和相关防疫部门报告，按旅行社和防疫部门的指示办理。

---

① 王健民.出境旅游领队实务［M］.北京：旅游教育出版社，2013.

② 同①。

A.11.3 团队行程计划前往疫区的，领队应立即与旅行社联系并与旅游者紧急磋商，果断更改行程，视情况改往他处或者提前结束行程回国。

A.11.4 需提前结束行程回国的，领队应提请旅行社办妥旅行团机票等事宜。

A.14 旅游者死亡

出现旅游者死亡的，领队应按 GB/T 15971 处理。

【技能拓展】

国际救援组织

国际救援组织联盟是一个专门为商务休闲旅游者、涉外工人和跨国公司提供全球范围的医疗、旅行援助的单个救援公司的全球性联盟。国际救援组织联盟拥有专业的技术和资源，服务范围超过 200 个国家，使其区别于其他的救援服务提供者，每个成员公司带来地方特色的知识和资源，使国际救援组织联盟真正具备全球化特征，确保以其丰富的经验为客户提供最为优质和经济的服务。

国际 SOS 是世界领先的、提供医疗救援、国际医疗保健服务、安全服务和外包服务的机构。在全球范围内拥有 26 个报警中心，28 家国际诊所和 170 多个边远地区安全和医疗设施，为不同行业的客户和会员提供服务。集团客户已达 7700 余家，包括了财富 100 强的 82% 和财富 500 强的 63%。5000 多名员工分布在全世界 70 多个国家，其中有 35% 是医疗专业人员[①]。

【思考与练习】

1. 课堂实训：每个小组假设一种旅游者患病的情形，给出领队的处理措施。
2. 课堂实训：每个小组假设带团过程中突发的一类紧急情况，给出领队的处理措施。

任务七　特殊事故的处理

领队带团在境外旅游的过程中，经常会遇到很多特殊事故，如证件丢失、旅游者财产、人身安全受到威胁等情况，遇到这类情况时，首先不能慌张，要做到态度积极、头脑冷静、行动迅速，尽力将旅游者的损失降到最低限度。

证件是可以证明个人国籍、社会关系、财产状况的有效证明材料。在国外旅行过程

---

① 百度百科，http://baike.baidu.com/item/ 国际救援组织.

中，用到最多的证件便是护照，护照不仅可以证明持有者国籍信息，还可以在国外遇到麻烦和危险时，凭借护照到本国驻外使领馆寻求保护和帮助，同时持有者还可以凭借护照申请回国。

任务描述

领队小朱带领一个山西旅游团在澳大利亚旅行，按照旅行社的要求，到达澳大利亚后，所有旅游者的护照由领队统一保管。在乘坐飞机的途中小朱多次强调、提醒旅游者保管好随身携带的证件和贵重物品，到达澳大利亚后上交护照。但是，当旅游团到达澳大利亚后，地陪导游接到旅游团就直接去了酒店，在办理入住时，团员老张跟小朱说，自己的护照不见了，可能是在悉尼国际机场遗失的。随后，小朱向悉尼机场相关负责人员沟通联系，请求帮助寻找老张的护照，小朱也连夜赶到机场协助机场工作人员一同寻找，最终还是没能找到老张的护照。请问领队小朱接下来应该如何处理？

任务分析

遇到旅游者证件丢失的情况，此时，领队应当先请旅游者冷静并慢慢回忆最后一次使用证件是什么时候、什么情景，用完之后放在哪里等细节信息。在领队了解了旅游者丢失证件的详细情况后，尽量帮助寻找。在确认丢失后，领队和地陪导游要及时上报国内组团社和当地地接社。根据旅行社安排，协助旅游者向有关部门报失，并办理相关手续，补办必要证件。

完成任务

（1）领队在未有证件遗失情形发生之前，应尽提醒、告知义务，防患于未然。
（2）学会旅游者证件遗失的相关处理办法、流程。
（3）学生可以分成不同的小组进行熟悉补办不同类型证件的业务流程练习，相互评价任务的完成情况。
（4）教师通过学生完成的任务进行综合评价。

方法与步骤

旅游者出门在外，最大的问题莫过于安全问题。旅游者安全问题可归结为证件、财产和人身安全三大类。在境外游览期间，无论哪一项出现了安全状况，都会给旅游者本人及家人、领队、地陪导游、全体团员、相关工作人员带来或多或少的影响。因此，在境外旅行的过程中，领队和地陪导游有义务提醒旅游者保管好随身携带的证件、行李，同时照顾好自己和家人的人身、财产安全，实现"欢乐旅行，平安回家"的美好愿望。

1. 在证件遗失情形发生之前，领队应尽提醒、告知义务，防患于未然

领队在工作中会遇到很多不可预知的情况突然发生，应对这些情况最有效的办法便

是防患于未然。因此，领队在日常行程中要多做提醒工作。

（1）在交通站点、景区提醒旅游者，人员众多、人流量大，注意保管随身物品和证件。

（2）在离开餐厅、酒店时，提醒旅游者带好随身行李物品，检查是否带齐个人证件和贵重物品。

（3）游览大巴上不要放过于贵重的物品，证件、财物随身带。

在领队尽到告知义务后，仍有旅游者发生遗失事件时，领队有责任帮助失主寻找丢失的证件、物品，如果未能找到丢失的证件和物品，领队、地陪导游一方面要向各自所在旅行社汇报这一情况，另一方面应该协助失主向有关部门报失，并办理相关手续，补办必要证件。

2. 中国公民在境外旅游时丢失证件的处理办法

（1）丢失港澳通行证。失主持当地接待社的证明向遗失地的基层公安部门报失，经查实后由公安机关的出境管理部门签发一次性有效的中华人民共和国出境通行证①。

（2）丢失大陆居民往来台湾通行证。失主向遗失地的中国旅行社或户口管理部门报失，核实后发给一次性有效的出入境通行证②。

（3）丢失护照。①请地陪导游协助在接待社开具遗失证明，再持遗失证明到当地警察机构报案，取得公安机关的报案证明；②持报案证明和失主照片及有关护照资料到我国驻该国使、领馆办理新护照；③新护照领到后，携带必备的材料和证明到所在国移民局办理新签证③。

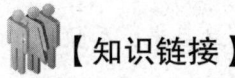

【知识链接】

交通·寄存·现金

近年来，中国旅游者在国外遭遇车祸的悲剧时有发生。一名年仅20岁的中国女孩，到新西兰留学刚两星期，就被汽车撞死在马路上，因为她还不了解当地交通规则。许多国家，像英国、马来西亚、新西兰、澳大利亚、南非、新加坡等，机动车执行的是右舵驾驶习惯，车辆均靠左行驶，这与中国的习惯刚好相反。行人穿越马路时，注意来车方向的先后也与中国相反，中国旅游者在这些国家穿越马路时，要特别小心。

一、贵重物品一定寄存

绝大多数中国旅游者住店时，不习惯将贵重物品或大量现金寄存在酒店保险箱内，这在出境游里是大忌。国外饭店大都有这样的规定：贵重物品如果在房间里丢失，饭店

---

① 导游业务［M］.北京：中国旅游出版社，2023.
② 同①。
③ 同①。

概不赔偿。国外小偷对中国旅游者下手最多的三个地点是：机场车站、僻静处和饭店。

二、逛街少带现金

世界各地小偷都知道中国人出游身上爱带大量现金，中国旅游者也成了他们青睐的下手对象。还有报道说，纽约肯尼迪机场、法国戴高乐机场等附近，有一些小偷专门守候中国旅游者，对其他国家客人视而不见。避免受损的办法是少带现金，多用信用卡。目前，中国银行在伦敦、纽约等大城市都设有分行。英国汇丰银行、美国花旗银行在中国国内也有多家分行。旅游者可向这些银行咨询，跨国间转账只需少量手续费。

三、20美元保命钱

需要强调的是，在国外单独上街，身上带的钱不能多，但也不能一分钱都不带。国外小偷们对中国旅游者口袋内现金数量的期望值都较高，一分钱不带，他们极度失望之余，说不定会进行人身攻击。在一些治安不好的城市，为保安全，无论如何，身上也要带上20美元保命钱。

四、其他安全事项

拿一张饭店卡片：到语言不通的国家旅行，一到饭店，先在总台拿一张饭店卡片。卡片上通常有饭店地址、电话等，迷路时给司机看，这事虽小，但能保证出行顺利。

带些必备药品：一旦身体不适，身边的小药就能救大急。需要提醒的是，新西兰政府对入境旅客携带药品的种类和数量有严格规定，并要求向海关申报，否则可能被没收或罚款，严重者将会被判入狱。一些感冒药中含"安非他命"，此物质可用于制造毒品，为新西兰警方稽查重点。

行李写上英文名字：这样即使丢失后，也方便机场人员寻找，一旦丢失，尽快找工作人员帮忙，拿行李牌及机票到失物招领处登记。

《出境旅游领队服务规范》（LB/T 084—2022）

A.3 旅游者旅游证件遗失

旅游者旅游证件遗失，领队应：

a）安抚当事人，并询问证件的遗失细节；

b）协助旅游者报警并取得遗失报案证明；

c）协助补办旅行证明和有效签证/签注；

d）提示旅游者保留好保险理赔所需要的单据；

e）提示当事人有关出入境通关注意事项。

A.4 旅游者财物遗失

旅游者遗失财物，领队应：

a）提示旅游者回忆遗失细节并协助查找；

b）最终未能找到的，协助旅游者向警方报案并取得报案证明；

c）提示旅游者尽快办妥相关的挂失手续；

d）属于须复带进境、复带出境或已投保险的贵重物品，协助开具相关遗失证明，以备进出海关时查验或向保险公司索赔。

A.7 旅游安全事故

A.7.1 出现交通事故时，领队应：

a）立即组织抢救；

b）保护现场，立即报案，并协助当地交警部门进行现场处置；

c）迅速上报旅行社；

d）做好全团旅游者的安抚工作。

A.7.2 出现被盗/抢等治安事故时，领队应：

a）采取措施保护旅游者的人身、财产安全；

b）立即向当地警察局报警，并取得报案证明；

c）安抚旅游者情绪，并协助旅游者向警方查询案件信息及进展；

d）协助有关方面做好善后工作。

A.13 旅游车故障

旅游车发生故障，领队应：

a）敦促司机安全停放车辆并尽快修复；

b）请旅游者安心等待，活跃现场气氛以转移旅游者的注意力；

c）如需要，联络地接社另行派车，或联系当地游览车接替；

d）如需要，与地陪导游分乘车队的头车和尾车，以确保旅游者安全到达；

e）向旅行社上报实际状况及处理情形。

【技能拓展】

出国旅游风险提醒[①]

旅游者出行前，最好先登录中华人民共和国外交部网站，在该网站的"领事服务"一栏里，有外交部最新发布的"出国特别提醒"，内容包括各旅游目的地国家的治安、疫情介绍；旅游者遇到突发情况下的应急办法等。除此之外，还有目的地国家的景点介绍、风俗禁忌、签证介绍、我国驻各国使领馆联系方法等，认真读读，有备而行。

随着出境游越来越热，中国公民国外遭侵犯事件也越来越多。2012年6月29日，外交部领事司司长罗田广做客央视《新闻会客厅》，提醒中国公民：以色列、伊拉克、

---

① 出国旅游风险手册，http://www1.nihaowang.com/news/news-1039.html。

阿富汗、巴基斯坦等地目前冲突不断，属于高危险和高风险地带；东南亚、俄罗斯则抢劫频发；欧洲小偷多；中东、非洲地区劳务纠纷多。

1. 马来西亚：小心飞车党抢劫

近年来，马来西亚频发摩托车匪抢夺行人手提包、金项链案件。据马警方公布：2012年1—4月，共发生飞车抢夺案件4598起（外国人受害案434人），其中，恶意伤人或致死的恶性案件呈上升趋势。马警方近期开展了为期三个月的"蟒蛇行动"，专项打击飞车党。旅游者在马来西亚逛街时，最好远离车行道；身上不要放大量现金；身份证件也要分开放。

2. 比利时：小心迷魂饼干

比利时警方介绍，2003年以来，一些不法分子在首都布鲁塞尔大广场附近，诱使外国旅游者服用迷魂饼干，当事人食用后即神志不清，甚至丧失知觉，不法分子趁机将钱物洗劫一空。不法分子经常以中国公民为作案对象，且屡屡得手。

3. 奥地利：小偷冒充警察行窃

2003年以来，奥地利首都维也纳发生多起中国人被骗被抢事件。犯罪分子经常冒充成便衣警察，利用中国旅游者语言不通、人地生疏等弱点，以各种理由接近，并要求检查证件和钱包，在佯装检查时趁机行窃。旅游者尽量不要单身外出，遇到警察要求检查证件钱包时，先要让对方出示证件。

4. 泰国：当心南部暴力冲突

外交部领事司近期提醒旅游者，泰国南部边境的也拉、北大年和宋卡府部分地区，2012年上半年发生严重警匪暴力冲突，造成多人伤亡。虽然还没有中国公民在这些冲突中受伤的报道，但中国公民前往上述地区旅游时要注意安全。

5. 俄罗斯：小心列车大盗

俄罗斯治安情况不是很好，针对中国人的街头偷盗、抢劫案件比较多。特别是莫斯科—圣彼得堡一线的列车上，针对中国公民的盗抢案件更是频发。列车大盗的主要作案手段有：冒充警察等执法人员，以检查护照、身份证或稽查毒品为由，在僻静处对乘客实施抢劫；在较僻静的列车车厢、洗手间等处抢劫单身旅游者；在旅游者上、下车摆放或收拾行李时，趁乱盗窃；夜间休息时，用药物将旅游者迷昏后，进入包厢实施盗窃。建议旅游者往返莫斯科—圣彼得堡线时，尽量坐飞机。

6. 法国：巴黎小偷较多

巴黎偷盗抢劫现象十分猖獗，少数不法分子专门在机场、火车站等公共场所伺机抢劫，我国公民因常随身携带现金而成为巴黎小偷最爱下手的目标。

7. 拉美国家：小心被抢

中国旅游者在拉美各国被偷被抢的比例也较高。2004年3月29日，一批中国旅游者途经秘鲁时，遭到持枪歹徒抢劫，护照、机票和贵重物品被洗劫一空。

8. 美国：机场小偷专偷行李

为加强飞行安全，2001年年初，美国政府开始建议乘客不要对托运的行李上锁，以方便安检人员检查。但此举为小偷大开方便之门。更严重的是，一些已被抓到的"黑手"竟然是机场安检人员。有鉴于此，旅游者不要将贵重物品夹杂在托运行李中。

9. 缅甸：不要抽陌生人的香烟

缅甸是毒品主产地之一。到缅甸旅游，不要抽陌生人给的香烟，也不要在机场随便让别人帮忙提东西。

10. 越南：警惕色情拉客

越南乞丐比较多，旅游者易受乞丐纠缠，建议不要施舍，以免被混在乞丐群中的扒手盯上。在越南旅游，男性旅游者会遇到街头色情拉客——千万不要去，以免被背后的不法集团侵扰。另外，各景区内流动小贩较多，不要轻易招惹他们。

11. 其他国家

巴布亚新几内亚、柬埔寨、斐济、南非、白俄罗斯、西班牙（尤以马德里、巴塞罗那为最）、蒙古、芬兰等国家，针对中国旅游者的偷盗抢劫案件也时有发生，旅游者出游，小心钱包。

【思考与练习】

1. 领队在遇到旅游者证件、财产、人身安全受到损害时，应该分别采取哪些应对措施？

2. 学生分组模拟旅游者证件遗失后，领队的工作职责和范围有哪些？

回国后的后续工作

领队在完成了行程单所规定的旅游项目后，并未真正结束整个带团工作。在下团之后，领队应该及时地与委派旅行社进行汇报、交接、总结等工作。此外，还应与旅游者保持联系，切不可把导游工作看作单纯的"迎来送往"，应该利用现代先进通信手段保持与目标客人的联系，提高旅游者的品牌忠诚度，提升领队工作的深度和广度。

旅游者无论以休闲度假、体验参与、自我提升为目的，还是以逃避转移、炫耀性消费为目的，无不体现出小众的个性化旅游需求趋势。也正因如此，提供私人定制旅游服务①将成为领队职业生涯的升级和拓展的趋势，加之原国家旅游局对导游执业的试点工作逐步展开，将为领队提供私人定制旅游服务提供政策上的保障。

【学习目标】

● 学会下团后与旅行社计调汇报团上的情况、填写导游报账单并与财务部门进行财务交接工作；

● 学会自我总结，根据此次带团过程中的经验、教训进行总结、反思、梳理、调整，为下次接团做好身心上的准备；

● 学会处理旅游投诉；

● 学会利用现代化通信手段与目标客户保持联系，积累领队生涯的人脉；

● 了解并实践伴随个性化需求而兴起的私人定制旅游服务，这将成为领队职业生涯升级与拓展的有效路径。

---

① 私人定制旅游服务是现在国外非常流行的旅游方式，根据旅游者的需求，以旅游者为主导进行旅游行动流程的设计，即高端旅行策划机构根据客户的特定需求，从路线、方式和服务着手为客户量身打造的具有浓郁个人专属风格的旅行，它提供的是一种个性化、专属化、"一对一"式的高品质服务。

任务一　与旅行社进行报账、汇报等交接工作

旅游接待过程中，领队如果只按照行程单上面规定的项目走完行程，未能及时到旅行社进行汇报和报账，那整个带团工作未免有些"虎头蛇尾"。领队在入境回国结束行程后应该及时回到所属旅行社汇报工作、财务报账、处理遗留问题，完成相关带团程序，确保该团后续其他工作环节能够顺利进行，如计调审查该团信息、财务做账等。

任务描述

导游人员小刘结束了一个北京旅游团赴日本 5 晚 6 天的行程后，未及时回到所属旅行社完成汇报、报账等交接工作。下团 3 天后，小刘正和朋友在逛街，突然电话手机响了，一看是旅行社计调人员打来的电话："小刘，你好，你 3 天前下的那个日本团，行程过程中有没有什么问题？请麻烦你尽快来旅行社汇报工作和报账吧。"小刘在日本团行程结束后，由于身体疲惫想休息一阵子并且之后暂时没有其他团队的上团安排，于是便拖延了几天，没有及时回旅行社汇报和报账，耽误了计调、财务等部门对该团的审核、对账等相关工作进度，感觉很愧疚，于是马上回家拿了报销单据到旅行社报账。请问小刘正确的做法是什么？

任务分析

现行的《导游人员管理条例》规定：导游人员从事导游活动必须接受旅行社委派。所以在结束行程后，领队需及时回到旅行社，向旅行社计调汇报整个带团过程中客人食、住、行、游、购、娱的情况，以及与地接社合作、客人反馈等一系列信息，让旅行社对一线领队服务工作中的真实情况能够确切地把握并进行跟进和弥补。

此外，领队带团过程的背后，牵连着旅行社各个部门及各部门同事的工作进程。例如，计调部门，计调在领队出团前制作行程单和采购旅游产品及线路；在领队下团后，计调又将根据领队带团汇报，与相关旅游接待单位进行沟通协调。再如，财务部门，财务结算本着"单团单结"的工作原则，领队未能及时报账，有可能拖滞住财务部门的工作进程。所以领队下团后及时报账，有利于旅行社各部门之间高效配合。

完成任务

一、与旅行社计调人员交接

领队下团后应及时回到旅行社，向计调员汇报工作，以便旅行社了解前方市场动态。除此之外，应填写导游报账单，因导游报账单涉及的内容广、条目细，应该注意其中日期、金额的填写，以及票据证明等相关步骤，避免因粗心大意而造成错填漏报事件。

（一）书面资料交接工作

领队所需交接的书面资料包括：领队日志，旅游服务质量评价表、待销签旅游证件、有证据作用的凭证、旅游者书面意见以及接团工作小结等。

（二）团情汇报

领队应按旅行社要求的形式，总结汇报下列情形：

（1）旅游行程、接待标准落实情况。

（2）评价地接社、接待各环节服务质量。

（3）行程设计和服务质量改进建议。

（4）旅游者的反馈信息，包括旅游需求、对产品的意见和建议等。

（5）旅游者回国后需协助办理的事项。

（6）协助旅行社处理投诉的相关事宜（如需）。

二、账务处理

（1）按照旅行社要求按时进行报账。

（2）领取带团酬劳并报清相关账目。

（3）归还所借款项及物品。

三、服务质量改进

旅游行程结束后，领队应根据旅游者和团队操作人员的反馈，分析发生服务质量问题的根本原因，采取纠正措施和预防措施，主动改进服务技能和方式。同时，积累工作经验，持续提升服务质量。

四、与旅游者保持良好联系

旅游行程结束后，领队还可利用现代通信手段与旅游者保持情感联系，使旅游者对领队及旅行社留下良好印象，为旅行社争取回头客源。

学生可以分成不同的小组进行模拟领队工作汇报、财务报账等环节的练习，相互评价任务完成情况，教师通过学生完成的任务进行综合考评。

方法与步骤

1. 领队下团后应及时回旅行社汇报工作

一般情况下，领队在结束行程后应尽快回到旅行社，向该团计调汇报此次行程的整体情况。如有紧急情况也可以打电话，先与计调取得联系，尽快解决问题。

2. 完成领队日志

通过领队日志的书面呈现，旅行社可对境外旅游业状况、服务质量高低、旅游接待能力和硬件设施有所把握，由此可采取必要的调控、应对措施。领队日志应包括：①旅游者所反馈的意见和建议；②境外地接社的接待能力、所采集路线的合理程度；③境外地接导游的服务意识、服务态度、服务水平、服务效果及合作情况；④行程单具体落实情况及问题；⑤自我总结及站在领队角度给旅行社的建议。

3. 领队的报账工作

回到旅行社，领队向该团计调汇报完毕后，便向财务部领取导游报账单，认真填写导游报账单并附上证明票据，然后送交财务部相关负责人员。

4. 领队报账单的填写

领队报账单是旅行社财务部门进行成本核算的依据，因此领队在填写领队报账单的时候，应该如实认真地填写行程中领队责任范围内所产生的一切费用以及收益情况（见表6-1）。

（1）基本信息的填写：团名团号、人数、客源地、使用语言、领队姓名及电话号码等。

（2）旅游团房、餐、车、门票情况。对应旅行团外出旅行的日期，准确填写以下信息：①用房数量（×单间、×标间、×三人间、有无签单）；②用车情况及费用（所用车的车牌号、车费、司机收条等）；③用餐数量及金额（×正餐、×早餐、×小孩半餐、有无退餐证明、有无签单）；④门票情况（×全票、×优惠票、证件减免优惠情况、有无签单）。

（3）旅游团加点、购物情况。①加点情况：歌舞表演、其他加点、水果加餐等信息；②购物情况：购物店名称、购物金额等。

（4）总计与领队结算：总支出费用（现付金额×、签单金额×）；领队结算（导游应收×）。

（5）备注：特殊情况说明。

表6-1 领队报账单

团号		人数		领队		用房数		票	
日期	酒店	房费	餐费		门票		加点及其他费用		
			中	低					
							歌舞表演：		
						其他加点：			
						水果加餐：			
						预付车费：			
小计	现付： 签单：		现付： 签单：		现付： 签单：		现付： 签单：		
总支出：_____元 〈其中：现付：_____元；签单：_____元〉									
领队结算	计调费：				收小费：		现收合计： 元		
	结算：应补领队：_____元						领队签字		
报价									

续表

购物	境外：		境内：	
账务往来				
	合计总成本：		成本核算人：	

5. 移交相关证件和物品

带团前旅行社派发的相关证件或物品应该及时归还旅行社。

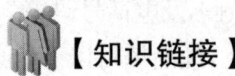【知识链接】

领队与旅行社同行相处

领队工作是一个与人打交道的工作，这不仅仅要求领队和客人相处得好，更要求领队和旅行社同行相处融洽。与旅行社同行相处是一门学问，只有学会和旅行社同行相处，领队才能协调和组织好旅途各环节的工作，更优质、高效地为客人服务、为旅行社服务、为自己服务。

领队是旅行社的一线工作人员，领队的背后还有旅行社销售、采购、后勤等同行的大力支持与协作。为做好旅游接待工作，领队必须与旅行社产品设计人员、计调人员、服务监督人员、财务人员、后勤人员通力配合，相互尊重、相互沟通、相互支持。以计调人员为例，从领队领取行程单之前，计调就开始策划整个团队的组团、产品采购、与境内外旅行社沟通等一系列前期工作；在领队带团过程中，领队遇到任何困难，第一时间与计调联系，取得计调的授权和帮助；领队带团归来，向计调汇报团队整体情况离开后，计调仍然在为该团的结算、沟通、评估等工作而忙碌。因此，领队和旅行社同行间应建立相互尊重、支持和理解的工作原则，培养良好的合作关系。

此外，领队在工作中也应该有合作精神，与当地地陪导游、定点导游、景区导游、司机、旅游接待单位工作人员沟通信息、相互尊重，最终圆满完成旅游接待任务。

《导游领队引导文明旅游规范》相关条款

7 总结反馈

7.1 旅游行程全部结束后，导游领队向旅行社递交的带团报告或团队日志中，宜有总结和反馈文明旅游引导工作的内容，以便积累经验并在导游领队人员中进行培训、分享。

7.2 旅游行程结束后，导游领队宜与旅游者继续保持友好交流、并妥善处理遗留问题。

7.3 对旅游过程中严重违背社会公德、违反法律规范，影响恶劣，后果严重的旅游者，导游领队人员应将相关情况向旅行社进行汇报，并通过旅行社将该旅游者的不文明行为向旅游管理部门报告，经旅游管理部门核实后，纳入旅游者不文明旅游记录。

7.4 旅行社、导游行业组织等机构应做好导游领队引导文明旅游的宣传培训和教育工作。

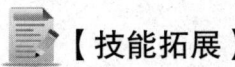【技能拓展】

领队的自我修养——领队的情绪修复和心态调整

一次次带团出境和一次次入境散团，领队的工作都事无巨细，他们扮演着国外行程的引路人、国内旅客的协调员、安全保障的监督者、旅游产品的宣传员等多重角色。领队的工作原则需要他们积极主动、因势利导、实事求是、保守秘密、不卑不亢、求同存异，他们举手投足之间展示着旅游大使的气质和身影。在这样高强度的身心压力下，领队保持良好的情绪和心态是工作和生活良性运行的保障。但事实却并非如此，在现实生活中，领队情绪修复、心态调整环节却很容易被外界和自身所忽视，因此，这里着重讨论领队情绪修复、心态调整问题。

1. 领队情绪的修复

情绪是由客观事物引起的主观体验。领队在带团过程中，常常因意外情况的发生而导致自己情绪的变化，表现为不安、焦虑等心理感受。领队要学会修复和控制自己的不良情绪，用乐观、开朗的情绪圆满地完成工作。常用的情绪修复方法有如下3种：

（1）转移注意。领队在不良情绪发生时，应尽快迫使自己把注意力移到其他事物上并辅以深呼吸，平缓自己的情绪。这在较短时间内可以减轻不良情绪对自身造成的持续伤害。

（2）自我安慰。自我安慰就是自己安慰自己。领队出门在外，工作中虽然有同行协作，但是在内心深处仍觉得孤独，在遇到不良情绪时，领队就需要对自己进行心理暗示或心理慰藉，以修复不良情绪。

（3）排除刺激。领队的工作，需要他们眼观六路、耳听八方，但是有很多信息是领队不想要、也不需要接受的，无关信息会影响他们的内心和外界的平衡状态，使人陷入一种焦灼的状态。排除客观刺激物对情绪的影响，是情绪修复的有效途径。

2. 领队心态的调整

心态，即心理状态，是个体在一定情境下各种心理活动的复合表现。积极的心态能使人热情高涨、效率提高；反之，消极的心态使人痛苦沮丧、效率低下。领队工作中想要如何保持良好的心态，可以从以下3方面入手。

（1）领队在带团前，应该调整好心态，排除无关干扰，使自己身体里的每一个细胞都调整到带团状态。同时，给予自己掌控团队行程中各环节的积极心理暗示和心理准备。

（2）领队在带团工作中，应控制好自己的心态，无论顺境还是逆境都不能受情绪的控制，应当沉着冷静，保持良好的心态和工作状态。

（3）领队在带团结束后，应及时进行自我反思，曾子曰："吾日三省吾身。"对自己带团行为的反思能够客观地认识自己的行为，也能反观和调整自己的内心世界，从而调整领队的心态。

【思考与练习】

1. 领队在下团后，去旅行社报账前，所需携带的物品、证件和单据有哪些？
2. 领队与旅行社同行相处的具体细节和自我定位。
3. 学生模拟领队下团后回到旅行社与计调、财务之间交流的场景。

任务二　处理投诉、与客人保持联系

领队去旅行社完毕带团手续以后，还应与团队里的客人保持长期联系。这是必要和必需的，无论是从消极面来看：处理客人投诉，安抚客人，减少双方经济和精神损失；还是从积极面来看：与客人保持长期稳定的联系，赢得客人信任，成为最值得客人信赖的出行顾问，只有领队服务不断完善与旅游者沟通交流的技巧，才能使领队工作朝着更高更远的目标前进。

任务描述

领队小丁在泰国普吉海岛游的行程过程中，因地接社刻意压缩客人自由活动的时间，与合同描述大不相同，导致客人的不满。领队小丁认为客人不满意的原因是客人与旅行社之间的事，与自己无关，便采取了不管不问的态度，并以工作繁杂为由逃避客人的抱怨和指责。在境外，客人的不满情绪未能得到安抚，回国下团后，小丁收到了旅行社计调打来的电话："小丁，你什么时候回旅行社？你的那个泰国普吉团被投诉了，你快回社里处理一下吧。"

任务分析

客人选择付费参团的形式参与旅行社提供的产品服务时，便产生了对旅行社的信赖以及对整个行程安排的期待。当客人踏上了由领队带领出发的境外旅程时，往往由于旅行社诉求和旅游者诉求的冲突，会导致旅游者对旅行社行程安排不满的情形发生。双方诉求冲突的原因通常来说有两方面：一方面，旅行社为了节约经营成本，减少旅游时间或是降低旅游接待质量；另一方面，在领队带团过程中，还会遇到易挑剔、爱抱怨、善指责的客人，他们会无中生有或借题发挥，针对行程中各个环节和相关人员横加指责，甚至是挑衅，更有甚者以旅游投诉相威胁。

客人与领队之间的直接冲突较少，多数情况下是由于客人对旅行社行程安排不满所致。作为旅行社代表的领队理应承揽旅行社应有的责任，因而，当客人不满情绪蔓延时，领队应科学合理地处理客人和旅行社或与领队自身之间的矛盾，并及时上报旅行社当团计调，努力维护各方利益，切忌一推了之、不管不问、不上报，任由消极事态的蔓延。

完成任务

（1）在行程过程中，如客人有不满情绪发生，领队应该及时处理，依照事态的严重程度，领队可采取自己解决、寻求旅行社同行、旅游从业人员协同解决、报告国内旅行社并按旅行社旨意解决几种办法。同时，还要尽量安抚客人情绪，解决好突发事件，争取顺利完成旅行任务。

（2）领队在下团后，如遇客人投诉，则应该及时回到旅行社，查明客人投诉的原因，冷静、沉着、保持头脑清醒地分析投诉事件并与旅行社协调解决投诉事宜，挽回自己及旅行社在名誉和经济上的损失。

（3）学生可以分成不同的小组进行熟悉处理投诉事宜的练习、相互评价任务的完成情况。

（4）教师通过学生完成的任务进行综合考评。

方法与步骤

旅游者投诉的原因往往集中于旅游质量、从业者服务、外界突发因素、违反国际惯例等方面。而旅游者投诉的心理主要有：①求尊重；②找发泄；③求补偿。只有领队了解了旅游者投诉的原因、投诉的具体心理诉求，才能有理有节、合情合法且有针对性地配合旅行社及相关部门处理好旅游投诉。

领队遇到旅游者投诉时，应及时处理，切不可置之不理，听之任之。按时间节点来分，投诉可分为行程过程中投诉和下团后投诉两类；按形式来分，投诉可分为口头投诉和书面投诉两种形式。本项目仅讨论行程过程中遇到投诉时，领队的处理步骤和原则，下团后的投诉情形也可参照执行。

（1）认真倾听旅游者倾诉，让旅游者发泄心中怨气。大部分旅游者投诉时的心理状态是寻求尊重、发泄"怨气"、倾诉不满和求得精神及经济上的补偿。在投诉者陈述投诉原委的过程中，常常伴随情绪激动、言辞过激或无正当理由等行为，此时，领队要耐心倾听并适时地安慰投诉者，控制好自我情绪，切不可立即否认、辩解甚至与投诉者争论不休。

（2）代表旅行社向旅游者表示真挚的歉意。投诉者情绪激动时，如果领队先用大道理来试图说服客人，有可能会事倍功半，起不到良好的效果。此时，领队应该摆出旅行社高素质从业者的姿态，主动向投诉者道歉，化解矛盾、安抚投诉者，这样可以起到以柔克刚、事半功倍的效果。

（3）迅速分析旅游者投诉原因，给投诉定性。领队耐心地倾听完投诉者所述的投诉原委后，应该迅速分析、判断投诉者的投诉心理、投诉原因以及投诉所涉及的各环节，先初步判定投诉的性质，可分为合理投诉和不合理投诉。如果是合理投诉，则需要根据投诉的级别，尽快处理和上报；如果是因为行程过程中，未能满足个别旅游者不合理诉求而提出的投诉，领队应该指出其投诉的不合理之处，并向其耐心地解释说明。

（4）擅长沟通协调与情绪疏导，尽可能减少各方损失。当旅游者陈述投诉缘由后，领队应及时向旅行社反馈情况并协同相关部门制定补救措施，可采取修复服务漏洞、替换旅游项目或给予经济补偿等方式，并将解决方案告知投诉者，努力消除负面影响，最大程度地缓解旅游者的焦虑与不满。

（5）向旅游者表示谢意，继续做好服务工作。旅游者欣然接受投诉处理结果后，领队应向旅游者的理解和支持表示由衷的感谢。在之后的行程中，领队应该一如既往地服务好全体旅游者，杜绝因个人情感上的不平衡，导致服务质量的下降。

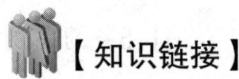
【知识链接】

《旅游法》第八章　旅游纠纷处理[①]

第九十一条　县级以上人民政府应当指定或者设立统一的旅游投诉受理机构。受理机构接到投诉，应当及时进行处理或者移交有关部门处理，并告知投诉者。

第九十二条　旅游者与旅游经营者发生纠纷，可以通过下列途径解决：（一）双方协商；（二）向消费者协会、旅游投诉受理机构或者有关调解组织申请调解；（三）根据与旅游经营者达成的仲裁协议提请仲裁机构仲裁；（四）向人民法院提起诉讼。

第九十三条　消费者协会、旅游投诉受理机构和有关调解组织在双方自愿的基础上，依法对旅游者与旅游经营者之间的纠纷进行调解。

第九十四条　旅游者与旅游经营者发生纠纷，旅游者一方人数众多并有共同请求的，可以推选代表人参加协商、调解、仲裁、诉讼活动。

---

① 参看《中华人民共和国旅游法》（2013年4月25日第十二届全国人民代表大会常务委员会第二次会议通过　根据2016年11月7日第十二届全国人民代表大会常务委员会第二十四次会议《关于修改〈中华人民共和国对外贸易法〉等十二部法律的决定》第一次修正　根据2018年10月26日第十三届全国人民代表大会常务委员会第六次会议《关于修改〈中华人民共和国野生动物保护法〉等十五部法律的决定》第二次修正）。

《中华人民共和国旅游行业标准 LB/T 084-2022》——《出境旅游领队服务规范》

5.6　回团总结

5.6.1　交接资料

与团队操作人员交接团队资料（如待销签旅游证件、旅游者意见调查表）。

5.6.2　团队报告

领队应按旅行社要求的形式，总结报告：

a）旅游行程、接待标准落实情况；

b）评价接待社、履行辅助人的服务质量；

c）行程设计和服务质量的改进建议；

d）旅游者的反馈信息，包括旅游需求、对产品的意见和建议等；

e）旅游者在回国后需要协助的事项；

f）需要时，协助旅行社处理投诉相关事宜。

6　服务质量改进，领队应：

a）根据旅游者和团队操作人员的反馈，主动改进服务技能、服务技巧；

b）积累工作经验；

c）分析发生服务质量问题的根本原因，采取纠正措施和预防措施；

d）根据后续服务的反馈验证所采取措施的有效性，达到服务质量的持续改进。①

【技能拓展】

领队与旅游者建立长期联系的参考因素

1. 领队是专才和通才的集合体

领队既需掌握博古通今方方面面的知识，还应针对出团地区深入细致地了解当地的人文风物、美食特产、宗教禁忌等专项知识；既要知道国际惯例等一系列规则，还要懂得每次接触不同旅游同行和旅游者相处的技巧。

2. 微笑和幽默是领队的优良品质

保持微笑、诙谐幽默是领队职业化的要求，也是领队打动客人的名片。领队发自内心的微笑是拉近旅游者与自己的距离、展示自身的美好心灵并保持自身的吸引力的有力武器；轻松、诙谐、幽默的语言不仅给旅游者带来无限欢乐还可以给旅游者以深刻的印象，在日后的交往中，旅游者将会乐于与爱微笑、善幽默的领队保持联系。

---

① 参看《中华人民共和国旅游行业标准 LB/T 084-2022》——《出境旅游领队服务规范》。

3. 领队成为旅游者的出行顾问

不少专业的领队,用自身的学识和职业素养给旅游者带来了极佳的旅游体验感,在旅游者心目中他们便是"旅游大使""出行顾问"。然而,要做到这一点确实不易,首先要学会和旅游者成为朋友,其次必须用自己对旅游路线的熟悉以及对旅游知识的掌握来征服旅游者,最后还要用贴心周到的服务打动旅游者。只有这样,旅游者在每次出行前,才会选择咨询和征求领队的意见和建议。

【思考与练习】

1. 预想自己是领队,在遇到投诉时的心理状态以及该如何调整自己的情绪。
2. 把身边的朋友、同学当作旅游者,做他们的出行顾问,尝试向他们提供至少一条你自己认为较满意的旅游路线并告知旅游细节。

任务三　领队职业生涯的升级和拓展

私人定制旅游是国外非常流行的旅游方式,是根据旅游者的需求,以旅游者为主导进行旅游行动流程的设计。即高端旅行策划机构根据客户的特定需求,从路线、方式和服务着手为客户量身打造的具有浓郁个人专属风格的旅行,它提供的是一种个性化、专属化、"一对一"式的高品质服务[①]。这与市面上已经成形的旅游模式不同,已经成形的旅游模式是驱逐旅游者个性化需求并以共性化、模式化来设定操作流程的旅游服务项目,它很少因旅游者的兴趣、需求和层次而细分。常规的旅游模式能满足大部分旅游者的需求,但是对于那些追求"新、奇、险",想要深入体验的旅游者来说,却不能满足他们的个人偏好。

提供私人定制旅游服务是领队职业生涯升级和拓展的路径之一,领队在积累了一定工作经验和知识储备后,可尝试在有私人定制需求的区域内,根据自己的兴趣爱好,发挥所长带领和引导私人定制的旅游者体验全新的定制体验。

任务描述

小刘是一个带团多年、经验丰富的国际领队,由于自己非常热衷于自驾车旅游,并且有升级和拓展领队职业生涯的目标和想法,于是现在小刘开始逐渐承揽自驾车旅游的私人定制业务。与此同时,目前市面上的私人定制旅游服务主要有以下几类:特殊体验定制、游学定制、高端定制等。

---

① 360百科.私人定制旅游 [EB/OL]. http://baike.so.com/doc/7543734-7817827.html.

任务分析

私人定制旅游是一种个性化和非程序化并以个人兴趣爱好为出发点的深度体验式旅游。在众多私人定制旅游项目中，自驾车旅游最初起源于20世纪的美国，它主要以汽车为交通工具（其中汽车又可细分为：自带车、房车、到目的地租车等不同形式），后流行于其他发达国家。随着我国有车一族数量的扩大、国内居民收入的提高、闲暇时间的增多等外在条件支持，以及旅游者在自驾车旅游过程中体验驾驶乐趣、灵活安排出行、人员费用均摊等优势的凸显，自驾车旅游渐渐成为私人定制旅游中的新宠。

完成任务

（1）业务升级和拓展后的领队在承揽了旅游者私人定制旅游服务项目后，应当在签订私人定制旅游合同之前先向旅游者说明私人定制旅游的几个特性，即先导性[①]、专业性[②]、非规范性[③]和非均衡性[④]，并提醒旅游者在形成过程中预设的风险和自救的措施，在双方达成共识的情况下购买保险、签订合同。

（2）依据私人定制经营者的业务经营范围，业务升级和拓展后的领队应该根据私人定制旅游的特点[⑤]、旅游对象的特点[⑥]及旅游者须具备的身体和心理素质要求向旅游者说明，以保证后续私人定制旅游项目的顺利进行。

（3）学生可以分成不同的小组进行熟悉私人定制业务的练习、相互评价任务的完成情况。

（4）教师通过学生完成的任务进行综合考评。

方法与步骤

1. 自驾车旅游对旅行计划的制订、执行和反馈

常规旅游过程中有严格的行程、时间安排，而自驾车旅游中只需要制订出大致的时间安排、景点线路等可行性计划，然后在行程中以领队为自驾车团队的领导和核心，带领自驾车团队圆满顺利地结束私人定制旅游服务，并根据旅游者的反馈意见不断提高自身的服务接待能力。

2. 自驾车旅游对车辆的要求

（1）车辆的选取。是选择自带车、统一提供房车、还是到目的地租车，应根据自驾

---

① 先导性是指旅游产品的开发往往遵循先驱者的发现—私人定制旅游—规划开发—常规旅游这样一条路径。所以私人定制旅游常常具有先导性。

② 专业性是指在常规旅游熟悉旅游路线和资源的基础上，对新型私人定制旅游在产品设计、工具技术和组织技巧上的专业性把控。

③ 非规范性是相对于常规旅游路线规范性而言的。

④ 非均衡性是指旅游行业里通常所说的"食、住、行、游、购、娱"这六要素的非均衡性，包括六要素各自在行程安排中所占比重，还包括六要素中财务方面的非均衡性。

⑤ 先导性、专业性、非规范性和非均衡性。

⑥ 旅游资源的原生性、奇险性，旅游设施的专业性。

游的行程线路状况、人数安排及费用均摊等因素来考虑车辆使用及选取的标准。为保障旅游者安全，必须杜绝一切带病车上路，在出发之前要对选好的车辆进行维修保养，以确保旅途安全性，与此同时，还应该考虑车辆的性能和舒适度是否适合长途旅行。

（2）车辆的维修保养。对于要跑长途的车辆来说，应该仔细做好以下车辆的检修保养工作：发动机系统、刹车系统、油路和电路系统、排气系统、转向系统和前后悬挂轮胎状况等。

（3）自驾车旅游时所带车辆证件：行车证、车辆保险购买证明等。

（4）自驾车旅行时所需携带的车辆施救和维修工具：拖车绳、蓄电池连接线、三角停车警告牌、备用轮胎等车辆施救和维修工具。

3. 自驾车旅游对其余设备的要求

救护应急装置（处理外伤所需夹板、绷带、酒精及常用药品）、通信设备（对讲机、GPS卫星电话）、定位工具（指南针、多功能手表、GPS定位设备）、野营装备（野营时所需驻扎和野炊装备）、储水设备（建议携带10升以上的塑料桶备用）等。

4. 自驾车旅游对个人装备的要求

（1）证件：身份证、护照、驾驶证及具有减免证明功能的证件（教师证、学生证、军官证、老年证、残疾证等）。

（2）个人物品及个人常用药等。

【知识链接】

随着私人定制旅游的兴起，人们开始越来越多地考虑到私人定制旅游是否与自身兴趣爱好、身体状况、时间金钱、家庭参与度等因素的契合程度。人们厌倦了都市生活并想要极力逃脱工作给他们带来的烦躁和疲惫，于是私人定制市场开始越来越火爆，以下将介绍特殊体验定制、游学定制、高端定制3种私人定制旅游项目。

一、特殊体验定制项目

1. 徒步探险旅游

徒步探险旅游是一种以步行为主要方式，跨越山岭、丛林、沙漠、雪域、溪流或峡谷等地貌的一种探险旅游活动。在徒步过程中，旅游者可以欣赏自然风光、了解当地文化、磨炼自身意志、锻炼身体等。

2. 野外露营旅游

野外露营主要以野营、野炊等野外活动为主要内容，通过这些活动使旅游者获得野外生存基本技能以及与自然山川、江河湖海的亲近的机会。

3. 高山探险旅游

高山探险旅游是以高海拔（一般海拔超过3000米）山地为旅游资源，以探求、观赏高山独特的地形地貌，体验高山自然环境及气候特点，提高自身生理和心理素质为目的的一种旅游形式①。

4. 江河漂流旅游

江河漂流旅游是以自然江河为旅游资源，借助无动力的漂浮设施，靠自然力和人力使旅游者从上游特定点抵达下游特定点，并在途中体验惊涛骇浪、观赏两岸风光的一种旅游形式②。

5. 潜水旅游

潜水旅游常常利用面镜、呼吸管和脚蹼（以上装备为浮潜装备）或压缩空气瓶、面镜、呼吸管、脚蹼、呼吸器、潜水仪表、气瓶、浮力调整背心和潜水服、潜水刀、水下手电乃至鱼枪等（以上装备为水肺潜水装备）漂浮在水面或潜入水底，通过面镜观看水下景观。

6. 洞穴探秘旅游

洞穴探秘旅游是以天然洞穴为旅游资源，一套专业设备，探察洞穴结构、观赏洞穴独特景观、体验洞穴特点、锻炼自身胆识的一种旅游形式③。

二、研学定制项目

研学是一个"行万里路，读万卷书"的过程。春秋战国时期，游学已成一时风气。游学学生到国内外学习、参观、游览，以学和游相结合的方式，利用现代交通的便捷，统筹学员的流动，打破教育资源"板结"的状况，在整个过程中学员"学有所思、学有所获"，获得极大的人生体验和学习收获。在私人定制旅游服务项目中，研学当属旅游业与教育产业的优势结合，旅游产业的"游"和教育产业的"学"相结合，给业务升级和拓展后的领队带来了新的工作前景。

三、高端定制项目

高端定制旅游业务来源于欧洲，英国、法国等国家率先将专属的私人定制作为一种时尚个性化消费方式在本国中产阶级中推广，继而推广到全民阶层④。现在国内高端定制旅游市场主推的产品以五大洲加南北两极为主题，在这七大主题中又按照旅游者需求细分，在保护了旅游者私密性的同时，最大限度地体现旅游者的个性化需求。下面是目前市面上关于国际高端定制的几条线路，仅供参考。

①欧洲：英伦风游学/自驾；法国波尔多红酒浪漫之旅。

②亚洲：探寻神秘不丹；迷情以色列。

③北美洲：加拿大赏枫摄影之旅；美国大西部自驾。

④南美洲：秘鲁印加帝国探秘；古巴加勒比海风光；玻利维亚天空之城。

⑤非洲：肯尼亚、坦桑尼亚疯狂动物城/休闲、摄影之旅。

---

① 云南省旅游发展委员会.导游业务知识［M］.昆明：云南大学出版社，2006.
② 同①。
③ 云南省旅游发展委员会.导游业务知识［M］.昆明：云南大学出版社，2006.
④ 百度文库.高端定制旅游.

⑥北极：寻北极熊之旅；北极极光之旅。
⑦南极：南极帝企鹅之旅。

【技能拓展】

1. 国际领队协会

国际领队协会（The International Association of Tour Managers）最早是由12名欧洲领队发起，成立于1962年，总会设在英国伦敦。国际领队协会最初的成立目的，是以社交俱乐部的形式，为领队提供交换信息、讨论观点、交流经验以及研究领队所遇到的困难的阵地①。

2. 国际驾驶执照

国际驾驶执照是在他国拥有该国驾照资格的证明翻译文件，根据联合国陆路交通国际条约（Convention On Road Traffic）授权相关的国际组织签发给已经在该国拥有驾照的驾驶员，其主要目的是为消除司机在国外驾车时，由于各国对驾照有不同要求而遇到的障碍②。

国际驾照不是一个驾驶执照。它只是由驾驶员在该国的官方机构或经其授权的其他机构根据该国政府所参加的联合国道路交通公约、以公约中规定的标准式样、用英／法／俄／中／阿拉伯／日等多种语言为驾驶员出具的证明该驾驶员持有该国有效驾照的一份证明，其主要用途是帮助其他国家的警察读懂驾驶员的姓名、地址、准驾车型等必要信息③。

中国唯一有权为中国驾照持有人签发国际驾照的机构是中国政府有关部门或其授权的机构，但是中国政府没有加入《联合国道路交通公约》④。所以，持有国际驾照且同时持有中国公安机关车辆管理部门换领中国机动车驾驶证的驾驶员才可在中国境内驾驶机动车。

【思考与练习】

1. 在自驾车旅行前，所需装备的个人常用物品和药品有哪些？在自驾车行程过程中，如果遇到车辆出现状况，该如何处理？

2. 可在书籍、杂志或网络上搜集与私人定制旅游服务相关的更多旅游线路，并把所搜集到的线路尝试归类到特殊体验定制、游学定制、高端定制三类项目中。

---

① 王健民. 出境旅游领队实务［M］. 北京：旅游教育出版社，2013.
② 国际驾驶执照. 百度百科［EB/OL］. http://baike.baidu.com/view/629376.htm.
③ 同②。
④ 同②。

附 录

附录1 《出境旅游领队人员管理办法》

（2002年10月28日国家旅游局令第18号公布）

第一条 为了加强对出境旅游领队人员的管理，规范其从业行为，维护出境旅游者的合法权益，促进出境旅游的健康发展，根据《中国公民出国旅游管理办法》和有关规定，制定本办法。

第二条 本办法所称出境旅游领队人员（以下简称"领队人员"），是指依照本办法规定取得出境旅游领队证（以下简称"领队证"），接受具有出境旅游业务经营权的国际旅行社（以下简称"组团社"）的委派，从事出境旅游领队业务的人员。

本办法所称领队业务，是指为出境旅游团提供旅途全程陪同和有关服务；作为组团社的代表，协同境外接待旅行社（以下简称"接待社"）完成旅游计划安排；以及协调处理旅游过程中相关事务等活动。

第三条 申请领队证的人员，应当符合下列条件：

（一）有完全民事行为能力的中华人民共和国公民；

（二）热爱祖国，遵纪守法；

（三）可切实负起领队责任的旅行社人员；

（四）掌握旅游目的地国家或地区的有关情况。

第四条 组团社要负责做好申请领队证人员的资格审查和业务培训。

业务培训的内容包括：思想道德教育；涉外纪律教育；旅游政策法规；旅游目的地国家的基本情况；领队人员的义务与职责。

对已经领取领队证的人员，组团社要继续加强思想教育和业务培训，建立严格的工作制度和管理制度，并认真贯彻执行。

第五条 领队证由组团社向所在地的省级或经授权的地市级以上旅游行政管理部门申领，并提交下列材料：申请领队证人员登记表；组团社出具的胜任领队工作的证明；申请领队证人员业务培训证明。

旅游行政管理部门应当自收到申请材料之日起15个工作日内，对符合条件的申请领队证人员颁发领队证,并予以登记备案。

旅游行政管理部门要根据组团社的正当业务需求合理发放领队证。

第六条 领队证由国家旅游局统一样式并制作,由组团社所在地的省级或经授权的地市级以上旅游行政管理部门发放。

领队证不得伪造、涂改、出借或转让。

领队证的有效期为三年。凡需要在领队证有效期届满后继续从事领队业务的,应当在届满前半年由组团社向旅游行政管理部门申请登记换发领队证。

领队人员遗失领队证的,应当及时报告旅游行政管理部门,并声明作废,然后申请补发;领队证损坏的,应及时申请换发。

被取消领队人员资格的人员,不得再次申请领队登记。

第七条 领队人员从事领队业务,必须经组团社正式委派。

领队人员从事领队业务时,必须佩戴领队证。

未取得领队证的人员,不得从事出境旅游领队业务。

第八条 领队人员应当履行下列职责:

(一)遵守《中国公民出国旅游管理办法》中的有关规定,维护旅游者的合法权益;

(二)协同接待社实施旅游行程计划,协助处理旅游行程中的突发事件、纠纷及其他问题;

(三)为旅游者提供旅游行程服务;

(四)自觉维护国家利益和民族尊严,并提醒旅游者抵制任何有损国家利益和民族尊严的言行。

第九条 违反本办法第四条,对申请领队证人员不进行资格审查或业务培训,或审查不严,或对领队人员、领队业务疏于管理,造成领队人员或领队业务发生问题的,由旅游行政管理部门视情节轻重,分别给予组团社警告、取消申领领队证资格、取消组团社资格等处罚。

第十条 违反本办法第七条第三款规定,未取得领队证从事领队业务的,由旅游行政管理部门责令改正,有违法所得的,没收违法所得,并可处违法所得3倍以下不超过人民币3万元的罚款;没有违法所得的,可处人民币1万元以下罚款。

第十一条 违反本办法第六条第二款和第七条第二款规定,领队人员伪造、涂改、出借或转让领队证,或者在从事领队业务时未佩戴领队证的,由旅游行政管理部门责令改正,处人民币1万元以下的罚款;情节严重的,由旅游行政管理部门暂扣领队证3个月至1年,并不得重新换发领队证。

第十二条 违反本办法第八条第一项规定的,按《中国公民出国旅游管理办法》的有关规定处罚。

第十三条 违反本办法第八条第二、三、四项规定的,由旅游行政管理部门责令改正,并可暂扣领队证3个月至1年;造成重大影响或产生严重后果的,由旅游行政管理部门撤销其领队登记,并不得再次申请领队登记,同时要追究组团社责任。

第十四条 旅游行政管理部门工作人员玩忽职守、滥用职权、徇私舞弊,构成犯罪的,依法追究刑事责任;未构成犯罪的,依法给予行政处分。

第十五条 本办法由国家旅游局负责解释。

第十六条 本办法自发布之日起施行。

附录2 《中国公民出国旅游管理办法》

第一条 为了规范旅行社组织中国公民出国旅游活动，保障出国旅游者和出国旅游经营者的合法权益，制定本办法。

第二条 出国旅游的目的地国家，由国务院旅游行政部门会同国务院有关部门提出，报国务院批准后，由国务院旅游行政部门公布。任何单位和个人不得组织中国公民到国务院旅游行政部门公布的出国旅游的目的地国家以外的国家旅游；组织中国公民到国务院旅游行政部门公布的出国旅游的目的地国家以外的国家进行涉及体育活动、文化活动等临时性专项旅游的，须经国务院旅游行政部门批准。

第三条 旅行社经营出国旅游业务，应当具备下列条件：

（一）取得国际旅行社资格满1年；

（二）经营入境旅游业务有突出业绩；

（三）经营期间无重大违法行为和重大服务质量问题。

第四条 申请经营出国旅游业务的旅行社，应当向省、自治区、直辖市旅游行政部门提出申请。省、自治区、直辖市旅游行政部门应当自受理申请之日起30个工作日内，依据本办法第三条规定的条件对申请审查完毕，经审查同意的，报国务院旅游行政部门批准；经审查不同意的，应当书面通知申请人并说明理由。

国务院旅游行政部门批准旅行社经营出国旅游业务，应当符合旅游业发展规划及合理布局的要求。

未经国务院旅游行政部门批准取得出国旅游业务经营资格的，任何单位和个人不得擅自经营或者以商务、考察、培训等方式变相经营出国旅游业务。

第五条 国务院旅游行政部门应当将取得出国旅游业务经营资格的旅行社（以下简称组团社）名单予以公布，并通报国务院有关部门。

第六条 国务院旅游行政部门根据上年度全国入境旅游的业绩、出国旅游目的地的增加情况和出国旅游的发展趋势，在每年的2月底以前确定本年度组织出国旅游的人数安排总量，并下达省、自治区、直辖市旅游行政部门。

省、自治区、直辖市旅游行政部门根据本行政区域内各组团社上年度经营入境旅游的业绩、经营能力、服务质量，按照公平、公正、公开的原则，在每年的3月底以前核定各组团社本年度组织出国旅游的人数安排。

国务院旅游行政部门应当对省、自治区、直辖市旅游行政部门核定组团社年度出国旅游人数安排及组团社组织公民出国旅游的情况进行监督。

第七条 国务院旅游行政部门统一印制《中国公民出国旅游团队名单表》（以下简称《名单表》），在下达本年度出国旅游人数安排时编号发放给省、自治区、直辖市旅游行政部门,由省、自治区、直辖市旅游行政部门核发给组团社。

组团社应当按照核定的出国旅游人数安排组织出国旅游团队,填写《名单表》。旅游者及领队首次出境或者再次出境,均应当填写在《名单表》中,经审核后的《名单表》不得增添人员。

第八条 《名单表》一式四联,分为:出境边防检查专用联、入境边防检查专用联、旅游行政部门审验专用联、旅行社自留专用联。

组团社应当按照有关规定,在旅游团队出境、入境时及旅游团队入境后,将《名单表》分别交有关部门查验、留存。

出国旅游兑换外汇,由旅游者个人按照国家有关规定办理。

第九条 旅游者持有有效普通护照的,可以直接到组团社办理出国旅游手续;没有有效普通护照的,应当依照《中华人民共和国公民出境入境管理法》的有关规定办理护照后再办理出国旅游手续。

组团社应当为旅游者办理前往国签证等出境手续。

第十条 组团社应当为旅游团队安排专职领队。

领队在带团时,应当遵守本办法及国务院旅游行政部门的有关规定。

第十一条 旅游团队应当从国家开放口岸整团出入境。

旅游团队出入境时,应当接受边防检查站对护照、签证、《名单表》的查验。经国务院有关部门批准,旅游团队可以到旅游目的地国家按照该国有关规定办理签证或者免签证。

旅游团队出境前已确定分团入境的,组团社应当事先向出入境边防检查总站或者省级公安边防部门备案。

旅游团队出境后因不可抗力或者其他特殊原因确需分团入境的,领队应当及时通知组团社,组团社应当立即向有关出入境边防检查总站或者省级公安边防部门备案。

第十二条 组团社应当维护旅游者的合法权益。

组团社向旅游者提供的出国旅游服务信息必须真实可靠,不得作虚假宣传,报价不得低于成本。

第十三条 组团社经营出国旅游业务,应当与旅游者订立书面旅游合同。

旅游合同应当包括旅游起止时间、行程路线、价格、食宿、交通以及违约责任等内容。旅游合同由组团社和旅游者各持一份。

第十四条 组团社应当按照旅游合同约定的条件,为旅游者提供服务。

组团社应当保证所提供的服务符合保障旅游者人身、财产安全的要求;对可能危及旅游者人身安全的情况,应当向旅游者作出真实说明和明确警示,并采取有效措施,防止危害的发生。

第十五条 组团社组织旅游者出国旅游,应当选择在目的地国家依法设立并具有良好信誉的旅行社(以下简称境外接待社),并与之订立书面合同后,方可委托其承担接待工作。

第十六条 组团社及其旅游团队领队应当要求境外接待社按照约定的团队活动计划安排旅游活动，并要求其不得组织旅游者参与涉及色情、赌博、毒品内容的活动或者危险性活动，不得擅自改变行程、减少旅游项目，不得强迫或者变相强迫旅游者参加额外付费项目。

境外接待社违反组团社及其旅游团队领队根据前款规定提出的要求时，组团社及其旅游团队领队应当予以制止。

第十七条 旅游团队领队应当向旅游者介绍旅游目的地国家的相关法律、风俗习惯以及其他有关注意事项，并尊重旅游者的人格尊严、宗教信仰、民族风俗和生活习惯。

第十八条 旅游团队领队在带领旅游者旅行、游览过程中，应当就可能危及旅游者人身安全的情况，向旅游者作出真实说明和明确警示，并按照组团社的要求采取有效措施，防止危害的发生。

第十九条 旅游团队在境外遇到特殊困难和安全问题时，领队应当及时向组团社和中国驻所在国家使领馆报告；组团社应当及时向旅游行政部门和公安机关报告。

第二十条 旅游团队领队不得与境外接待社、导游及为旅游者提供商品或者服务的其他经营者串通欺骗、胁迫旅游者消费，不得向境外接待社、导游及其他为旅游者提供商品或者服务的经营者索要回扣、提成或者收受其财物。

第二十一条 旅游者应当遵守旅游目的地国家的法律，尊重当地的风俗习惯，并服从旅游团队领队的统一管理。

第二十二条 严禁旅游者在境外滞留不归。

旅游者在境外滞留不归的，旅游团队领队应当及时向组团社和中国驻所在国家使领馆报告，组团社应当及时向公安机关和旅游行政部门报告。有关部门处理有关事项时，组团社有义务予以协助。

第二十三条 旅游者对组团社或者旅游团队领队违反本办法规定的行为，有权向旅游行政部门投诉。

第二十四条 因组团社或者其委托的境外接待社违约，使旅游者合法权益受到损害的，组团社应当依法对旅游者承担赔偿责任。

第二十五条 组团社有下列情形之一的，旅游行政部门可以暂停其经营出国旅游业务；情节严重的，取消其出国旅游业务经营资格：

（一）入境旅游业绩下降的；

（二）因自身原因，在1年内未能正常开展出国旅游业务的；

（三）因出国旅游服务质量问题被投诉并经查实的；

（四）有逃汇、非法套汇行为的；

（五）以旅游名义弄虚作假，骗取护照、签证等出入境证件或者送他人出境的；

（六）国务院旅游行政部门认定的影响中国公民出国旅游秩序的其他行为。

第二十六条 任何单位和个人违反本办法第四条的规定,未经批准擅自经营或者以商务、考察、培训等方式变相经营出国旅游业务的,由旅游行政部门责令停止非法经营,没收违法所得,并处违法所得2倍以上5倍以下的罚款。

第二十七条 组团社违反本办法第十条的规定,不为旅游团队安排专职领队的,由旅游行政部门责令改正,并处5000元以上2万元以下的罚款,可以暂停其出国旅游业务经营资格;多次不安排专职领队的,并取消其出国旅游业务经营资格。

第二十八条 组团社违反本办法第十二条的规定,向旅游者提供虚假服务信息或者低于成本报价的,由工商行政管理部门依照《中华人民共和国消费者权益保护法》、《中华人民共和国反不正当竞争法》的有关规定给予处罚。

第二十九条 组团社或者旅游团队领队违反本办法第十四条第二款、第十八条的规定,对可能危及人身安全的情况未向旅游者作出真实说明和明确警示,或者未采取防止危害发生的措施的,由旅游行政部门责令改正,给予警告;情节严重的,对组团社暂停其出国旅游业务经营资格,并处5000元以上2万元以下的罚款,对旅游团队领队可以暂扣直至吊销其导游证;造成人身伤亡事故的,依法追究刑事责任,并承担赔偿责任。

第三十条 组团社或者旅游团队领队违反本办法第十六条的规定,未要求境外接待社不得组织旅游者参与涉及色情、赌博、毒品内容的活动或者危险性活动,未要求其不得擅自改变行程、减少旅游项目、强迫或者变相强迫旅游者参加额外付费项目,或者在境外接待社违反前述要求时未制止的,由旅游行政部门对组团社处组织该旅游团队所收取费用2倍以上5倍以下的罚款,并暂停其出国旅游业务经营资格,对旅游团队领队暂扣其导游证;造成恶劣影响的,对组团社取消其出国旅游业务经营资格,对旅游团队领队吊销其导游证。

第三十一条 旅游团队领队违反本办法第二十条的规定,与境外接待社、导游及为旅游者提供商品或者服务的其他经营者串通欺骗、胁迫旅游者消费或者向境外接待社、导游和其他为旅游者提供商品或者服务的经营者索要回扣、提成或者收受其财物的,由旅游行政部门责令改正,没收索要的回扣、提成或者收受的财物,并处索要的回扣、提成或者收受的财物价值2倍以上5倍以下的罚款;情节严重的,并吊销其导游证。

第三十二条 违反本办法第二十二条的规定,旅游者在境外滞留不归,旅游团队领队不及时向组团社和中国驻所在国家使领馆报告,或者组团社不及时向有关部门报告的,由旅游行政部门给予警告,对旅游团队领队可以暂扣其导游证,对组团社可以暂停其出国旅游业务经营资格。

旅游者因滞留不归被遣返回国的,由公安机关吊销其护照。

第三十三条 本办法自2002年7月1日起施行。国务院1997年3月17日批准,国家旅游局、公安部1997年7月1日发布的《中国公民自费出国旅游管理暂行办法》同时废止。

附录3 《旅行社出境旅游服务规范》（GB/T 31386-2015）

1 范围

本标准规定了旅行社组织出境旅游活动所应具备的产品和服务质量的要求。本标准适用于中华人民共和国境内旅行社提供的出境旅游业务。

2 规范性引用文件

下列文件对于本文件的应用是必不可少的。凡是注日期的引用文件，仅注日期的版本适用于本文件。凡是不注日期的引用文件，其最新版本（包括所有的修改单）适用于本文件。

GB/T 15971—2010 导游服务规范

GB/T 16766 旅游业基础术语

GB/T 26359—2010 旅旅游者车设施与服务规范

GB/T 31385—2015 旅行社服务通则

LB/T 009—2011 旅行社入境旅游服务规范

3 术语和定义

GB/T 15971—2010、GB/T 16766 和 GE/T 31385—2015 确立的以及下列术语和定义适用于本文件。

3.1 组团社 outbound travel service

依法取得出境旅游经营资格的旅行社。

3.2 出境旅游 outbound tour

组团社组织的以团队旅游的方式，前往中国公布的旅游目的地国家/地区的旅行游览活动。

3.3 出境旅游领队 outbound tour escort

依法取得从业资格，受组团社委派，全权代表组团社带领旅游团出境旅游，监督境外接待旅行社和导游人员等执行旅游计划，并为旅游者提供出入境等相关服务的工作人员。

3.4 出境旅游产品 outbound tour product

组团社为出境旅游者提供的旅游线路及其相应服务。

3.5 旅游证件 tour certification

因私护照和/或来往港澳/台湾地区的通行证。

3.6 出境旅游合同 outbound tour contract

组团社与出境旅游者（团）双方共同签署并遵守、约定双方权利和义务的合同。

3.7 奖励旅游 incentive travel

组织为其业绩优秀的员工提供所需经费，并委托专业旅游机构（组团社）组织，以弘扬企业文化、传达组织对其员工的感谢与关怀为创意，以增强员工的荣誉感和企业凝聚力、刺激业绩增长形成良性循环为主要目的的旅游活动。

3.8 同业合作 travel agencies' community cooperation

组团社之间互为代理对方的出境旅游产品，或者组团社委托其零售商代理销售其出境旅游产品并代为招徕出境旅游者的业务合作活动。

4 出境旅游产品

4.1 产品要求

组团社应编制并向旅游者提供《旅游线路产品说明书》（以下简称《说明书》）。《说明书》应符合 GB/T 31385—2015 的要求。

4.2 设计要求

出境旅游产品设计除应满足 GB/T 31385—2015 的要求外，还应：

a）突出线路的主题与特色，适时开发并推出新产品；
b）优化旅游资源的配置与组合，控制旅游者消费成本；
c）充分考虑旅游资源的时令性限制；
d）确保旅游目的地及其游览/观光区域的可进入性；
e）符合国家法律法规、部门规章、国家或行业标准的要求；
f）具有安全保障，正常情况下能确保全面履约，发生意外情况时有应急对策；
g）产品多样化，能满足不同消费档次、不同品位的市场需求，符合旅游者的愿望。

5 服务提供通用要求

5.1 总要求

5.1.1 组团社应在受控条件下提供出境旅游服务，以确保服务过程准确无误。为此，组团社应：

a）下工序接受上工序工作移交时进行检验复核，以确认无误；
b）确保其工作人员符合规定的资格要求和具备实现出境旅游服务所必需的能力，以证实自身的服务过程的质量保障能力和履约能力；
c）确立有效的服务监督方法并组织实施；
d）为有关工序提供作业指导书；
e）提供适当的培训或其他措施，以使员工符合规定的资格要求并具备必需的能力；
f）认真查验登记并妥善保管旅游者提供的相关旅游证件及资料，需要移交时保留移送交接记录。

5.1.2 组团社应安排旅游团队从国家开放口岸整团出入境，并按照出境旅游合同的约定，为旅游者提供服务。

在旅游过程中，组团社及其领队人员应：

a）对可能危及旅游者人身、财产安全的因素：

——向旅游者做出真实的说明和明确的警示；

——采取防止危害发生的必要措施；

b）尊重旅游者的人格尊严、宗教信仰、民族风格和生活习惯。

5.2 营销服务

5.2.1 门市部营业环境与销售人员

门市部营业环境与销售人员应符合 GB/T 31385—2015 第 6 章的要求。

5.2.2 接受旅游者报名

接受旅游者报名时，营业销售人员除应符合 GB/T 31385—2015 第 6 章的要求外，还应：

a）向旅游者提供有效的旅游产品资料，并为其选择旅游产品提供咨询；

b）告知旅游者填写出境旅游有关申请表格的须知和出境旅游兑换外汇有关须知；

c）认真审验旅游者提交的旅游证件及相关资料物品，以使其符合外国驻华使领馆的要求，对不适用或不符合要求的及时向旅游者退换；

d）向旅游者/客户说明所报价格的限制条件，如报价的有效时段或人数限制等；

e）对旅游者提出的参团要求进行评价与审查，以确保所接纳的旅游者要求均在组团社服务提供能力范围之内；

f）与旅游者签订出境旅游合同及相关的补充协议，并提供《旅游线路产品说明书》作为旅游合同的附件；

g）接受旅游者代订团队旅游行程所需机票和代办团队旅游行程所需签证/注的委托；

h）计价收费手续完备，收取旅游费用后开具发票，账款清楚；

i）提醒旅游者有关注意事项，并向旅游者推荐旅游意外保险；

j）妥善保管旅游者在报名时提交的各种资料物品，交接时手续清楚；

k）将经评审的旅游者要求和所做的承诺及时准确地传递到有关工序。

5.3 团队计调运作

5.3.1 旅游证件

组团社应确保旅游者提交的旅游证件在送签和移送过程中在受控状态下交接和使用。

5.3.2 境外接团社的选择与管理

组团社应对境外接团旅行社进行评审，在满足下列条件的旅行社中优先选用，并与其签订书面接团协议，以确保组团社所销售的旅游产品质量的稳定性：

　　a）依法设立。

　　b）在目的地国家/地区旅游部门指定或推荐的名单内。

　　c）具有优良的信誉和业绩。

　　d）有能够满足团队接待需要的业务操作能力。

　　e）有能够满足团队接待需要的设施和设备。

　　f）有能够满足团队接待需要且符合当地政府资质要求的导游人员队伍，并不断对其进行培养和继续教育，以使其不断提高其履行出境旅游合同约定的意识和服务技能，持续改进服务质量。

　　g）订立了符合出境旅游合同要求的导游人员行为规范，并能在导游人员队伍中得到有效实施。组团社应定期对境外接待社进行再评审，并建立境外接待社信誉档案。评审间隔不应超过1年。相关的记录应予保存。

5.3.3　旅游签证/注

组团社应按照旅游者的委托和旅游目的地国驻华使领馆/我公安等部门的要求为旅游者代办团队 旅游签证/注。对旅游者提交的自办签证/注，接收时应认真查验，以使其符合外国驻华使领馆的要求。

代办签证/注过程中产生的相关交接记录应予保存。

5.3.4　团队计划的落实

组团社应根据其承诺/约定、旅游线路以及经评审的旅游者要求/委托，与有关交通运输、移民机关、接团社等有关部门/单位落实团队计划的各项安排/代办事项，确保准确无误。

组团社在落实团队计划过程中发现任何不适用的旅游者物品资料，应及时通知旅游者更换/更正。与境外接待社落实团队接待计划确认信息的书面记录应予保存。

公商务旅游团队，组团社应与出团单位的联系人保持有效沟通，并对出团单位审定的方案进行评审并保存记录，以确保所需服务在组团社的提供能力范围内。超出能力范围的，应与出团单位协商解决。团队计划落实妥当后，计调人员应做好如下工作并保存相应的移送交接记录：

　　a）将如下信息如实告知领队人员，并提供相应的书面资料：

　　　　——团队计划落实情况，如团队行程；

　　　　——团队名单；

　　　　——旅游者的特殊要求；

　　b）向领队移交：

　　　　——团队的旅游证件；

　　　　——团队机票；

　　　　——团队出入国境时需使用的有关表格；

——公安边检查验用的团认名单表（需要时）；

——另纸签证（需要时）；

5.3.5 行前说明会

出团前，组团社应召开出团行前说明会。在会上，组团社应向旅游者：

a）重申出境旅游的有关注意事项及外汇兑换事项与手续等。

b）发放并重点解读根据《旅游产品计划说明书》细化的《行程须知》。

c）发放团队标识和《旅游者旅游服务评价表》。

注：按照 LB/T 009—2011 附录 D 给出的参考样式。

d）翔实说明各种由于不可抗力/不可控制因素导致组团社不能（完全）履行约定的情况，以取得旅游者的谅解。

《行程须知》除细化并如实补充告知《说明书》中交通工具的营运编号（如飞机航班号等）和集合出发的时间地点以及住宿的饭店名称外，还应列明：

a）前往的旅游目的地国家或地区的相关法律法规知识和有关重要规定、风俗习惯以及安全避险措施；

b）境外收取小费的惯例及支付标准；

c）组团社和接团社的联系人和联络方式；

d）遇到紧急情况的应急联络方式（包括我驻外使领馆的应急联络方式）。

5.3.6 国内段接送旅游汽车

国内段的接送汽车应符合 GB/T 26359—2010 的要求。

5.4 领队接待服务

5.4.1 总要求

出境旅游团队应配备符合法定资质的领队。

5.4.2 领队素质要求

领队人员应：

a）符合 GB/T 15971—2010 要求的基本素质。

b）切实履行领队职责、严格遵守外事纪律。

c）已考取领队证并具备：

1）英语或目的地国家/地区语言表达能力；

2）导游工作经验和实操能力；

3）应急处理能力。

5.4.3 领队职责

领队应：

a）维护旅游者的合法权益；

b）与接待社共同实施旅游行程计划，协助处理旅游行程中的突发事件、纠纷及其他问题；

c）为旅游者提供旅游行程的相关服务；

d）代表组团社监督接待社和当地导游的服务质量；

e）自觉维护国家利益和民族尊严，并提醒旅游者抵制任何有损国家利益和民族尊严的言行；

f）向旅游者说明旅游目的地的法律法规、风土人情及风俗习惯等。

5.4.4 领队服务规范

5.4.4.1 通则

领队服务应符合 GB/T 15971—2010 的相关要求。

领队应认真履行领队职责（5.4.3），按旅游合同的约定完成旅游行程计划。

5.4.4.2 出团准备

领队接收计调人员移交的出境旅游团队资料时应认真核对查验。

注：出境旅游团队资料通常包括团队名单表、出入境登记卡、海关申报单、旅游证件、旅游签证/签注、交通票据、接待计划书、联络通讯录等。

领队应提前到达团队集合地点，召集、率领团队按时出发，并在适当的时候代表组团社致欢迎词。

5.4.4.3 出入境服务

领队应告知并向旅游者发放通关时应向口岸的边检/移民机关出示/提交的旅游证件和通关资料（如：出入境登记卡、海关申报单等），引导团队依次通关。

向口岸的边检/移民机关提交必要的团队资料（如：团队名单、团体签证、出入境登记卡等），并办理必要的手续。

领队应积极为旅游团队办妥乘机和行李托运的有关手续，并依时引导团队登机。

飞行途中，领队应协助机组/空乘人员向旅游者提供必要的帮助和服务。

5.4.4.4 旅行游览服务

领队应按组团社与旅游者所签的旅游合同约定的内容和标准为旅游者提供符合 GB/T 15971—2010 要求的旅游行程接待服务，并督促接待社及其导游员按约定履行旅游合同。

入住饭店时，领队应向当地导游员提供团队住宿分房方案，并协助导游员办好入店手续。

在旅游途中，领队应：

a）积极协助当地导游为旅游者提供必要的帮助和服务；

b）劝谕引导旅游者遵守当地的法律法规，尊重当地风俗习惯；

c）随时注意团队安全。

旅游行程结束时，应通过向旅游者发放并回收《旅游者旅游服务评价表》征询旅游者对旅游行程服务的意见，并代表组团社致欢送词。

5.4.5 特殊/突发情况的处理

组团社应建立健全应急预案和应急处理机制，建立保持畅通的沟通渠道。

旅游者在旅游过程中遇到特殊困难、旅游者在境外滞留不归或出现特殊/突发情况，如事故伤亡、行程受阻、财物丢失或被抢被盗、重大传染性疾病、自然灾害等，领队应积极协助有关机构或直接做出有效的处理，并向我驻当地使领馆报告，获得帮助，以维护旅游者的合法权益。

注：GB/T 15971—2010 附录 A 提供了应急处理的原则。

6 服务提供特别要求

6.1 奖励旅游

组团社应为组织者度身定做奖励旅游专项产品。奖励旅游产品应与组织者奖励旅游的创意和目的相匹配。组团社应参照本标准 5.3.4 的要求提供相关服务。

6.2 同业合作

6.2.1 导则

组团社之间或者组团社与其零售商之间，可依法建立批发与零售代理关系。

6.2.2 组团社

组织出团的组团社应：

a）向负责收客的旅行社提供符合本标准第 4 章要求的旅游产品；

b）向负责收客的旅行社招徕的旅游者提供符合本标准要求的出境旅游服务。

6.2.3 负责收客的旅行社

收客时，负责收客的旅行社应：

a）向旅游者披露组团社，并使用组团社指定的旅游合同；

b）向旅游者提供符合本标准要求的销售服务；

c）销售旅游线路产品时使用该产品组团社的《说明书》；

d）非经组团社同意，不向旅游者做出超出《说明书》范围的承诺。

6.2.4 转团

旅游团队因组团社原因不能按约成行，需将旅游者转到另外的组团社出团的，原签约的组团社应与旅游者签订转团合同，并与承担出团任务的组团社签订合作协议。

6.2.5 沟通

组团社、负责收客的旅行社与旅游者应保持有效的沟通，相关资料应得到及时传递，客源交接的相关手续与信息清楚并保留相应的记录。

6.2.6 信誉档案

组团社与负责收客的旅行社应互建对方的信誉档案。

旅游者投诉时，属负责收客的旅行社自身责任所致的，负责收客的旅行社应及时做出处理；属组团社责任所致的，应及时会同组团社做出处理。

7 服务质量的监督与改进

7.1 总要求

组团社应按照本标准的要求并参照 GB/T 19001 的要求建立出境旅游服务质量管理体系。

组团社应建立健全出境旅游服务质量检查机构和监督机制，依据本标准对出境旅游服务进行监督检查。

7.2 服务质量的监督

组团社应通过《旅游者旅游服务评价表》、《领队日志》、电话回访、对自身出境旅游产品的定期评价、每年度对地接社及其地陪的服务供方评价及其他方式认真听取各方面的意见；对收集到的旅游者反馈信息进行统计分析，了解旅游者对出境旅游服务的满意度。

7.3 服务质量的改进

组团社应根据旅游者的满意度对存在的质量问题进行分析，确定出现质量问题的原因。

组团社应针对出现质量问题的原因采取有效措施，防止类似问题再次发生，达到出境旅游服务质量的持续改进。

7.4 投诉处理

组团社对旅游者的投诉应认真受理、登记记录，依法做出处理。

组团社应设专职人员负责处理旅游者投诉。对于重大旅游投诉，组团社主要管理人员应亲自出面处理。

组团社应建立健全投诉档案管理制度。

附录4 《导游领队引导文明旅游规范》（LB/T 039-2015）

1 范围

本规范规定了旅行社组织、接待旅游（团）者过程中，导游员、出境旅游领队引导旅游者文明旅游的基本要求、具体内容和相应规范。

本规范适用于旅行社组织、接待的旅游（团）者，包括中国公民境内旅游、出境旅游，以及境外国家或地区到中国境内旅游的旅游（团）者。

2 规范性引用文件

下列文件对于本文件的应用是必不可少的。凡是注日期的引用文件，仅注日期的版本适用于本文件。凡是不注日期的引用文件，其最新版本（包括所有的修改单）适用于本文件。

GB/T 15971—2010 导游服务规范

LB/T 005 旅行社出境旅游服务规范

LB/T 008 旅行社服务通则

3 术语和定义

3.1 导游员 tour guide

符合上岗资格的法定要求，接受旅行社委派，直接为旅游团（者）提供向导、讲解及旅游服务的人员。导游员包括全程陪同导游员和地方陪同导游员。

本定义依据 GB/T 15971—2010 导游服务规范。

3.2 出境旅游领队 outbound tour escort

依法取得从业资格，受组团社委派，全权代表组团社带领旅游团出境旅游，监督境外接待旅行社和导游人员等执行旅游计划，并为旅游者提供出入境等相关服务的工作人员。

本定义依据 LB/T 005 旅行社出境旅游服务规范

3.3 旅行社 travel service

从事招徕、组织、接待旅游者等活动，为旅游者提供相关旅游服务，开展旅游业务的企业法人。

4 总体要求

4.1 引导的基本要求

4.1.1 一岗双责

4.1.1.1 导游领队人员应兼具为旅游者提供服务，与引导旅游者文明旅游两项职责。

4.1.1.2 导游领队人员在引导旅游者文明旅游过程中应体现服务态度、坚持服务原则，在服务旅游者过程中应包含引导旅游者文明旅游的内容。

4.1.2 掌握知识

4.1.2.1 导游领队人员应具备从事导游领队工作的基本专业知识和业务技能。

4.1.2.2 导游领队人员应掌握我国旅游法律、法规、政策以及有关规范性文件关于文明旅游的规定和要求。

4.1.2.3 导游领队人员应掌握基本的文明礼仪知识和规范。

4.1.2.4 导游领队人员应熟悉旅游目的地法律规范、宗教信仰、风俗禁忌、礼仪知识、社会公德等基本情况。

4.1.2.5 导游领队人员应掌握必要的紧急情况处理技能。

4.1.3 率先垂范

4.1.3.1 导游领队人员在工作期间应以身作则，遵纪守法，恪守职责，体现良好的职业素养和职业道德，为旅游者树立榜样。

4.1.3.2 导游领队人员在工作期间应注重仪容仪表、衣着得体，展现导游领队职业群体的良好形象。

4.1.3.3 导游领队人员在工作期间应言行规范，举止文明，为旅游者做出良好示范。

4.1.4 合理引导

4.1.4.1 导游领队人员对旅游者文明旅游的引导应诚恳、得体。

4.1.4.2 导游领队人员应有维护文明旅游的主动性和自觉性，关注旅游者的言行举止，在适当时机对旅游者进行相应提醒、警示、劝告。

4.1.4.3 导游领队人员应积极主动营造轻松和谐的旅游氛围，引导旅游者友善共处、互帮互助，引导旅游者相互督促、友善提醒。

4.1.5 正确沟通

4.1.5.1 在引导时，导游领队人员应注意与旅游者充分沟通，秉持真诚友善原则，增强与旅游者之间的互信，增强引导效果。

4.1.5.2 对旅游者的正确批评和合理意见，导游领队人员应认真听取，虚心接受。

4.1.6 分类引导

4.1.6.1 针对不同旅游者的引导

a. 在带团工作前，导游领队人员应熟悉团队成员、旅游产品、旅游目的地的基本情况，为恰当引导旅游者做好准备。

b. 对未成年人较多的团队，应侧重对家长的引导，并需特别关注未成年人特点，避免损坏公物、喧哗吵闹等不文明现象发生。

c. 对无出境记录旅游者，应特别提醒旅游目的地风俗禁忌和礼仪习惯，以及出入海关、边防（移民局）的注意事项，提前告知和提醒。

d. 旅游者生活环境与旅游目的地环境差异较大时，导游领队应提醒旅游者注意相关习惯、理念差异，避免言行举止不合时宜而导致的不文明现象。

4.1.6.2 针对不文明行为的处理

a. 对于旅游者因无心之过而与旅游目的地风俗禁忌、礼仪规范不协调的行为，应及时提醒和劝阻，必要时协助旅游者赔礼道歉。

b. 对于从事违法或违反社会公德活动的旅游者，或从事严重影响其他旅游者权益的活动，不听劝阻、不能制止的，根据旅行社的指示，导游领队可代表旅行社与其解除旅游合同。

c. 对于从事违法活动的旅游者，不听劝阻、无法制止，后果严重的，导游领队人员应主动向相关执法、管理机关报告，寻求帮助，依法处理。

4.2 引导的主要内容

4.2.1 法律法规

导游领队人员应将我国和旅游目的地国家和地区文明旅游的有关法律规范和相关要求向旅游者进行提示和说明，避免旅游者出现触犯法律的不文明行为。引导旅游者爱护公物、文物，遵守交通规则，尊重他人权益。

4.2.2 风俗禁忌

导游领队人员应主动提醒旅游者尊重当地风俗习惯、宗教禁忌。在有支付小费习惯的国家和地区，应引导旅游者以礼貌的方式主动向服务人员支付小费。

4.2.3 绿色环保

导游领队人员应向旅游者倡导绿色出游、节能环保，宜将具体环保常识和方法向旅游者进行说明。引导旅游者爱护旅游目的自然环境，保持旅游场所的环境卫生。

4.2.4 礼仪规范

导游领队人员应提醒旅游者注意基本的礼仪规范：仪容整洁，遵序守时，言行得体。提醒旅游者不在公共场合大声喧哗、违规抽烟，提醒旅游者依序排队、不拥挤争抢。

4.2.5 诚信善意

导游领队人员应引导旅游者在旅游过程中保持良好心态，尊重他人、遵守规则、恪守契约、包容礼让，展现良好形象。通过旅游提升文明素养。

5 具体规范

5.1 出行前

5.1.1 导游领队应在出行前将旅游文明需要注意的事项以适当方式告知旅游者。

5.1.2 导游领队参加行前说明会的，宜在行前说明会上，向旅游者讲解《中国公民国内旅游文明行为公约》或《中国公民出境旅游文明行为指南》，提示基本的文明旅游规范，并将旅游目的地的法律法规、宗教信仰、风俗禁忌、礼仪规范等内容系统、详细告知旅游者，使旅游者在出行前具备相应知识，为文明旅游做好准备。

5.1.3 不便于召集行前说明会或导游领队不参加行前说明会的，导游领队宜向旅游者发送电子邮件、传真或通过电话沟通等方式，将文明旅游的相关注意事项和规范要求进行说明和告知。

5.1.4 在旅游出发地机场、车站等集合地点，导游领队应将文明旅游事项向旅游者进行重申。

5.1.5 如旅游产品具有特殊安排，如乘坐的廉价航班上不提供餐饮、入住酒店不提供一次性洗漱用品的，导游领队应向旅游者事先告知和提醒。

5.2 登机（车、船）与出入口岸

5.2.1 导游领队应提醒旅游者提前办理检票、安检、托运行李等手续，不携带违禁物品。

5.2.2 导游领队应组织旅游者依序候机（车、船），并优先安排老人、未成年人、孕妇、残障人士。

5.2.3 导游领队应提醒旅游者不抢座、不占位，主动将上下交通工具方便的座位让给老人、孕妇、残障人士和带婴幼儿的旅游者。

5.2.4 导游领队应引导旅游者主动配合机场、车站、港口以及安检、边防（移民局）、海关的检查和指挥。与相关工作人员友好沟通，避免产生冲突，携带需要申报的物品，应主动申报。

5.3 乘坐公共交通工具

5.3.1 导游领队宜利用乘坐交通工具的时间，将文明旅游的规范要求向旅游者进行说明和提醒。

5.3.2 导游领队应提醒旅游者遵守和配合乘务人员指示，保障交通工具安全有序运行；如乘机时应按照要求使用移动电话等电子设备。

5.3.3 导游领队应提醒旅游者乘坐交通工具的安全规范和基本礼仪，遵守秩序，尊重他人；如乘机（车、船）时不长时间占用通道或卫生间，不强行更换座位，不强行开启安全舱门。避免不文雅的举止，不无限制索要免费餐饮等。

5.3.4 导游领队应提醒旅游者保持交通工具内的环境卫生，不乱扔乱放废弃物。

5.4 住宿

5.4.1 导游领队应提醒旅游者尊重服务人员，服务人员问好时要友善回应。

5.4.2 导游领队应指引旅游者爱护和正确使用住宿场所设施设备，注意维护客房和公用空间的整洁卫生，提醒旅游者不在酒店禁烟区域抽烟。

5.4.3 导游领队应引导旅游者减少一次性物品的使用，减少环境污染，节水节电。

5.4.4 导游领队应提醒旅游者在客房区域举止文明，如在走廊等公共区域衣着得体，出入房间应轻关房门，不吵闹喧哗，宜调小电视音量，以免打扰其他客人休息。

5.4.5 导游领队应提醒旅游者在客房内消费的，应在离店前主动声明并付费。

5.5 餐饮

5.5.1 导游领队应提醒旅游者注意用餐礼仪，有序就餐，避免高声喧哗干扰他人。

5.5.2 导游领队应引导旅游者就餐时适量点用，避免浪费。

5.5.3 导游领队应提醒旅游者自助餐区域的食物、饮料不能带离就餐区。

5.5.4 集体就餐时，导游领队应提醒旅游者正确使用公共餐具。

5.5.5 旅游者如需在就餐时抽烟，导游领队应指示旅游者到指定抽烟区域就座，如就餐区禁烟的，应遵守相关规则。

5.5.6 就餐环境对服装有特殊要求的，导游领队应事先告知旅游者，以便旅游者准备。

5.5.7 在公共交通工具或博物馆、展览馆、音乐厅等场所，应遵守相关规则，勿违规饮食。

5.6 游览

5.6.1 导游领队宜将文明旅游的内容融合在讲解词中，进行提醒和告知。

5.6.2 导游领队应提醒旅游者遵守游览场所规则，依序文明游览。

5.6.3 在自然环境中游览时，导游领队应提示旅游者爱护环境、不攀折花草、不惊吓伤害动物，不进入未开放区域。

5.6.4 观赏人文景观时，导游领队应提示旅游者爱护公物、保护文物，不攀登骑跨或胡写乱画。

5.6.5 在参观博物馆、教堂等室内场所时，导游领队应提示旅游者保持安静，根据场馆要求规范使用摄影摄像设备。不随意触摸展品。

5.6.6 游览区域对旅游者着装有要求的（如教堂、寺庙、博物馆、皇宫等），导游领队应提前一天向旅游者说明，提醒准备。

5.6.7 导游领队应提醒旅游者摄影摄像时先后有序，不妨碍他人。如需拍摄他人肖像或与他人合影，应征得同意。

5.7 娱乐

5.7.1 导游领队应组织旅游者安全、有序、文明、理性参与娱乐活动。

5.7.2 导游领队应提示旅游者观赏演艺、比赛类活动时遵守秩序：如按时入场、有序出入。中途入场或离席以及鼓掌喝彩应合乎时宜。根据要求使用摄像摄影设备，慎用闪光灯。

5.7.3 导游领队应提示旅游者观看体育比赛时，尊重参赛选手和裁判，遵守赛场秩序。

5.7.4 旅游者参加涉水娱乐活动的，导游领队应事先提示旅游者听从工作人员指挥，注意安全，爱护环境。

5.7.5 导游领队应提示旅游者在参加和其他旅游者、工作人员互动活动时，文明参与、大方得体，并在活动结束后对工作人员表示感谢，礼貌话别。

5.8 购物

5.8.1 导游领队应提醒旅游者理性、诚信消费,适度议价,善意待人,遵守契约。

5.8.2 导游领队应提醒旅游者遵守购物场所规范,保持购物场所秩序,不哄抢喧哗,试吃试用商品应征得同意,不随意占用购物场所非公共区域的休息座椅。

5.8.3 导游领队应提醒旅游者尊重购物场所购物数量限制。

5.8.4 在购物活动前,导游领队应提醒旅游者购物活动结束时间和购物结束后的集合地点,避免旅游者迟到、拖延而引发的不文明现象发生。

5.9 如厕

5.9.1 在旅游过程中,导游领队应提示旅游者正确使用卫生设施;在如厕习惯特别的国家或地区,或卫生设施操作复杂的,导游领队应向旅游者进行相应说明。

5.9.2 导游领队应提示旅游者维护卫生设施清洁、适度取用公共卫生用品,并遵照相关提示和说明不在卫生间抽烟或随意丢弃废弃物、不随意占用残障人士专用设施。

5.9.3 在乘坐长途汽车前,导游领队应提示旅游者行车时间,提醒旅游者提前上卫生间。在长途行车过程中,导游领队应与司机协调,在中途安排停车如厕。

5.9.4 游览过程中,导游领队应适时提示卫生间位置,尤其应注意引导家长带领未成年人使用卫生间,不随地大小便。

5.9.5 在旅游者众多的情况下,导游领队应引导旅游者依序排队使用卫生间、并礼让急需的老人、未成年人、残障人士。

5.9.6 在野外无卫生间等设施设备的情况下,导游领队应引导旅游者在适当的位置如厕,避免污染水源或影响生态环境。并提示旅游者填埋、清理废弃物。

6 特殊/突发情况处理

6.1 旅游过程中遭遇特殊/突发情况,如财物被抢被盗、重大传染性疾病、自然灾害、交通工具延误等情形,导游领队应沉着应对,冷静处理。

6.2 需要旅游者配合相关部门处理的,导游领队应及时向旅游者说明,进行安抚劝慰,导游领队还应积极协助有关部门进行处理。在突发紧急情况下,导游领队应立即采取应急措施,避免损失扩大,事态升级。

6.3 导游领队应在旅游者和相关机构和人员发生纠纷时,及时处理、正确疏导,引导旅游者理性维权、化解矛盾。

6.4 遇旅游者采取拒绝上下机(车、船)、滞留等方式非理性维权的,导游领队应与旅游者进行沟通、晓以利害。必要时应向驻外使领馆或当地警方等机构报告,寻求帮助。

7 总结反馈

7.1 旅游行程全部结束后,导游领队向旅行社递交的带团报告或团队日志中,宜有总结和反馈文明旅游引导工作的内容,以便积累经验并在导游领队人员中进行培训、分享。

7.2 旅游行程结束后,导游领队宜与旅游者继续保持友好交流、并妥善处理遗留问题。

7.3 对旅游过程中严重违背社会公德、违反法律规范,影响恶劣,后果严重的旅游者,导游领队人员应将相关情况向旅行社进行汇报,并通过旅行社将该旅游者的不文明行为向旅游管理部门报告,经旅游管理部门核实后,纳入旅游者不文明旅游记录。

7.4 旅行社、导游行业组织等机构应做好导游领队引导文明旅游的宣传培训和教育工作。

附录 5 《中华人民共和国旅游法》

（2013 年 4 月 25 日第十二届全国人民代表大会常务委员会第二次会议通过根据 2016 年 11 月 7 日第十二届全国人民代表大会常务委员会第二十四次会议《关于修改〈中华人民共和国对外贸易法〉等十二部法律的决定》第一次修正根据 2018 年 10 月 26 日第十三届全国人民代表大会常务委员会第六次会议《关于修改〈中华人民共和国野生动物保护法〉等十五部法律的决定》第二次修正）

目　录

第一章　总则
第二章　旅游者
第三章　旅游规划和促进
第四章　旅游经营
第五章　旅游服务合同
第六章　旅游安全
第七章　旅游监督管理
第八章　旅游纠纷处理
第九章　法律责任
第十章　附则

第一章　总则

第一条　为保障旅游者和旅游经营者的合法权益，规范旅游市场秩序，保护和合理利用旅游资源，促进旅游业持续健康发展，制定本法。

第二条　在中华人民共和国境内的和在中华人民共和国境内组织到境外的游览、度假、休闲等形式的旅游活动以及为旅游活动提供相关服务的经营活动，适用本法。

第三条　国家发展旅游事业，完善旅游公共服务，依法保护旅游者在旅游活动中的权利。

第四条　旅游业发展应当遵循社会效益、经济效益和生态效益相统一的原则。国家鼓励各类市场主体在有效保护旅游资源的前提下，依法合理利用旅游资源。利用公共资源建设的游览场所应当体现公益性质。

第五条　国家倡导健康、文明、环保的旅游方式，支持和鼓励各类社会机构开展旅游公益宣传，对促进旅游业发展做出突出贡献的单位和个人给予奖励。

第六条　国家建立健全旅游服务标准和市场规则，禁止行业垄断和地区垄断。旅游经营者应当诚信经营，公平竞争，承担社会责任，为旅游者提供安全、健康、卫生、方便的旅游服务。

第七条 国务院建立健全旅游综合协调机制，对旅游业发展进行综合协调。县级以上地方人民政府应当加强对旅游工作的组织和领导，明确相关部门或者机构，对本行政区域的旅游业发展和监督管理进行统筹协调。

第八条 依法成立的旅游行业组织，实行自律管理。

第二章 旅游者

第九条 旅游者有权自主选择旅游产品和服务，有权拒绝旅游经营者的强制交易行为。

旅游者有权知悉其购买的旅游产品和服务的真实情况。

旅游者有权要求旅游经营者按照约定提供产品和服务。

第十条 旅游者的人格尊严、民族风俗习惯和宗教信仰应当得到尊重。

第十一条 残疾人、老年人、未成年人等旅游者在旅游活动中依照法律、法规和有关规定享受便利和优惠。

第十二条 旅游者在人身、财产安全遇有危险时，有请求救助和保护的权利。

旅游者人身、财产受到侵害的，有依法获得赔偿的权利。

第十三条 旅游者在旅游活动中应当遵守社会公共秩序和社会公德，尊重当地的风俗习惯、文化传统和宗教信仰，爱护旅游资源，保护生态环境，遵守旅游文明行为规范。

第十四条 旅游者在旅游活动中或者在解决纠纷时，不得损害当地居民的合法权益，不得干扰他人的旅游活动，不得损害旅游经营者和旅游从业人员的合法权益。

第十五条 旅游者购买、接受旅游服务时，应当向旅游经营者如实告知与旅游活动相关的个人健康信息，遵守旅游活动中的安全警示规定。

旅游者对国家应对重大突发事件暂时限制旅游活动的措施以及有关部门、机构或者旅游经营者采取的安全防范和应急处置措施，应当予以配合。

旅游者违反安全警示规定，或者对国家应对重大突发事件暂时限制旅游活动的措施、安全防范和应急处置措施不予配合的，依法承担相应责任。

第十六条 出境旅游者不得在境外非法滞留，随团出境的旅游者不得擅自分团、脱团。

入境旅游者不得在境内非法滞留，随团入境的旅游者不得擅自分团、脱团。

第三章 旅游规划和促进

第十七条 国务院和县级以上地方人民政府应当将旅游业发展纳入国民经济和社会发展规划。

国务院和省、自治区、直辖市人民政府以及旅游资源丰富的设区的市和县级人民政府，应当按照国民经济和社会发展规划的要求，组织编制旅游发展规划。对跨行政区域且适宜进行整体利用的旅游资源进行利用时，应当由上级人民政府组织编制或者由相关地方人民政府协商编制统一的旅游发展规划。

第十八条 旅游发展规划应当包括旅游业发展的总体要求和发展目标，旅游资源保护和利用的要求和措施，以及旅游产品开发、旅游服务质量提升、旅游文化建设、旅游形象推广、旅游基础设施和公共服务设施建设的要求和促进措施等内容。

根据旅游发展规划，县级以上地方人民政府可以编制重点旅游资源开发利用的专项规划，对特定区域内的旅游项目、设施和服务功能配套提出专门要求。

第十九条 旅游发展规划应当与土地利用总体规划、城乡规划、环境保护规划以及其他自然资源和文物等人文资源的保护和利用规划相衔接。

第二十条 各级人民政府编制土地利用总体规划、城乡规划，应当充分考虑相关旅游项目、设施的空间布局和建设用地要求。规划和建设交通、通信、供水、供电、环保等基础设施和公共服务设施，应当兼顾旅游业发展的需要。

第二十一条 对自然资源和文物等人文资源进行旅游利用，必须严格遵守有关法律、法规的规定，符合资源、生态保护和文物安全的要求，尊重和维护当地传统文化和习俗，维护资源的区域整体性、文化代表性和地域特殊性，并考虑军事设施保护的需要。有关主管部门应当加强对资源保护和旅游利用状况的监督检查。

第二十二条 各级人民政府应当组织对本级政府编制的旅游发展规划的执行情况进行评估，并向社会公布。

第二十三条 国务院和县级以上地方人民政府应当制定并组织实施有利于旅游业持续健康发展的产业政策，推进旅游休闲体系建设，采取措施推动区域旅游合作，鼓励跨区域旅游线路和产品开发，促进旅游与工业、农业、商业、文化、卫生、体育、科教等领域的融合，扶持少数民族地区、革命老区、边远地区和贫困地区旅游业发展。

第二十四条 国务院和县级以上地方人民政府应当根据实际情况安排资金，加强旅游基础设施建设、旅游公共服务和旅游形象推广。

第二十五条 国家制定并实施旅游形象推广战略。国务院旅游主管部门统筹组织国家旅游形象的境外推广工作，建立旅游形象推广机构和网络，开展旅游国际合作与交流。县级以上地方人民政府统筹组织本地的旅游形象推广工作。

第二十六条 国务院旅游主管部门和县级以上地方人民政府应当根据需要建立旅游公共信息和咨询平台，无偿向旅游者提供旅游景区、线路、交通、气象、住宿、安全、医疗急救等必要信息和咨询服务。设区的市和县级人民政府有关部门应当根据需要在交通枢纽、商业中心和旅游者集中场所设置旅游咨询中心，在景区和通往主要景区的道路设置旅游指示标识。

旅游资源丰富的设区的市和县级人民政府可以根据本地的实际情况，建立旅旅游者运专线或者旅游者中转站，为旅游者在城市及周边旅游提供服务。

第二十七条　国家鼓励和支持发展旅游职业教育和培训，提高旅游从业人员素质。

第四章　旅游经营

第二十八条　设立旅行社，招徕、组织、接待旅游者，为其提供旅游服务，应当具备下列条件，取得旅游主管部门的许可，依法办理工商登记：

（一）有固定的经营场所；

（二）有必要的营业设施；

（三）有符合规定的注册资本；

（四）有必要的经营管理人员和导游；

（五）法律、行政法规规定的其他条件。

第二十九条　旅行社可以经营下列业务：

（一）境内旅游；

（二）出境旅游；

（三）边境旅游；

（四）入境旅游；

（五）其他旅游业务。

旅行社经营前款第二项和第三项业务，应当取得相应的业务经营许可，具体条件由国务院规定。

第三十条　旅行社不得出租、出借旅行社业务经营许可证，或者以其他形式非法转让旅行社业务经营许可。

第三十一条　旅行社应当按照规定交纳旅游服务质量保证金，用于旅游者权益损害赔偿和垫付旅游者人身安全遇有危险时紧急救助的费用。

第三十二条　旅行社为招徕、组织旅游者发布信息，必须真实、准确，不得进行虚假宣传，误导旅游者。

第三十三条　旅行社及其从业人员组织、接待旅游者，不得安排参观或者参与违反我国法律、法规和社会公德的项目或者活动。

第三十四条　旅行社组织旅游活动应当向合格的供应商订购产品和服务。

第三十五条　旅行社不得以不合理的低价组织旅游活动，诱骗旅游者，并通过安排购物或者另行付费旅游项目获取回扣等不正当利益。

旅行社组织、接待旅游者，不得指定具体购物场所，不得安排另行付费旅游项目。但是，经双方协商一致或者旅游者要求，且不影响其他旅游者行程安排的除外。

发生违反前两款规定情形的，旅游者有权在旅游行程结束后三十日内，要求旅行社为其办理退货并先行垫付退货货款，或者退还另行付费旅游项目的费用。

第三十六条　旅行社组织团队出境旅游或者组织、接待团队入境旅游，应当按照规定安排领队或者导游全程陪同。

第三十七条 参加导游资格考试成绩合格，与旅行社订立劳动合同或者在相关旅游行业组织注册的人员，可以申请取得导游证。

第三十八条 旅行社应当与其聘用的导游依法订立劳动合同，支付劳动报酬，缴纳社会保险费用。

旅行社临时聘用导游为旅游者提供服务的，应当全额向导游支付本法第六十条第三款规定的导游服务费用。

旅行社安排导游为团队旅游提供服务的，不得要求导游垫付或者向导游收取任何费用。

第三十九条 从事领队业务，应当取得导游证，具有相应的学历、语言能力和旅游从业经历，并与委派其从事领队业务的取得出境旅游业务经营许可的旅行社订立劳动合同。

第四十条 导游和领队为旅游者提供服务必须接受旅行社委派，不得私自承揽导游和领队业务。

第四十一条 导游和领队从事业务活动，应当佩戴导游证，遵守职业道德，尊重旅游者的风俗习惯和宗教信仰，应当向旅游者告知和解释旅游文明行为规范，引导旅游者健康、文明旅游，劝阻旅游者违反社会公德的行为。

导游和领队应当严格执行旅游行程安排，不得擅自变更旅游行程或者中止服务活动，不得向旅游者索取小费，不得诱导、欺骗、强迫或者变相强迫旅游者购物或者参加另行付费旅游项目。

第四十二条 景区开放应当具备下列条件，并听取旅游主管部门的意见：

（一）有必要的旅游配套服务和辅助设施；

（二）有必要的安全设施及制度，经过安全风险评估，满足安全条件；

（三）有必要的环境保护设施和生态保护措施；

（四）法律、行政法规规定的其他条件。

第四十三条 利用公共资源建设的景区的门票以及景区内的游览场所、交通工具等另行收费项目，实行政府定价或者政府指导价，严格控制价格上涨。拟收费或者提高价格的，应当举行听证会，征求旅游者、经营者和有关方面的意见，论证其必要性、可行性。

利用公共资源建设的景区，不得通过增加另行收费项目等方式变相涨价；另行收费项目已收回投资成本的，应当相应降低价格或者取消收费。

公益性的城市公园、博物馆、纪念馆等，除重点文物保护单位和珍贵文物收藏单位外，应当逐步免费开放。

第四十四条 景区应当在醒目位置公示门票价格、另行收费项目的价格及团体收费价格。景区提高门票价格应当提前六个月公布。

将不同景区的门票或者同一景区内不同游览场所的门票合并出售的，合并后的价格不得高于各单项门票的价格之和，且旅游者有权选择购买其中的单项票。

景区内的核心游览项目因故暂停向旅游者开放或者停止提供服务的，应当公示并相应减少收费。

第四十五条 景区接待旅游者不得超过景区主管部门核定的最大承载量。景区应当公布景区主管部门核定的最大承载量，制定和实施旅游者流量控制方案，并可以采取门票预约等方式，对景区接待旅游者的数量进行控制。

旅游者数量可能达到最大承载量时，景区应当提前公告并同时向当地人民政府报告，景区和当地人民政府应当及时采取疏导、分流等措施。

第四十六条 城镇和乡村居民利用自有住宅或者其他条件依法从事旅游经营，其管理办法由省、自治区、直辖市制定。

第四十七条 经营高空、高速、水上、潜水、探险等高风险旅游项目，应当按照国家有关规定取得经营许可。

第四十八条 通过网络经营旅行社业务的，应当依法取得旅行社业务经营许可，并在其网站主页的显著位置标明其业务经营许可证信息。

发布旅游经营信息的网站，应当保证其信息真实、准确。

第四十九条 为旅游者提供交通、住宿、餐饮、娱乐等服务的经营者，应当符合法律、法规规定的要求，按照合同约定履行义务。

第五十条 旅游经营者应当保证其提供的商品和服务符合保障人身、财产安全的要求。旅游经营者取得相关质量标准等级的，其设施和服务不得低于相应标准；未取得质量标准等级的，不得使用相关质量等级的称谓和标识。

第五十一条 旅游经营者销售、购买商品或者服务，不得给予或者收受贿赂。

第五十二条 旅游经营者对其在经营活动中知悉的旅游者个人信息，应当予以保密。

第五十三条 从事道路旅旅游者运的经营者应当遵守道路客运安全管理的各项制度，并在车辆显著位置明示道路旅旅游者运专用标识，在车厢内显著位置公示经营者和驾驶人信息、道路运输管理机构监督电话等事项。

第五十四条 景区、住宿经营者将其部分经营项目或者场地交由他人从事住宿、餐饮、购物、游览、娱乐、旅游交通等经营的，应当对实际经营者的经营行为给旅游者造成的损害承担连带责任。

第五十五条 旅游经营者组织、接待出入境旅游，发现旅游者从事违法活动或者有违反本法第十六条规定情形的，应当及时向公安机关、旅游主管部门或者我国驻外机构报告。

第五十六条 国家根据旅游活动的风险程度，对旅行社、住宿、旅游交通以及本法第四十七条规定的高风险旅游项目等经营者实施责任保险制度。

第五章　旅游服务合同

第五十七条　旅行社组织和安排旅游活动，应当与旅游者订立合同。

第五十八条　包价旅游合同应当采用书面形式，包括下列内容：

（一）旅行社、旅游者的基本信息；

（二）旅游行程安排；

（三）旅游团成团的最低人数；

（四）交通、住宿、餐饮等旅游服务安排和标准；

（五）游览、娱乐等项目的具体内容和时间；

（六）自由活动时间安排；

（七）旅游费用及其交纳的期限和方式；

（八）违约责任和解决纠纷的方式；

（九）法律、法规规定和双方约定的其他事项。

订立包价旅游合同时，旅行社应当向旅游者详细说明前款第二项至第八项所载内容。

第五十九条　旅行社应当在旅游行程开始前向旅游者提供旅游行程单。旅游行程单是包价旅游合同的组成部分。

第六十条　旅行社委托其他旅行社代理销售包价旅游产品并与旅游者订立包价旅游合同的，应当在包价旅游合同中载明委托社和代理社的基本信息。旅行社依照本法规定将包价旅游合同中的接待业务委托给地接社履行的，应当在包价旅游合同中载明地接社的基本信息。安排导游为旅游者提供服务的，应当在包价旅游合同中载明导游服务费用。

第六十一条　旅行社应当提示参加团队旅游的旅游者按照规定投保人身意外伤害保险。

第六十二条　订立包价旅游合同时，旅行社应当向旅游者告知下列事项：

（一）旅游者不适合参加旅游活动的情形；

（二）旅游活动中的安全注意事项；

（三）旅行社依法可以减免责任的信息；

（四）旅游者应当注意的旅游目的地相关法律、法规和风俗习惯、宗教禁忌，依照中国法律不宜参加的活动等；

（五）法律、法规规定的其他应当告知的事项。

在包价旅游合同履行中，遇有前款规定事项的，旅行社也应当告知旅游者。

第六十三条　旅行社招徕旅游者组团旅游，因未达到约定人数不能出团的，组团社可以解除合同。但是，境内旅游应当至少提前七日通知旅游者，出境旅游应当至少提前三十日通知旅游者。

因未达到约定人数不能出团的，组团社经征得旅游者书面同意，可以委托其他旅行社履行合同。组团社对旅游者承担责任，受委托的旅行社对组团社承担责任。旅游者不同意的，可以解除合同。

因未达到约定的成团人数解除合同的，组团社应当向旅游者退还已收取的全部费用。

第六十四条 旅游行程开始前，旅游者可以将包价旅游合同中自身的权利义务转让给第三人，旅行社没有正当理由的不得拒绝，因此增加的费用由旅游者和第三人承担。

第六十五条 旅游行程结束前，旅游者解除合同的，组团社应当在扣除必要的费用后，将余款退还旅游者。

第六十六条 旅游者有下列情形之一的，旅行社可以解除合同：

（一）患有传染病等疾病，可能危害其他旅游者健康和安全的；

（二）携带危害公共安全的物品且不同意交有关部门处理的；

（三）从事违法或者违反社会公德的活动的；

（四）从事严重影响其他旅游者权益的活动，且不听劝阻、不能制止的；

（五）法律规定的其他情形。

因前款规定情形解除合同的，组团社应当在扣除必要的费用后，将余款退还旅游者；给旅行社造成损失的，旅游者应当依法承担赔偿责任。

第六十七条 因不可抗力或者旅行社、履行辅助人已尽合理注意义务仍不能避免的事件，影响旅游行程的，按照下列情形处理：

（一）合同不能继续履行的，旅行社和旅游者均可以解除合同。合同不能完全履行的，旅行社经向旅游者作出说明，可以在合理范围内变更合同；旅游者不同意变更的，可以解除合同。

（二）合同解除的，组团社应当在扣除已向地接社或者履行辅助人支付且不可退还的费用后，将余款退还旅游者；合同变更的，因此增加的费用由旅游者承担，减少的费用退还旅游者。

（三）危及旅游者人身、财产安全的，旅行社应当采取相应的安全措施，因此支出的费用，由旅行社与旅游者分担。

（四）造成旅游者滞留的，旅行社应当采取相应的安置措施。因此增加的食宿费用，由旅游者承担；增加的返程费用，由旅行社与旅游者分担。

第六十八条 旅游行程中解除合同的，旅行社应当协助旅游者返回出发地或者旅游者指定的合理地点。由于旅行社或者履行辅助人的原因导致合同解除的，返程费用由旅行社承担。

第六十九条 旅行社应当按照包价旅游合同的约定履行义务，不得擅自变更旅游行程安排。

经旅游者同意，旅行社将包价旅游合同中的接待业务委托给其他具有相应资质的地接社履行的，应当与地接社订立书面委托合同，约定双方的权利和义务，向地接社提供与旅游者订立的包价旅游合同的副本，并向地接社支付不低于接待和服务成本的费用。地接社应当按照包价旅游合同和委托合同提供服务。

第七十条　旅行社不履行包价旅游合同义务或者履行合同义务不符合约定的，应当依法承担继续履行、采取补救措施或者赔偿损失等违约责任；造成旅游者人身损害、财产损失的，应当依法承担赔偿责任。旅行社具备履行条件，经旅游者要求仍拒绝履行合同，造成旅游者人身损害、滞留等严重后果的，旅游者还可以要求旅行社支付旅游费用一倍以上三倍以下的赔偿金。

由于旅游者自身原因导致包价旅游合同不能履行或者不能按照约定履行，或者造成旅游者人身损害、财产损失的，旅行社不承担责任。

在旅游者自行安排活动期间，旅行社未尽到安全提示、救助义务的，应当对旅游者的人身损害、财产损失承担相应责任。

第七十一条　由于地接社、履行辅助人的原因导致违约的，由组团社承担责任；组团社承担责任后可以向地接社、履行辅助人追偿。

由于地接社、履行辅助人的原因造成旅游者人身损害、财产损失的，旅游者可以要求地接社、履行辅助人承担赔偿责任，也可以要求组团社承担赔偿责任；组团社承担责任后可以向地接社、履行辅助人追偿。但是，由于公共交通经营者的原因造成旅游者人身损害、财产损失的，由公共交通经营者依法承担赔偿责任，旅行社应当协助旅游者向公共交通经营者索赔。

第七十二条　旅游者在旅游活动中或者在解决纠纷时，损害旅行社、履行辅助人、旅游从业人员或者其他旅游者的合法权益的，依法承担赔偿责任。

第七十三条　旅行社根据旅游者的具体要求安排旅游行程，与旅游者订立包价旅游合同的，旅游者请求变更旅游行程安排，因此增加的费用由旅游者承担，减少的费用退还旅游者。

第七十四条　旅行社接受旅游者的委托，为其代订交通、住宿、餐饮、游览、娱乐等旅游服务，收取代办费用的，应当亲自处理委托事务。因旅行社的过错给旅游者造成损失的，旅行社应当承担赔偿责任。

旅行社接受旅游者的委托，为其提供旅游行程设计、旅游信息咨询等服务的，应当保证设计合理、可行，信息及时、准确。

第七十五条　住宿经营者应当按照旅游服务合同的约定为团队旅游者提供住宿服务。住宿经营者未能按照旅游服务合同提供服务的，应当为旅游者提供不低于原定标准的住宿服务，因此增加的费用由住宿经营者承担；但由于不可抗力、政府因公共利益需要采取措施造成不能提供服务的，住宿经营者应当协助安排旅游者住宿。

第六章 旅游安全

第七十六条 县级以上人民政府统一负责旅游安全工作。县级以上人民政府有关部门依照法律、法规履行旅游安全监管职责。

第七十七条 国家建立旅游目的地安全风险提示制度。旅游目的地安全风险提示的级别划分和实施程序，由国务院旅游主管部门会同有关部门制定。

县级以上人民政府及其有关部门应当将旅游安全作为突发事件监测和评估的重要内容。

第七十八条 县级以上人民政府应当依法将旅游应急管理纳入政府应急管理体系，制定应急预案，建立旅游突发事件应对机制。

突发事件发生后，当地人民政府及其有关部门和机构应当采取措施开展救援，并协助旅游者返回出发地或者旅游者指定的合理地点。

第七十九条 旅游经营者应当严格执行安全生产管理和消防安全管理的法律、法规和国家标准、行业标准，具备相应的安全生产条件，制定旅游者安全保护制度和应急预案。

旅游经营者应当对直接为旅游者提供服务的从业人员开展经常性应急救助技能培训，对提供的产品和服务进行安全检验、监测和评估，采取必要措施防止危害发生。

旅游经营者组织、接待老年人、未成年人、残疾人等旅游者，应当采取相应的安全保障措施。

第八十条 旅游经营者应当就旅游活动中的下列事项，以明示的方式事先向旅游者作出说明或者警示：

（一）正确使用相关设施、设备的方法；

（二）必要的安全防范和应急措施；

（三）未向旅游者开放的经营、服务场所和设施、设备；

（四）不适宜参加相关活动的群体；

（五）可能危及旅游者人身、财产安全的其他情形。

第八十一条 突发事件或者旅游安全事故发生后，旅游经营者应当立即采取必要的救助和处置措施，依法履行报告义务，并对旅游者作出妥善安排。

第八十二条 旅游者在人身、财产安全遇有危险时，有权请求旅游经营者、当地政府和相关机构进行及时救助。

中国出境旅游者在境外陷于困境时，有权请求我国驻当地机构在其职责范围内给予协助和保护。

旅游者接受相关组织或者机构的救助后，应当支付应由个人承担的费用。

第七章　旅游监督管理

第八十三条　县级以上人民政府旅游主管部门和有关部门依照本法和有关法律、法规的规定，在各自职责范围内对旅游市场实施监督管理。

县级以上人民政府应当组织旅游主管部门、有关主管部门和市场监督管理、交通等执法部门对相关旅游经营行为实施监督检查。

第八十四条　旅游主管部门履行监督管理职责，不得违反法律、行政法规的规定向监督管理对象收取费用。

旅游主管部门及其工作人员不得参与任何形式的旅游经营活动。

第八十五条　县级以上人民政府旅游主管部门有权对下列事项实施监督检查：

（一）经营旅行社业务以及从事导游、领队服务是否取得经营、执业许可；

（二）旅行社的经营行为；

（三）导游和领队等旅游从业人员的服务行为；

（四）法律、法规规定的其他事项。

旅游主管部门依照前款规定实施监督检查，可以对涉嫌违法的合同、票据、账簿以及其他资料进行查阅、复制。

第八十六条　旅游主管部门和有关部门依法实施监督检查，其监督检查人员不得少于二人，并应当出示合法证件。监督检查人员少于二人或者未出示合法证件的，被检查单位和个人有权拒绝。

监督检查人员对在监督检查中知悉的被检查单位的商业秘密和个人信息应当依法保密。

第八十七条　对依法实施的监督检查，有关单位和个人应当配合，如实说明情况并提供文件、资料，不得拒绝、阻碍和隐瞒。

第八十八条　县级以上人民政府旅游主管部门和有关部门，在履行监督检查职责中或者在处理举报、投诉时，发现违反本法规定行为的，应当依法及时作出处理；对不属于本部门职责范围的事项，应当及时书面通知并移交有关部门查处。

第八十九条　县级以上地方人民政府建立旅游违法行为查处信息的共享机制，对需要跨部门、跨地区联合查处的违法行为，应当进行督办。

旅游主管部门和有关部门应当按照各自职责，及时向社会公布监督检查的情况。

第九十条　依法成立的旅游行业组织依照法律、行政法规和章程的规定，制定行业经营规范和服务标准，对其会员的经营行为和服务质量进行自律管理，组织开展职业道德教育和业务培训，提高从业人员素质。

第八章　旅游纠纷处理

第九十一条　县级以上人民政府应当指定或者设立统一的旅游投诉受理机构。受理机构接到投诉，应当及时进行处理或者移交有关部门处理，并告知投诉者。

第九十二条 旅游者与旅游经营者发生纠纷，可以通过下列途径解决：

（一）双方协商；

（二）向消费者协会、旅游投诉受理机构或者有关调解组织申请调解；

（三）根据与旅游经营者达成的仲裁协议提请仲裁机构仲裁；

（四）向人民法院提起诉讼。

第九十三条 消费者协会、旅游投诉受理机构和有关调解组织在双方自愿的基础上，依法对旅游者与旅游经营者之间的纠纷进行调解。

第九十四条 旅游者与旅游经营者发生纠纷，旅游者一方人数众多并有共同请求的，可以推选代表人参加协商、调解、仲裁、诉讼活动。

第九章 法律责任

第九十五条 违反本法规定，未经许可经营旅行社业务的，由旅游主管部门或者市场监督管理部门责令改正，没收违法所得，并处一万元以上十万元以下罚款；违法所得十万元以上的，并处违法所得一倍以上五倍以下罚款；对有关责任人员，处二千元以上二万元以下罚款。

旅行社违反本法规定，未经许可经营本法第二十九条第一款第二项、第三项业务，或者出租、出借旅行社业务经营许可证，或者以其他方式非法转让旅行社业务经营许可的，除依照前款规定处罚外，并责令停业整顿；情节严重的，吊销旅行社业务经营许可证；对直接负责的主管人员，处二千元以上二万元以下罚款。

第九十六条 旅行社违反本法规定，有下列行为之一的，由旅游主管部门责令改正，没收违法所得，并处五千元以上五万元以下罚款；情节严重的，责令停业整顿或者吊销旅行社业务经营许可证；对直接负责的主管人员和其他直接责任人员，处二千元以上二万元以下罚款：

（一）未按照规定为出境或者入境团队旅游安排领队或者导游全程陪同的；

（二）安排未取得导游证的人员提供导游服务或者安排不具备领队条件的人员提供领队服务的；

（三）未向临时聘用的导游支付导游服务费用的；

（四）要求导游垫付或者向导游收取费用的。

第九十七条 旅行社违反本法规定，有下列行为之一的，由旅游主管部门或者有关部门责令改正，没收违法所得，并处五千元以上五万元以下罚款；违法所得五万元以上的，并处违法所得一倍以上五倍以下罚款；情节严重的，责令停业整顿或者吊销旅行社业务经营许可证；对直接负责的主管人员和其他直接责任人员，处二千元以上二万元以下罚款：

（一）进行虚假宣传，误导旅游者的；

（二）向不合格的供应商订购产品和服务的；
（三）未按照规定投保旅行社责任保险的。

第九十八条 旅行社违反本法第三十五条规定的，由旅游主管部门责令改正，没收违法所得，责令停业整顿，并处三万元以上三十万元以下罚款；违法所得三十万元以上的，并处违法所得一倍以上五倍以下罚款；情节严重的，吊销旅行社业务经营许可证；对直接负责的主管人员和其他直接责任人员，没收违法所得，处二千元以上二万元以下罚款，并暂扣或者吊销导游证。

第九十九条 旅行社未履行本法第五十五条规定的报告义务的，由旅游主管部门处五千元以上五万元以下罚款；情节严重的，责令停业整顿或者吊销旅行社业务经营许可证；对直接负责的主管人员和其他直接责任人员，处二千元以上二万元以下罚款，并暂扣或者吊销导游证。

第一百条 旅行社违反本法规定，有下列行为之一的，由旅游主管部门责令改正，处三万元以上三十万元以下罚款，并责令停业整顿；造成旅游者滞留等严重后果的，吊销旅行社业务经营许可证；对直接负责的主管人员和其他直接责任人员，处二千元以上二万元以下罚款，并暂扣或者吊销导游证：

（一）在旅游行程中擅自变更旅游行程安排，严重损害旅游者权益的；
（二）拒绝履行合同的；
（三）未征得旅游者书面同意，委托其他旅行社履行包价旅游合同的。

第一百零一条 旅行社违反本法规定，安排旅游者参观或者参与违反我国法律、法规和社会公德的项目或者活动的，由旅游主管部门责令改正，没收违法所得，责令停业整顿，并处二万元以上二十万元以下罚款；情节严重的，吊销旅行社业务经营许可证；对直接负责的主管人员和其他直接责任人员，处二千元以上二万元以下罚款，并暂扣或者吊销导游证。

第一百零二条 违反本法规定，未取得导游证或者不具备领队条件而从事导游、领队活动的，由旅游主管部门责令改正，没收违法所得，并处一千元以上一万元以下罚款，予以公告。导游、领队违反本法规定，私自承揽业务的，由旅游主管部门责令改正，没收违法所得，处一千元以上一万元以下罚款，并暂扣或者吊销导游证。导游、领队违反本法规定，向旅游者索取小费的，由旅游主管部门责令退还，处一千元以上一万元以下罚款；情节严重的，并暂扣或者吊销导游证。

第一百零三条 违反本法规定被吊销导游证的导游、领队和受到吊销旅行社业务经营许可证处罚的旅行社的有关管理人员，自处罚之日起未逾三年的，不得重新申请导游证或者从事旅行社业务。

第一百零四条 旅游经营者违反本法规定，给予或者收受贿赂的，由市场监督管理部门依照有关法律、法规的规定处罚；情节严重的，并由旅游主管部门吊销旅行社业务经营许可证。

第一百零五条 景区不符合本法规定的开放条件而接待旅游者的,由景区主管部门责令停业整顿直至符合开放条件,并处二万元以上二十万元以下罚款。

景区在旅游者数量可能达到最大承载量时,未依照本法规定公告或者未向当地人民政府报告,未及时采取疏导、分流等措施,或者超过最大承载量接待旅游者的,由景区主管部门责令改正,情节严重的,责令停业整顿一个月至六个月。

第一百零六条 景区违反本法规定,擅自提高门票或者另行收费项目的价格,或者有其他价格违法行为的,由有关主管部门依照有关法律、法规的规定处罚。

第一百零七条 旅游经营者违反有关安全生产管理和消防安全管理的法律、法规或者国家标准、行业标准的,由有关主管部门依照有关法律、法规的规定处罚。

第一百零八条 对违反本法规定的旅游经营者及其从业人员,旅游主管部门和有关部门应当记入信用档案,向社会公布。

第一百零九条 旅游主管部门和有关部门的工作人员在履行监督管理职责中,滥用职权、玩忽职守、徇私舞弊,尚不构成犯罪的,依法给予处分。

第一百一十条 违反本法规定,构成犯罪的,依法追究刑事责任。

第十章 附则

第一百一十一条 本法下列用语的含义:

(一)旅游经营者,是指旅行社、景区以及为旅游者提供交通、住宿、餐饮、购物、娱乐等服务的经营者。

(二)景区,是指为旅游者提供游览服务、有明确的管理界限的场所或者区域。

(三)包价旅游合同,是指旅行社预先安排行程,提供或者通过履行辅助人提供交通、住宿、餐饮、游览、导游或者领队等两项以上旅游服务,旅游者以总价支付旅游费用的合同。

(四)组团社,是指与旅游者订立包价旅游合同的旅行社。

(五)地接社,是指接受组团社委托,在目的地接待旅游者的旅行社。

(六)履行辅助人,是指与旅行社存在合同关系,协助其履行包价旅游合同义务,实际提供相关服务的法人或者自然人。

第一百一十二条 本法自 2013 年 10 月 1 日起施行。

附录6 《出境旅游领队服务规范》(LB/T 084-2022)

1 范围

本文件规定了出境旅游领队的职责、服务要求和服务质量改进要求。本文件适用于中华人民共和国境内的出境旅游组团社提供的领队全程陪同服务。

2 规范性引用文件

下列文件中的内容通过文中的规范性引用而构成本文件必不可少的条款。其中，注日期的引用文件，仅该日期对应的版本适用于本文件；不注日期的引用文件，其最新版本（包括所有的修改单）适用于本文件。

GB/T 15971 导游服务规范

GB/T 16766 旅游业基础术语

GB/T 31386—2015 旅行社出境旅游服务规范

LB/T 028—2013 旅行社安全规范

LB/T 039—2015 导游领队引导文明旅游规范

LB/T 040—2015 旅行社行前说明服务规范

3 术语和定义

GB/T 16766 和 GB/T 31386—2015 界定的以及下列术语和定义适用于本文件。

3.1 出境旅游领队 outbound tour escort

符合法定执业条件、接受组团社委派，全权代表组团社带领旅游团队出境旅游，监督境外接待旅行社和地陪导游等执行旅游计划，并为旅游者提供出入境等全程陪同服务的旅行社工作人员。

注1：出境旅游领队简称"领队"。

注2：境外接待旅行社简称"地接社"。

[来源：GB/T 31386—2015，3.3，有修改]

3.2 团队操作 group operation

旅行社根据预先设定或与旅游者确认的服务内容及标准，采集服务所需的各项资源，协调旅行社相关业务部门、旅游行程的履行辅助人，进行整体服务设计。

3.3 团队旅游者信息表 group tourist information form

团队操作人员制作并交予领队的工作文档。

注：团队旅游者信息表通常载有旅游者姓名、旅游证件信息、联系方式、特殊需

求、分房信息、团队接待注意事项等信息。

4 领队职责

领队应履行 GB/T 31386—2015 中 5.4.3 规定，以及下列职责：

a）恪守职业道德，遵守外事纪律；

b）为旅游者提供全程陪同服务；

c）按 LB/T 039—2015 的要求，在旅游行程的各个环节向旅游者宣讲文明旅游注意事项，引导文明旅游；

d）代表组团社监督地接社和地陪导游履行旅游合同，按照组团社的行程计划兑现接待服务承诺，监督其执行接待标准和保证服务质量，维护组团社和旅游者合法权益；

e）与地接社和地陪导游共同实施旅游接待计划，协助处理旅游行程中的突发事件、纠纷及其他问题；

f）按 LB/T 028—2013 中 5.4.3 的要求，在旅游过程中随时向旅游者发出安全提示；

g）维护国家利益和民族尊严，并提醒旅游者抵制任何有损国家利益和民族尊严的言行；

h）向旅游者说明旅游目的地法律法规、风土人情及风俗习惯等；

i）关心旅游团中的老年人、儿童、残障人士等特殊旅游者，需要时提供必要的照顾；

j）协调处理旅游者之间的纠纷及行程中旅游者提出的投诉；

k）做好各段行程之间的衔接工作。

5 服务要求

5.1 导则

领队应按 GB/T 15971 和 GB/T 31386—2015 中 5.4.4 的要求，做好行前准备工作，提供行前服务、在途服务、返程服务。

5.2 通用要求

5.2.1 出境旅游证件的保管

在行程中，领队应适时提醒旅游者妥善保管自己的出境旅游证件，需收集旅游者出境旅游证件集中使时应妥善保管，用毕及时归还。

5.2.2 旅游者个人信息与肖像权的保护

领队应尊重旅游者个人隐私及旅游者相关权益，不泄露旅游者个人信息；应有意识地保护旅游者的肖像权，未经旅游者同意，不应以任何形式公开发布含有旅游者肖像的图片。

5.2.3 检查交通工具的安全设施

团队旅游乘坐的交通工具（如旅旅游者车、游览包船等），领队应检查其安全锤、安全带、逃生门、救生衣、应急灯等安全设施状况,发现安全隐患应及时要求接待社采取有效措施,必要时向团队操作人员反馈并提出需要其支持、协调的具体事项。

5.2.4　突发情况的处理

领队应在旅游过程中随时向旅游者进行安全提示,注意保护旅游者人身及财产安全。遇到特殊/突发事件,领队应按 GB/T 15971 和本文件附录 A 的要求处理。

5.3　出团准备

5.3.1　与团队操作人员交接

5.3.1.1　领队应仔细阅读旅游行程单,确认旅游接待计划可执行,如有疑问应及时向团队操作人员反馈。出发前已经确认行程发生变更的,应与团队操作人员确认处理预案,取得相应处置授权。

5.3.1.2　领队应详细了解全体旅游者的基础信息、特殊预订要求、需要特别处置事项,并与团队操作人员确认特殊事项的可执行性。

5.3.2　接收并查验团队资料

5.3.2.1　团队资料主要包括:

a) 旅游行程单,必要时为地接社、地陪导游及其他履行辅助人准备外文版旅游行程单;

b) 团队旅游者信息表和分房名单表;

c) 旅游者及领队的出入境证件（如有）;

d) 旅游者及领队的旅游签证/签注（如有）;

e) 地接社、地陪导游及其他履行辅助人的联系信息;

f) 遇特殊事件时需要旅游者签署的各类制式文书;

g) 团队机/车/船票等交通票据;

h) 保险资料（如有）; i) 景点门票、餐券（如有）;

j)《中国公民出境旅游团队名单表》（如有）;

k) 旅游目的地公共卫生情况,按需配备防护用品。

5.3.2.2　领队接收团队操作人员移交的出境旅游团队证件资料时,应仔细查验并确认以下内容:

a) 中、外文版旅游行程单内容一致;

b) 出入境证件信息（姓名、性别等）与团队旅游者名单表一致;

c) 出入境证件和签证/签注有效;

d) 交通票据所载信息正确。

5.3.2.3　领队应复印全体旅游者的旅游证件、签证/签注的首页或保留其电子版本,以备需要时使用。

5.3.3　工作预案

领队应根据旅游者的基本情况、特殊要求、行程特点等因素预判行程中可能出现的问题，考虑解决方案并与团队操作人员充分讨论，达成一致。双方确认的内容应保留书面记录。

5.4 行前服务

5.4.1 行前说明会

5.4.1.1 领队应主持或参加行前说明会，并按照 GB/T 31386—2015 中 5.3.5、LB/T 039—2015 中 5.1.2 和 LB/T 040—2015 的相关要求，提供以下服务：

a）给付旅游者相关旅游资料；

b）向旅游者讲解旅游行程单内容；

c）宣讲文明旅游注意事项；

d）提示告知安全注意事项，确认旅游者在国内的紧急联系人、联系方式等；

e）介绍旅游目的地与出发地的时差、当地气候、风俗禁忌、汇率及兑汇途径等相关情况；

f）说明旅游证件的重要性和证件遗失的后果，提醒旅游者妥善保管旅游证件。

5.4.1.2 领队确因特殊情况不能主持或参加行前说明会的，应报告旅行社，委派他人代为主持或参加。

5.4.1.3 因特殊原因未能安排行前说明会的，或参团旅游者未能参加说明会的，领队应在团队出发集合地点组织行前说明会。

5.4.2 行前提示

5.4.2.1 领队应不迟于出团前1日与参团旅游者/联系人联系，再次提醒以下事项并请旅游者回复确认：

a）团队集合时间与地点；

b）出入境、出入海关的注意事项；

c）团队所乘公共交通工具（如飞机、邮轮等）的行李要求和托运要求；

d）出团时携带的证件资料；

e）根据旅游目的地的气候等因素，旅游者需要备齐的物品；

f）领队的联系方式；

g）就旅游目的地与出发地的时差、当地气候、风俗禁忌、汇率及兑汇途径、需要备齐的物品等作出提醒；

h）提醒旅游者根据自身身体状况，准备和携带必要和备用的药品；

i）需要时，就推荐旅游者购买相关旅游保险做补充提示。

5.4.3 行前答疑

领队应确保与旅游者的联系方式畅通，随时应答旅游者的咨询。

5.5 在途服务

5.5.1 集合团队

集合团队时，领队应：

a)按照出团通知书载明的集合时间及地点,至少提前15分钟到达,并在合适位置展示组团社的团队标识,等待并召集旅游者;

b)根据团队名单核对旅游者到达情况,并及时电话联系迟到的旅游者,敦促其尽快到达并告知其后续安排;

c)进行自我介绍,代表旅行社致欢迎词;

d)讲解出境手续、公共交通承运人关于行李携带与托运的注意事项,协助旅游者办理行李托运手续,并回答旅游者的问题;

e)向旅游者派发护照等旅游证件、乘坐公共交通工具的凭证、旅行社行李牌等物件,并提醒旅游者妥善保管自己的旅游证件与乘坐凭证;

f)向旅游者提示公共交通工具乘坐地点、检票时间、出发时间,并强调迟到后果的严重性。

5.5.2 办理乘坐公共交通工具的手续

领队应提前留出充足的时间到达集合地点,协助旅游者办理登机牌(或邮轮登船卡)等公共交通工具登乘凭证。

5.5.3 出/入境服务

5.5.3.1 领队应提示旅游者关于我国移民、海关、检验检疫部门的规定,目的地移民局、海关等机构的相关通关要求和注意事项。

5.5.3.2 领队应向旅游者派发或代为填写出/入境登记卡、海关申报单等通关表单资料,告知旅游者按要求填写,在旅游者需要时提供协助。

5.5.3.3 根据团签、个签、落地签、免签等签证类型办理通关手续时,领队应引导/带领团队依次通关,需要时,领队应提供协助。

5.5.3.4 需要时,领队应向移民局提供团队名单、团队另纸签证(如有)等资料。

5.5.3.5 旅游者无法或被禁止出/入境的,领队应及时报告团队操作人员。

5.5.4 乘搭交通工具时的服务

5.5.4.1 候乘公共交通工具时,领队应核对交通票证信息,向旅游者强调登乘的具体位置和时间,提示旅游者妥善保管交通票证。强调需要销签的团队,应妥善保存好登机牌。

5.5.4.2 引导旅游者登乘公共交通工具,并礼貌清点人数。

5.5.4.3 在公共交通工具上,领队应:

a)提示旅游者对号入座、按规定摆放手提行李、系好安全带(如需要)等,并按照LB/T 028的要求向旅游者明确安全乘车要求;

b)确认旅游者已预订的特殊服务得到落实;

c)告知旅游者领队本人的座位号,给予旅游者必要的协助。

5.5.4.4 抵达后出关前,领队应:

a)集合旅游者、礼貌清点人数,提示旅游者检查随身物品;

b）带领旅游者领取托运行李，提示旅游者查验、清点，协助处理行李相关问题；

c）提示旅游者遵守目的地国家或地区的移民局和海关规定，接受移民局的检查和海关对行李物品的检查。

5.5.4.5 如需中转，领队应带领旅游者前往换乘位置，向旅游者强调出发时间和搭乘位置，提示旅游者妥善保管交通票证。

5.5.5 住宿服务

5.5.5.1 住店时领队应向地陪导游提供分房方案名单，协助地陪导游办理入住的相关手续。

5.5.5.2 告知旅游者领队所住房间号，提醒旅游者保存并随身携带领队及地陪导游联系方式。

5.5.5.3 敦促地陪导游告知旅游者：

a）饭店基本设施、免费提供的服务内容和需要另付费的项目及收费标准；

b）饭店周边环境和交通情况；

c）房间商品/物品的收费情况；

d）饭店有关住宿规定（如禁止吸烟区域、禁止开窗通风等）；

e）住宿及外出的安全注意事项；

f）饭店的逃生设施与逃生路线；

g）次日行程安排、天气情况及着装建议；

h）早餐的时间、地点及用餐凭证。

5.5.5.4 协助地陪导游处理旅游者反馈的问题。

5.5.5.5 与地陪导游一起检查房间设备、设施，需要时指导旅游者使用。

5.5.5.6 离店前1晚，领队应敦促地陪导游：

a）告知旅游者次日办理退房手续的相关程序与注意事项；

b）告知旅游者离店集合时间与地点、需要旅游者配合的相关事项；

c）落实叫早、早餐、行李等离店安排。

5.5.5.7 离店时，领队应：

a）提示旅游者带齐所有行李物品，检查有无遗留物品；

b）提示旅游者结清自费项目或商品费用；

c）敦促并协助地陪导游为旅游者办理离店的相关手续。

5.5.6 用餐服务

5.5.6.1 团队用餐时，领队应：

a）监督地接社与地陪导游按照旅游合同的约定兑现用餐安排和用餐标准；

b）告知或要求地陪导游告知旅游者用餐后集合的时间、地点；

c）与地陪导游一道引导旅游者按照餐位就座用餐；在用餐过程中进行巡视，了解旅游者的用餐情况及对餐食的意见；

d）检查旅游者的特殊预订要求（如清真餐、素食）是否得到落实。

5.5.6.2 在行程中如餐食需旅游者自理的，领队应提前要求地陪导游向旅游者介绍可用餐的地点及相关信息。

5.5.6.3 与地陪导游协商处理好旅游者在用餐过程中反映的问题，做好相关协调工作。

5.5.7 游览服务

5.5.7.1 团队游览及行进时，领队应：

a）监督地陪导游执行行程游览计划，保证合同约定的游览时间；

b）全程提示文明旅游注意事项，提示旅游者遵守游览须知；

c）留意观察周边环境，评估安全隐患，全程提示安全注意事项，劝阻旅游者不安全的行为；

d）始终与旅游者在一起活动，随时清点人数，以防旅游者走失。

5.5.7.2 领队应敦促地陪导游：

a）带领旅游者游览，做好景点讲解；

b）景点景区对参观游览有特别要求或安全注意事项时，对旅游者宣讲、提示；

c）建议旅游者根据自身状况决定是否参加具有较高风险的游览项目，充分告知风险；

d）旅游者参加较高风险的游览项目时，重点宣讲安全事项，要求旅游者严格遵守项目的操作指引和安全提示。

5.5.7.3 团队自由活动前，领队应着重提示安全注意事项，并告知旅游者集合时间及地点。

5.5.7.4 团队集合时，领队应先行到达集合地点，礼貌清点人数，主动联系并寻找迟到的旅游者。

5.5.8 另行付费旅游项目

5.5.8.1 领队不应擅自安排另行付费旅游项目。

5.5.8.2 如旅游者要求安排另行付费旅游项目，领队应在行程计划中"自由活动"时段内组织实施且不影响其他旅游者行程安排。

5.5.8.3 在另行付费旅游项目实施前，领队应要求旅游者签署旅行社规定制式的书面协议。

5.5.8.4 领队应及时制止地陪导游擅自安排另行付费旅游项目。

5.5.9 购物安排

领队应严格按照旅游合同约定的购物活动安排购物服务，不应擅自增、减购物安排或强迫旅游者购物。购物时，领队应：

a）监督地接社和地陪导游严格执行在旅游合同或其附件中对购物安排的约定，不擅自延长购物时间、不擅自增加购物场所，对地接社或地陪导游的违约行为及时制止；

b）不干预旅游者自主购物行为，不强行要求旅游者购物；
c）提示旅游者遵守购物须知，并保留购物凭据；
d）需要时，提示旅游者随身携带旅游证件；
e）需要时，向旅游者介绍退税相关规定，协助旅游者办理退税手续；
f）旅游者坚持要求安排行程计划之外的购物活动且影响到原计划的执行时，要求旅游者签订旅行社规定制式的行程变更确认单。如有旅游者不同意变更则不安排。

5.5.10　送团服务

5.5.10.1　团队离境前，领队应：
a）事先与地陪导游落实离境送团的相关准备工作；
b）敦促地陪导游按照5.5.2的要求办好旅游者登乘公共交通工具的相关手续。

5.5.10.2　团队离境时，领队应：
a）按照5.5.3的要求做好旅游者出/入境的相关服务；
b）告知旅游者商品退税的有关规定，需要时协助旅游者办理退税手续；
c）提示旅游者填写顾客反馈意见，并告知旅游者旅行社进行顾客意见调查可能的方式和时间；
d）按照5.5.2的要求做好登乘公共交通工具前的准备工作；
e）按时引导旅游者依次登乘公共交通工具；
f）需要销签的团队，告知旅游者在回国入境后交回旅游证件和登机牌；
g）需要时，引导旅游者领取已购买的免税品。

5.5.10.3　返程交通中，领队应按照5.5.4的要求，做好交通相关的辅助服务。

5.5.10.4　团队启程和返程时，领队应：
a）引导旅游者领取托运行李，提示旅游者查验行李并清点数量；
b）提示旅游者遵守中国边检、海关、检验检疫等部门的规定，引导旅游者接受检查；
c）旅游者无法或被禁止入境的，及时报告团队操作人员；
d）需要销签的团队，告知旅游者交回旅游证件、登机牌等必要凭证；
e）向旅游者致欢送词、话别；
f）需要时，回收旅游者意见调查表。

5.5.10.5　领队应将旅游者带至行程约定的地点方能解散团队。

5.6　回团总结

5.6.1　交接资料
与团队操作人员交接团队资料（如待销签旅游证件、旅游者意见调查表）。

5.6.2　团队报告
领队应按旅行社要求的形式，总结报告：
a）旅游行程、接待标准落实情况；

b）评价地接社、履行辅助人的服务质量；

c）行程设计和服务质量的改进建议；

d）旅游者的反馈信息，包括旅游需求、对产品的意见和建议等；

e）旅游者在回国后需要协助的事项；

f）需要时，协助旅行社处理投诉相关事宜。

6 服务质量改进

领队应：

a）根据旅游者和团队操作人员的反馈，主动改进服务技能、服务技巧；

b）积累工作经验；

c）分析发生服务质量问题的根本原因，采取纠正措施和预防措施；

d）根据后续服务的反馈验证所采取措施的有效性，达到服务质量的持续改进。

附录 A
（规范性）
特殊／突发事件处理要求

A.1 航班延误或取消

遇航班延误或取消，领队应：

a）向航空公司证实延误的原因，落实预计起飞的时间；

b）报告旅行社团队操作人员；

c）向航空公司索取延误或取消证明，提示旅游者保管好保险理赔所需证据；

d）安抚旅游者，需要时协助安排旅游者的食宿；

e）为旅游者向航空公司争取合法合理的赔偿。

A.2 托运行李延误与丢失

A.2.1 托运行李出现延误，领队应：

a）协助旅游者取得承运人出具的相关证明及联系方式；

b）协助旅游者对延误的行李进行追踪。

A.2.2 托运行李丢失，领队应：

a）详细询问行李的丢失细节；

b）协助旅游者与航空公司交涉，并提供所需的联系方式；

c）协助旅游者购买临时必需品；

d）行李无法找回，协助向运输公司／保险公司（如需）索赔。

A.3 旅游者旅游证件遗失

旅游者旅游证件遗失，领队应：

a）安抚当事人，并询问证件的遗失细节；

b）协助旅游者报警并取得遗失报案证明；

c）协助补办旅行证明和有效签证/签注；

d）提示旅游者保留好保险理赔所需要的单据；

e）提示当事人有关出入境通关注意事项。

A.4 旅游者财物遗失

旅游者遗失财物，领队应：

a）提示旅游者回忆遗失细节并协助查找；

b）最终未能找到的，协助旅游者向警方报案并取得报案证明；

c）提示旅游者尽快办妥相关的挂失手续；

d）属于须复带进境、复带出境或已投保险的贵重物品，协助开具相关遗失证明，以备进出海关时查验或向保险公司索赔。

A.5 误机（车/船）

出现整团误机（车/船）事故时，领队应：

a）向旅行社及有关部门报告；

b）与承运方联系，争取搭乘最近班次的交通工具或包乘相关交通工具启程；

c）稳定旅游团（者）的情绪，安排好在当地滞留期间的食宿、游览等事宜；

d）通知下一站，对日程做相应的调整；

e）向旅游者赔礼道歉。

A.6 旅游者走失

旅游者走失，领队应：

a）了解情况，迅速寻找，并通过相关移动应用软件进行活动区域定位；

b）向旅行社及有关部门报告求助，与饭店联系，以便当事人自行回到饭店时告知领队；

c）通过广播等方式寻找，并在告知地点等候；

d）必要时，要求地陪导游报警求助；

e）提示其他旅游者引以为戒；

f）做好其他善后工作。

A.7 旅游安全事故

A.7.1 出现交通事故时，领队应：

a）立即组织抢救；

b）保护现场，立即报案，并协助当地交警部门进行现场处置；

c）迅速上报旅行社；

d）做好全团旅游者的安抚工作。

A.7.2 出现被盗/抢等治安事故时，领队应：

a）采取措施保护旅游者的人身、财产安全；

b）立即向当地警察局报警，并取得报案证明；

c）安抚旅游者情绪，并协助旅游者向警方查询案件信息及进展；

d）协助有关方面做好善后工作。

A.8　火灾事故火灾发生时，领队应：

a）立即报警，并上报旅行社；

b）组织旅游者迅速通过安全出口疏散撤离；

c）必要时，引导大家就地自救，不搭乘电梯或随意跳楼；

d）协助有关方面处理善后事宜，组织抢救受伤者；

e）安抚旅游者的情绪，解决因火灾面临的困难，设法使旅游活动继续进行。

A.9　食物中毒旅游者发生食物中毒时，领队应：

a）设法催吐或让其多喝水以加速排泄，以缓解毒性；

b）立即将患者送医院抢救，请医生开具诊断证明；

c）迅速上报旅行社。

A.10　旅游者伤病

A.10.1　旅游者意外受伤或患病/疑似患病时，领队应在其他旅游者见证下劝导患者在病发地及时就医，以免延误救治；需要时，陪同患者前往医院。

A.10.2　领队应及时前往医院探视，并按 GB/T 15971 的要求做好相关工作。

A.11　传染性疫病

A.11.1　发现旅游者患有传染性疫病，领队应立即将患者送医院隔离救治，组织同团其他人员进行检疫，并向旅行社和相关防疫部门报告。

A.11.2　如游览地突发传染性疫病，领队应迅速带领团队离开疫区，并向旅行社和相关防疫部门报告，按旅行社和防疫部门的指示办理。

A.11.3　团队行程计划前往疫区的，领队应立即与旅行社联系并与旅游者紧急磋商，果断更改行程，视情况改往他处或者提前结束行程回国。

A.11.4　需提前结束行程回国的，领队应提请旅行社办妥旅行团机票等事宜。

A.12　自然灾害或动（骚）乱

A.12.1　遇到台（飓）风、地震、海啸、暴雪等自然灾害或政治动（骚）乱，团队已身在灾区的，领队应保持镇定并立即带领团队撤离灾区/动乱地区，沿途照顾好伤病员，尽最大努力减少团队伤亡。

A.12.2　团队行程计划前往灾区/动乱地区的，领队应立即与旅行社联系并与旅游者紧急磋商，果断更改行程，视情况改往他处或者提前结束行程回国。

A.12.3　需提前结束行程回国的，领队应提请旅行社办妥旅行团机票等事宜。

A.13　旅游车故障

旅游车发生故障，领队应：

a）敦促司机安全停放车辆并尽快修复；

b）请旅游者安心等待，活跃现场气氛以转移旅游者的注意力；

c）如需要，联络地接社另行派车，或联系当地游览车接替；

d）如需要，与地陪导游分乘车队的头车和尾车，以确保旅游者安全到达；

e）向旅行社上报实际状况及处理情形。

A.14 旅游者死亡

出现旅游者死亡的，领队应按 GB/T 15971 处理。

附录7 《导游服务规范》（GB/T 15971-2023）

1 范围

本文件规定了导游服务能力要求、导游服务要求、入出境导游服务特别要求、突发事件和常见问题的处理以及导游服务质量评价与改进。

本文件适用于取得中华人民共和国导游证的人员在接待旅游者过程中提供的服务。

2 规范性引用文件

下列文件中的内容通过文中的规范性引用而构成本文件必不可少的条款。其中，注日期的引用文件，仅该日期对应的版本适用于本文件；不注日期的引用文件，其最新版本（包括所有的修改单）适用于本文件。

GB/T16766 旅游业基础术语

GB/T31385 旅行社服务通则

GB/T31386 旅行社出境旅游服务规范

LB/T028 旅行社安全规范

LB/T039 导游领队引导文明旅游规范

3 术语和定义

GB/T16766、GB/T31385界定的以及下列术语和定义适用于本文件。

3.1 组团社 organizingtravelagency

从事招徕、组织旅游者，与旅游者订立旅游合同的旅行社。

3.2 地接社 localtravelagency

接受组团社委托，实施旅游接待计划，在旅游目的地接待旅游者的旅行社。

3.3 导游 tourguide

提供向导、讲解及相关旅游服务的人员。

注：导游包括全陪导游、地陪导游和领队。

［来源：GB/T31385—2015，3.9，有修改］

3.3.1 全陪导游 nationalguide

监督并协助地接社、地陪导游及相关接待者的服务，以使组团社的旅游接待计划得以按约实施，为旅游者提供境内全程陪同导游服务的人员。

［来源：GB/T16766—2017，4.1.7.1，有修改］

3.3.2 地陪导游 localguide

实施旅游接待计划,在境内旅游目的地为旅游者提供导游服务的人员。

3.4 导游服务 tourguideservice

提供向导、讲解及迎接送行、交通、住宿、用餐、游览、购物、文化娱乐等相关旅游服务。

4 导游服务能力要求

4.1 思想素质

4.1.1 热爱祖国,践行社会主义核心价值观。

4.1.2 恪守职业道德,爱岗敬业,坚持旅游者为本,服务至诚。

4.1.3 秉承契约精神,按合同的约定提供导游服务,维护旅游者和旅行社的合法权益。

4.2 技术技能

4.2.1 语言能力

4.2.1.1 应具备良好的语言表达能力,熟练运用相应语种提供导游服务。

4.2.1.2 应有使用礼貌语言意识,合理使用体态语言。

4.2.1.3 应熟练掌握讲解语言技巧,做到正确、清楚、生动、灵活。

4.2.2 接待操作能力

4.2.2.1 应具备独立工作能力,代表旅行社履行合同义务,完成旅游接待任务。

4.2.2.2 应具备人际交往能力,身心健康,与旅游者相处融洽,善于协调、处理与相关接待者、旅游者之间的关系。

4.2.2.3 应具备按照LB/T039的要求引导旅游者文明旅游的能力,引导旅游者节约资源,保护生态环境。

4.2.2.4 应具备旅游突发事件防范和应急处置能力,按照LB/T028的要求进行安全提示和监督。

4.2.3 信息技术应用能力

4.2.3.1 应熟练掌握移动通信终端与导游服务相关应用软件的使用方法,包括社交、通信、移动办公等软件。

4.2.3.2 能够协助旅游者通过移动互联网进行产品预订、定位导航、信息咨询、服务评价等活动。

4.3 业务知识

4.3.1 应掌握旅旅游者源地和旅游目的地相关的法律法规常识、时事政治、经济、社会状况、历史、地理、文化和民族民俗知识以及心理学、美学知识。

4.3.2 应掌握旅行常识,包括旅行证件知识、领事保护知识、客货运知识、机票政策、海关及移民管理机关规定和必备的应急医疗常识等。

4.3.3 宜掌握旅游产品策划、线路设计方面的专业知识。

4.4 职业形象

4.4.1 应仪表端庄，着装整洁、大方、得体。

4.4.2 应表情稳重自然、态度和蔼诚恳、富有亲和力，言行有度，举止符合礼仪规范。

5 导游服务要求

5.1 准备工作

5.1.1 熟悉计划

接待旅游者前，导游应熟悉旅游接待计划及相关资料，掌握旅游者的基本情况、旅游行程安排、特殊要求和注意事项等细节内容，注意其重点和特点。

5.1.2 物品与资料准备

导游应做好证件、票据、导游旗等资料物品的准备，并检查导游旗旗面印制的旅行社名称、标志或产品名称，确保字迹清晰、易辨识，无违背公序良俗的文字、符号或图案。导游接收旅游者资料时应做好核对登记，以确保旅游者的相关资料和票据是适宜和可用的。资料交接记录应予保存。

5.1.3 知识准备

导游应根据旅游行程安排及旅游者的基本情况，对旅游目的地相关旅游吸引物、风土人情、法律法规等知识进行准备。

5.1.4 联络沟通

导游应按以下要求与相关接待者建立并保持有效沟通，以确保旅游接待的相关事宜得到妥善安排。

a）全陪导游：

1）与地接社联系，核对旅游接待计划，了解接待工作安排情况；

2）与旅游者联系，建立联系方式，提醒出发时间、地点等旅游行程注意事项；

3）与旅旅游者车司机联系，确定会面时间和车辆停放位置。

b）地陪导游：

1）落实旅游者的交通、食宿、票务、活动等事宜；

2）确认旅游者所乘交通工具及其确切抵达时间；

3）与旅旅游者车司机联系，确定会面时间和车辆停放位置。

5.2 出发与迎接服务

5.2.1 导游在执业过程中应携带电子导游证、佩戴导游身份标识，并开启导游执业相关应用软件，提前到达旅游者出发/迎接地点，持旅行社标识迎候，致欢迎词，介绍本次旅游行程，提示文明旅游等注意事项。

5.2.2 出发时，全陪导游应：

a）礼貌地清点人数，引导旅游者乘坐约定的交通工具；

b）发放本次旅游行程的相关资料和物资等；

c）与地陪导游确认迎接旅游者的时间和地点。

5.2.3 抵达时，地陪导游应：

a）及时与全陪导游或旅游者接洽，确认应接的旅游者，核实人数，提醒旅游者检查并带齐行李；

b）引导旅游者前往旅旅游者车停车地点，在车门旁迎候旅游者；

c）开车前礼貌地清点人数，并进行安全提示；

d）行车途中，做好途中讲解，内容主要包括本地概况、沿途主要景观、相关注意事项等。

5.3 交通服务

5.3.1 乘坐交通工具时，导游应：

a）提醒旅游者乘坐礼仪规范和安全注意事项；

b）协助旅游者办妥登机（车、船）票、安检和行李托运等相关手续，提醒旅游者不携带违禁物品；

c）听从乘务人员的安排，协助照顾旅游者的旅途生活，及时提醒旅游者如厕；

d）告知旅游者旅旅游者车的标志、车号、停车地点和开车时间，引导旅游者有序乘坐，提醒旅游者系好安全带；

e）在"导游专座"就座；

f）旅游者有需要时，提供必要的帮助或协助：

- 交通工具不能正常运行时，与交通部门、旅行社等保持有效沟通并稳定旅游者情绪；
- 因公共交通工具原因滞留当地过夜时，协助相关部门安排或请示旅行社妥善安排旅游者的食宿；
- 旅游者在公共交通工具上发生突发情况时，配合乘务人员及时处理。

5.3.2 旅旅游者车在高速公路或危险路段行驶时，导游不应站立讲解。

5.4 住宿服务

5.4.1 旅游者抵达饭店时，导游应按以下要求协助办理住店手续，妥善处理入住过程中出现的问题，提醒安全注意事项。

a）全陪导游：

1）做好分房方案，并按照方案协助旅游者办理入住登记手续；

2）掌握地陪导游和旅游者的房间号，并告知自己的房间号。

b）地陪导游：

1）与饭店保持有效沟通和联系，落实住宿安排；

2）告知旅游者饭店名称、位置、基本设施和周边设施，饭店住店手续、有关服务项目、收费标准和注意事项，饭店内就餐形式、地点、时间和注意事项，当天或次日游览活动的安排和集合的时间、地点；

3）若留宿饭店，将房间号告知全陪导游，并掌握全陪导游和旅游者的房间号；

4）根据需要安排次日的叫早服务。

5.4.2 离店当天，地陪导游应做好以下工作，全陪导游应予以协助：

a）协助旅游者办理退房手续、结清有关自费项目费用；

b）提醒旅游者携带证件和行李等个人物品。

5.5 用餐服务

5.5.1 地陪导游应按照旅游合同的约定安排用餐，对合同中旅游者的特殊用餐要求，应提前掌握并做出相关安排。全陪导游应对此实施监督和协助。

5.5.2 就餐时，地陪导游应：

a）提前与餐厅联系，核实订餐情况；

b）简单介绍特色餐厅的菜肴特色；

c）引导旅游者到餐厅入座并介绍有关设施；

d）引导旅游者文明用餐、使用公筷公勺，提倡"厉行节约，反对浪费"；

e）关注用餐情况，解答旅游者在用餐过程中的提问，解决出现的问题。

5.6 游览服务

5.6.1 在游览前，导游应以旅游合同约定的旅游接待计划为准，核实旅游行程，告知旅游者与游览相关的注意事项。

5.6.2 在游览过程中，导游应注意旅游者动向，及时提醒旅游者如厕，特别关注老年人、未成年人、残疾人等特殊人群；工作时间不吸烟、不酗酒；旅游者人数超过10人时持导游旗，并保持旗杆直立，旗面位于旅游者易辨识的方位，不应使用过多或造型怪异的挂饰；暂不使用导游旗时，妥善放置，不应垫坐、玩耍等。导游应按以下要求提供游览服务。

a）全陪导游：

1）与当地保持有效沟通，全面落实旅游接待计划，并监督当地服务适时到位，如遇现场难以

解决的问题，及时请示组团社；

2）适时向地接社和地陪导游提出相应的建议和意见；

3）在乘坐交通工具向异地行进途中，适时组织健康的文化娱乐活动或专题讲解。

b）地陪导游：

1）提前到达集合地点，并督促司机做好出发前的各项准备工作；

2）旅游者出发前清点人数；

3）向旅游者告知当日天气情况和旅游行程安排；

4）在抵达旅游目的地前，向旅游者介绍本地的风土人情、自然和人文景观及游览旅游目的地的概况；

5）在抵达旅游目的地时，告知旅游者在旅游目的地的停留时间、参观游览结束后的集合时间和地点及游览过程中的注意事项；

6）在旅游目的地游览过程中，讲解旅游目的地的历史背景、特色、地位和价值等内容；

7）在返程途中，询问旅游者对当日活动安排的意见，回答旅游者的提问，并预报次日的旅游行程、出发时间及其他相关事项。

5.7 购物服务

导游应严格按照旅游合同的约定安排购物活动，不应向旅游者兜售物品或诱导、欺骗、强迫、变相强迫旅游者购物。购物时，导游应：

a）向旅游者客观介绍当地特色商品的主要品种和特色；

b）提醒旅游者不应购买、携带违禁物品；

c）必要时，向旅游者提供购物过程中所需要的服务，包括翻译、介绍托运手续等。

5.8 文化娱乐服务

旅游者参加旅游合同约定的文化娱乐活动时，导游应：

a）陪同前往并简要介绍文化娱乐活动内容和特点；

b）按时组织旅游者入场，倡导旅游者文明参与活动；

c）告知旅游者活动结束后的集合时间和地点；

d）提醒旅游者在文化娱乐活动场所注意人身和财物安全，并采取必要的防范措施；

e）活动结束时提醒旅游者不要遗留物品并有序退场。

5.9 送行服务

离站送客时，导游应致欢送词，并征求旅游者对旅游接待服务的意见。导游应按以下要求提供送行服务。

a）全陪导游：

1）协助地陪导游做好离站服务；

2）提醒旅游者清点行李、妥善保管随身携带的证件和贵重物品；

3）引导旅游者在候机楼（候车室、候船室）休息等候，并按机场（火车站、码头）的安排组织乘机（车、船）。

b）地陪导游：

1）提前确认或落实联程/返程交通票据，以确保旅游者能按时启程；

2）带领旅游者提前抵达机场（火车站、码头）；

3）协助旅游者办妥登机（车、船）票、安检和行李托运等相关手续。

5.10 后续工作

5.10.1 处理遗留问题

导游应认真、妥善处理旅游者留下的问题，包括行李延误、破损、遗失的协助处理和保险报案取证的协助处理等，按有关规定办理旅游者临行前托办的事项。必要时向旅行社请示。

5.10.2 总结工作

导游服务工作完成后，导游应：

a）做好工作总结，若接待过程中发生重大事故，详细报告事件经过和处理结果，提交相关证明材料；

b）按照财务规定结清有关账目；

c）归还所借旅行社的物品。

6 入出境导游服务特别要求

6.1 入境游导游服务特别要求

接待入境旅游者的导游除应按照导游服务要求提供相应服务外，还应向旅游者：

a）介绍旅游行程的主要内容、中国概况，说明外币兑换手续，并提示相关注意事项，包括中国关于宗教活动应当在宗教活动场所进行等相关法律法规规定、旅游行程安全、文明旅游、风俗习惯、购物退税等；

b）说明中国海关的有关规定，介绍办理出境手续的程序，包括行李托运的要求等，必要时可协助旅游者办理离境通关手续。

6.2 出境游领队服务特别要求

领队应按 GB/T31386 的要求提供相应服务。

7 突发事件和常见问题的处理

7.1 处理原则

导游处理突发事件和常见问题应遵循以下原则：

a）以人为本，救援第一：以保障旅游者生命安全和身体健康为根本目的，尽一切可能为旅游者提供或协助提供救援、救助服务；

b）及时报告，加强沟通：立即向旅行社报告突发事件或问题发生情况，请求指示，并保持信息畅通，以便随时沟通与联系，情况紧急或发生重大、特别重大旅游突发事件时，依法直接向有关部门报告；

c）依法依约，合理可能：依照法律法规或合同约定处理突发事件和常见问题，并满足旅游者合理且可能实现的需求。

7.2 处理规范

7.2.1 旅游合同的变更或解除

7.2.1.1 旅游过程中，旅游者提出变更合同的要求时，导游应婉拒，特殊情况请示旅行社核定。旅行社同意变更的，导游应按旅行社要求与旅游者签订书面合同。

7.2.1.2 因不可抗力或旅游经营者已尽合理注意义务仍不能避免的事件，影响旅游行程而需要变更合同时，导游应向旅游者做好解释工作，及时将旅游者的意见反馈给旅行社，并按旅行社的安排执行。

7.2.1.3 旅游过程中，旅游者出现下列情形之一的，导游应立即向旅行社报告：

a）患有传染病等疾病，可能危害其他旅游者健康和安全的；

b）携带危害公共安全的物品且不同意交有关部门处理的；

c）从事违法或违反公序良俗活动的；

d）从事严重影响其他旅游者权益的活动，且不听劝阻、不能制止的；

e）法律规定的其他情形。

7.2.1.4 旅行社依法解除合同的，导游应向旅游者做好解释工作，并协助旅游者返回出发地或旅游者指定的合理地点，同时保留相关证据。

7.2.2 丢失证件或物品

旅游者丢失证件或物品时，导游应稳定旅游者情绪，详细了解丢失情况，协助寻找，同时报告旅行社，并按以下要求处理。

a）旅游者在境内丢失证件或物品时，由旅行社开具丢失证明，导游应协助旅游者向公安机关报失：

1）丢失证件的，开具身份证明；

2）丢失物品的，开具物品遗失证明，以备向保险公司申请办理理赔事宜。

b）旅游者在境外丢失证件或物品时，领队应：

1）丢失证件的，协助旅游者向当地警方报失，在取得丢失证明后向中国驻当地使领馆或政府派出机构等有关证件办理部门申请新证件，办理相关离境手续；

2）丢失物品的，由当地旅行社开具丢失证明，协助旅游者向当地警方报失，开具物品遗失证明，以备离境时海关查验或向保险公司申请办理理赔事宜。

7.2.3 丢失行李或行李损坏

7.2.3.1 旅游者丢失行李或行李损坏时，导游应稳定旅游者情绪，详细了解丢失或损坏情况，同时报告旅行社，并按以下要求处理：

a）查明丢失行李或行李损坏的运输区间，协助旅游者办理报失或报损登记手续；

b）将旅游者后续旅游行程安排告知承运人，同时在旅游过程中，应与承运人保持联系与沟通，督促承运人及时查找丢失行李，非运输期间丢失行李的，参照 7.2.2 处理；

c）在查找丢失行李期间，协助旅游者购置生活必需品，提示其保留发票等购货凭证，并协助旅游者处理索赔事宜；

d）可以确认责任者的，协助旅游者向责任方索赔，并办理相关事宜；难以确认责任者的，协助旅游者开具有关证明，以便向保险公司申请办理理赔事宜，并视情况向有关部门报告。

7.2.3.2 旅游者在境外机场丢失行李或行李损坏的，领队应及时协助旅游者通过机场的行李查询台或承运人的行李服务柜台查询和申报，并视丢失行李是否找回或行李损坏情况办理相关索赔或理赔事宜。

7.2.4 旅游者走失

7.2.4.1 导游在发现旅游者走失后,应按以下要求处理:

a) 向其他旅游者了解情况,并由全陪导游安排旅游者随行亲朋或团队代表与其共同寻找旅游者,同时与景区、住宿经营者等可能有线索的相关接待者联系,地陪导游带团继续游览;

b) 及时向旅行社报告,反映旅游者走失详细情况,取得指导与帮助,并通知走失旅游者家属;

c) 走失24小时仍未找到的,立即向走失地公安机关报案,寻求帮助;

d) 旅游者是老年人、未成年人、残疾人等特殊人群的,立即报警。

7.2.4.2 旅游者走失发生在境外的,领队应及时向当地警方报案,并向中国驻当地使领馆或政府派出机构报告,在其指导下全力做好旅游者走失的应对处置工作。

7.2.5 自然灾害

7.2.5.1 当旅游者遭遇自然灾害,导游应沉着应对,并按以下要求处理:

a) 及时报警并向旅行社报告,同时向旅游者预警,引导旅游者采取相应的安全防范措施,立刻带领旅游者撤离灾区;

b) 旅游者遭受人身损害的,根据现场的条件,引导旅游者开展自救和互救,防范二次伤害,等待救援;

c) 稳定旅游者情绪,及时将事件发生的时间、地点、原因、经过等情况报告旅行社和相关部门,取得指导和帮助。

7.2.5.2 在境外因自然灾害导致旅游者伤亡的,领队应及时向中国驻当地使领馆或政府派出机构报告,并在其指导下全力做好事故应对处置工作。

7.2.6 旅游者伤病、病危或死亡

7.2.6.1 旅游者伤病

旅游者意外受伤或患病时,导游应及时了解情况,不应擅自给患者用药。如有需要,应陪同患者前往医院就诊,并按规定履行报告义务,同时协助旅游者向保险公司办理理赔事宜。

7.2.6.2 旅游者病危

7.2.6.2.1 旅游者病危时,导游应立即拨打急救电话求救,或协同患者亲友送病人去医疗急救机构或医院抢救,或请医生前来抢救,并及时报告旅行社。

7.2.6.2.2 患者如系国内外急救组织的投保者,应协助旅游者及时与该组织的代理机构联系,并报告旅行社。

7.2.6.2.3 在抢救过程中,导游应按以下要求处理:

a) 详细记录患者患病前后的症状和治疗情况,尽量保留相关诊断治疗证明副本,患者亲友同团的,要求其在场;

b) 随时向旅行社反映情况并及时通知或提请旅行社通知患者亲属;

c）如患者系外籍人士，协助患者通知其所在国驻华使领馆；

d）妥善安排好其他旅游者的活动，地陪导游带团继续游览。

7.2.6.2.4 旅游者病危发生在境外的，领队应及时向中国驻当地使领馆或政府派出机构报告，并在其指导下，全力做好旅游者抢救工作。

7.2.6.3 旅游者死亡

7.2.6.3.1 导游应立即向旅行社报告，由地接社按照国家有关规定做好善后工作，同时应稳定其他旅游者情绪，并继续做好其他旅游者的接待工作。

7.2.6.3.2 旅游者非正常死亡的，导游应注意保护现场，并及时向当地公安机关报案。

7.2.6.3.3 旅游者死亡发生在境外的，领队应及时向当地警方报案，同时向中国驻当地使领馆或政府派出机构报告，并按旅行社的安排处理相关事宜。

7.2.6.3.4 导游应协助旅游者家属向保险公司办理理赔事宜。

7.2.7 旅游者食物中毒

7.2.7.1 当旅游者发生食物中毒时，导游应按以下要求处理：

a）立即与当地医疗机构联系救助事宜，并设法催吐，同时对食品进行留样，取得旅游者呕吐物的样本；

b）将旅游者送至医疗急救机构或医院进行救治，并保留相关证据；

c）及时向旅行社及其所在地旅游主管部门、发生地旅游主管部门和疾病预防控制机构报告，反映旅游者食物中毒的详细情况。

7.2.7.2 旅游者食物中毒发生在境外的，领队应及时向中国驻当地使领馆或政府派出机构报告，并在其指导下，全力做好食物中毒应对处置工作。

7.2.8 传染病疫情

7.2.8.1 当旅游者遭遇传染病疫情时，导游应按以下要求处理：

a）立即暂停旅游活动，在第一时间向旅行社及其所在地、疫情发生地旅游主管部门报告，并及时向附近的疾病预防控制机构报告详细情况，配合开展旅游者防疫、安抚和宣传解释工作；

b）有关部门认为应对旅游者进行防疫检查的，立即将旅游者送至当地疾病预防控制机构或有关部门指定的其他场所；

c）经查旅游者确患传染病的，遵照当地有关疫情防控指引和要求，配合相关部门和单位做好旅游者隔离、密切接触者追踪或采取其他措施，并通知其亲属；

d）关注目的地疫情防控动态，宜根据疫情发展情况，按旅行社的安排，调整或变更旅游行程；

e）如患者系外籍人士，由我国公安机关令其提前出境的，协助患者办理相关离境手续。

7.2.8.2 传染病疫情发生在境外的，领队应及时向中国驻当地使领馆或政府派出机构报告，并在其指导下，全力做好传染病疫情应对处置工作。

7.2.9 社会骚乱等群体性事件

7.2.9.1 当旅游者遭遇社会骚乱等群体性事件时，导游应按以下要求处理：

a）立即向旅行社报告，反映旅游者遭遇群体性事件的详细情况，并向旅游者预警，引导旅游者采取相应的安全防范措施，同时配合现场警务人员指挥，组织旅游者有序撤离事发区域，若无警务人员现场指挥，立刻带领旅游者撤离事发区域；

b）旅游者人身、财物受到威胁的，根据现场条件，引导旅游者开展自救和互救，并及时带领旅游者脱离险境，全力保护旅游者的人身和财物安全；

c）稳定旅游者情绪，视情况变更或取消旅游行程，取消旅游行程的，协助旅游者返回出发地或旅游者指定的合理地点。

7.2.9.2 当旅游者遭遇社会骚乱等群体性事件发生在境外的，领队应及时向中国驻当地使领馆或政府派出机构报告，并在其指导下，将旅游者妥善转移至安全区域，全力做好群体性事件的应对处置工作。

7.2.10 接待纠纷

当导游与旅游者或旅游者与接待者发生接待纠纷时，导游应按以下要求处理：

a）遵循旅游合同，防止矛盾扩大化，处理问题讲求有理、有利、有节，稳定旅游者情绪，引导旅游者理性维权；

b）做好书面记录，保存书证、物证、电子数据等证据；

c）及时向旅行社报告，反映接待纠纷的详细情况，并按旅行社要求采取必要的措施；

d）尽量保障后续旅游行程的执行，维护旅游者和旅行社的合法权益。

8 导游服务质量评价与改进

8.1 评价

8.1.1 在旅游行程结束后，应对导游服务能力、服务表现、入出境服务进行评价，并将旅游者满意度评价和聘用导游单位考核评价相结合，通过导游服务质量评价表（见附录A）或其他有效的信息获取途径，采用适当的统计方法，客观反映导游服务质量。

8.1.2 旅游行程中发生突发事件和常见问题的，应对导游的处理情况进行评价，并将旅游者满意度评价和聘用导游单位考核评价相结合，通过导游服务质量评价表（见附录A）或其他有效的信息获取途径，采用适当的统计方法，客观反映导游对突发事件和常见问题的处理规范性。

8.2 改进

8.2.1 导游应主动了解旅游者和聘用导游单位的评价结果，对服务中存在的质量问题、旅游者的投诉与意见建议，分析原因，及时整改。

8.2.2 导游应不断总结、交流带团经验，参加继续教育培训学习，提高自己的业务知识和操作技能，通过学习考核和实操锻炼获得更高的职业等级。

策划编辑：段向民
责任编辑：赵　芳
责任印制：谢　雨
封面设计：何　杰

图书在版编目（CIP）数据

领队业务 / 赵明主编；焦云宏等副主编． -- 2 版
． -- 北京：中国旅游出版社，2025.7
全国重点旅游院校精品教材
ISBN 978-7-5032-7342-1

Ⅰ．①领… Ⅱ．①赵… ②焦… Ⅲ．①旅游服务－高等职业教育－教材 Ⅳ．① F590.63

中国国家版本馆 CIP 数据核字（2024）第 107222 号

书　　名：	领队业务（第 2 版）
主　　编：	赵　明
副 主 编：	焦云宏　刀　丽　雷　蕾　李　倩　王　笛
出版发行：	中国旅游出版社
	（北京静安东里 6 号　邮编：100028）
	https://www.cttp.net.cn　E-mail:cttp@mct.gov.cn
	营销中心电话：010-57377103，010-57377106
	读者服务部电话：010-57377107
排　　版：	北京旅教文化传播有限公司
经　　销：	全国各地新华书店
印　　刷：	三河市灵山芝兰印刷有限公司
版　　次：	2025 年 7 月第 2 版　2025 年 7 月第 1 次印刷
开　　本：	787 毫米 × 1092 毫米　1/16
印　　张：	15.25
字　　数：	277 千
定　　价：	39.80 元
ＩＳＢＮ	978-7-5032-7342-1

版权所有　翻印必究
如发现质量问题，请直接与营销中心联系调换